安徽省高等学校规划教材　物流管理系列

李亦亮◎总主编

# 现代物流运输管理

第3版


主　　编◎汪时珍　张爱国

副 主 编◎许争争

编写人员◎（以姓氏笔画为序）

许争争　汪时珍

钱露露





北京师范大学出版集团

BEIJING NORMAL UNIVERSITY PUBLISHING GROUP

安徽大学出版社

**图书在版编目(CIP)数据**

现代物流运输管理/汪时珍,张爱国主编. —3版. —合肥:安徽大学出版社, 2021.4(2022.2重印)

高等学校规划教材. 物流管理系列

ISBN 978-7-5664-2134-0

Ⅰ.①现… Ⅱ.①汪…②张 Ⅲ.①物流-货物运输-管理-高等学校-教材 Ⅳ.①F252.1

中国版本图书馆CIP数据核字(2020)第218003号

**现代物流运输管理**(第3版)

Xiandai Wuliu Yunshu Guanli

**汪时珍 张爱国 主编**

---

**出版发行:**北京师范大学出版集团
安 徽 大 学 出 版 社
(安徽省合肥市肥西路3号邮编230039)
www.bnupg.com.cn
www.ahupress.com.cn

**印　　刷:**安徽利民印务有限公司
**经　　销:**全国新华书店
**开　　本:**184mm×260mm
**印　　张:**21.25
**字　　数:**377千字
**版　　次:**2021年4月第3版
**印　　次:**2022年2月第2次印刷
**定　　价:**49.00元
ISBN 978-7-5664-2134-0

---

**策划编辑:**方 青 姚 宁
**责任编辑:**邱 昱 姚 宁
**责任校对:**方 青
**装帧设计:**李伯骥 孟献辉
**美术编辑:**李 军
**责任印制:**陈 如 孟献辉

# 总序

《物流管理系列教材》先后被列为安徽省高等学校“十一五”规划教材、安徽省高等学校“十二五”规划教材、安徽省教育厅2017年高等学校省级质量工程规划教材项目，本系列教材在建设中能够与时俱进，及时把物流管理新理论、新成果吸收到教材中。

本系列教材从2008年出版以来，进行了两次幅度比较大的修编。虽然修编教材耗神费力，但是物流教育工作者要有担当，对物流管理教材进行及时修编是十分必要的。主要原因有以下几个方面。

第一，物流发展形势变化很快。2018年与2008年相比，全国社会物流总额从89.9万亿元增长到283.1万亿元，增长215%；全国物流总费用从5.5万亿元增长到13.3万亿元，增长142%；社会物流总费用占GDP的比率，从18.1%下降到14.8%，下降3.3%；全国快递业务量由15.1亿件增长到507.1亿件，增长更是高达3258%。经过十年的发展，我国物流产业已经开始从规模数量向效率提升转变，从要素驱动向创新驱动转变，从价值链中低端向中高端转变，从建设物流大国向物流强国转变。新时代物流业发展的主要矛盾已经转化为社会对高质量的物流服务需求和物流业业发展的不平衡不充分的矛盾。目前，我国物流业正在向高服务质量、高效率目标发展迈进。

第二，物流业相关政策密集出台。国家高度重视物流业的发展，十年来，出台了一系列推动物流业发展的政策举措。2009年3月国务院发布《物流业调整和振兴规划》；2011年8月国务院办公厅印发《关于促进物流业健康发展政策措施的意见》；2013年9月国家发展改革委等部门联合发布《全国物流园区发展规划》；2014年9月国务院发布《物流业发展中长期规划》（2014-2020年）；2015年10月国务院印发《关于促进快递业发展的若干意见》；2017 年 5 月国务院办公厅印发《关于进一步推进物流降本增效，促进实体经济发展的意见》；2017 年 10 月国务院办公厅印发《关于积极推进供应链创新与应用的指导意见》；2018 年 12 月国家发展改革委等部门联合印发《国家物流枢纽布局和建设规划》。

第三，物流管理学科研究进展很快。物流管理学科实践性很强，我国物流业发展的基础和方式快速变化，必然涌现出一大批物流管理研究新课题、新任务，为物流管理学科开展深度和系统地研究提供丰富的素材。十年来，我国物流管理领域推出了一系列重要理论和实践成果，例如：如何从国民经济基础性、战略性产业高度来认识物流产业；如何用“创新、协调、绿色、开放、共享”发展理念指导物流业发展；如何在供给侧结构性改革中提升、完善、强化物流功能；如何推动以“互联网+”高效物流为标志的“智慧物流”发展；如何围绕国家“制造强国”“乡村振兴”“一带一路”等重大战略做好物流服务保障；如何坚持以人为中心发展能够满足人民日益增长的对美好生活需要的新物流；如何推动现代物流高质量发展；等等。

物流管理教材要体现其先进性，需要把先进的物流管理理论、最新的物流实践成果和物流政策吸纳进教材中。唯有这样，教材才能跟上时代发展的脉搏，才会有鲜活的生命力和实践指导力。这也是我们对物流管理系列教材进行高频率修编的根本原因。

近年来，我国物流业发生了深刻变化，我国高等教育也发生了深刻变化。2018 年 9 月 10 日，全国教育大会在北京召开，大会对新时代人才培养提出了一系列新的要求。例如：要在增强综合素质上下功夫，教育引导学生培养综合能力，培养创新思维；着重培养创新型、复合型、应用型人才；教材体系要围绕立德树人这个目标来设计。教育部 2018 年 9 月 17 日印发《关于加快建设高水平本科教育全面提高人才培养能力的意见》（新时代高教 40 条），要求：把思想政治教育贯穿高水平本科教育全过程；把深化高校创新创业教育改革作为推进高等教育综合改革的突破口；教材要更加体现科学性、前沿性，进一步增强针对性和实效性。高等教育对人才培养的这些新要求，是我们修编教材遵循的基本原则。

本次系列教材修编中，我们努力做到以下几点：一是积极吸纳物流管理新成果，反映物流管理新趋势，指导物流管理新实践；二是深入贯彻全国教育大会精神，充分发挥物流管理教材育人功能；三是按照理论够用、能力为重、启迪思考、激发兴趣的原则，对教材撰写、编排进行优化设计；四是以针对性、实用性为基本着力点，致力培养有素质、有能力、有担当的现代物流管理人才。

《物流管理系列教材》由安庆师范大学经济与管理学院李亦亮教授担任总主编，参加编写的有安徽省开设物流管理与工程类专业高等学校的几十位专家学者和中青年骨干教师。此次系列教材修编吸纳了物流管理实践一线人士、部分物流管理专业任课教师和使用教材的学生一些富有价值的建议，也得到了北京师范大学出版集团安徽大学出版社编辑的大力支持。系列教材修编参考了国内外大量文献资料，借鉴和吸收了国内外众多学者的研究成果。由于编写时间仓促加上编者水平有限，书中不足之处在所难免，欢迎社会各界专家和广大读者提出宝贵意见，以日臻完善。

李亦亮

2020 年 10 月 20 日

# 目录 contents

# 目录 contents

# 第一章

# 物流运输及其作用

## ◆学习目标◆

通过本章教学，学生要理解物流运输的定义，掌握物流运输的特征；了解物流运输的功能与原理以及它在国民经济中的地位；理解运输与物流的关系，并着重理解运输对物流的影响，了解物流超越运输的表现。

## 开篇案例

### 2019年交通运输行业发展统计公报（节选）

2019年，完成营业性客运量176.04亿人次，比2018年下降1.9%，完成旅客周转量35349.06亿人千米，增长3.3%。完成营业性货运量462.24亿吨，增长4.8%，完成货物周转量194044.56亿吨千米，增长3.4%。

**1. 铁路**

全年完成旅客发送量36.6亿人次，比2018年增长8.4%，完成旅客周转量14706.64亿人千米，增长4%。完成货物总发送量43.89亿吨，增长7.2%，完成货物总周转量30181.95亿吨千米，增长4.3%。

**2. 公路**

全年完成营业性客运量130.12亿人次，比2018年下降4.8%，完成旅客周转量8857.08亿人千米，下降4.6%。完成营业性货运量343.55亿吨，增长4.2%，完成货物周转量59636.39亿吨千米，增长0.4%。

**3. 水路**

全年完成客运量2.73亿人次，比2018年下降2.6%，完成旅客周转量80.22亿人千米，增长0.8%。完成货运量74.72亿吨，增长6.3%，完成货物周转量103963.04亿吨千米，增长5%。其中，内河运输完成货运量39.13亿吨、货物周转量16302.01亿吨千米；沿海运输完成货运量27.27亿吨、货物周转量33603.56亿吨千米；远洋运输完成货运量8.32亿吨、货物周转量54057.47亿吨千米。

全国港口完成集装箱吞吐量2.61亿TEU，比2018年增长4.4%。其中，沿海港口完成2.31亿TEU，增长3.9%；内河港口完成3015万TEU，增长8.5%。全国港口完成集装箱铁水联运量516万TEU，增长14.2%，占全国港口集装箱吞吐量1.97%。

**4. 民航**

全年完成旅客运输量6.60亿人次，比上年增长7.9%，完成旅客周转量11705.12亿人千米，增长9.3%。完成货邮运输量753.2万吨，增长2%，完成货邮周转量263.19亿吨千米，增长0.3%。

**5. 邮政**

全年完成邮政行业业务总量16229.63亿元，比2018年增长31.5%。

邮政普遍服务完成函件业务21.67亿件，下降19%；包裹业务完成2154.4万件，下降10.5%；报纸业务完成168.28亿份，下降2.7%；杂志业务完成7.47亿份，下降5.1%；汇兑业务完成1639.6万笔，下降34.9%。

快递业务量完成635.23亿件，增长25.3%。快递业务收入完成7497.82亿元，增长24.2%，快递业务收入占邮政行业业务收入的77.8%，提高1.4%。

**6. 城市客运**

2019年年末，全国拥有公共汽电车运营线路65730条，比2018年增加5140条，运营线路总长度133.6万千米，增加13.7万千米。全年完成城市客运量1279.17亿人次，增长1.3%。

（资料来源：中华人民共和国交通运输部，作者有删改。）

物流涵盖了社会再生产的全过程。在工农业产品的生产过程中，除了加工和生产外，其余主要是物流过程。随着经济的发展，商品生产和流通中的物流环节将成为继劳动力、自然资源之后的“第三利润源”。

运输是国民经济运行的基础，也是物流最基本的功能和关键性的活动，其成本在整个物流成本中占有较大的份额。因此，企业物流成本的降低在很大程度上取决于运输成本的降低，运输管理的成功与否决定了企业能否满足客户要求、提高企业竞争力。

# 第一节　物流运输及其作用

运输是文明社会从混乱走向有序过程中重要的经济与社会活动，它深入人类社会生活的方方面面。从经济、环境、社会和政治各个角度看，运输均是世界上最重要的行业之一。

## 一　物流运输概述

物流是按用户要求，将物品从供应地向接收地转移的过程。这个过程涉及运输、储存、拣选、包装、流通加工以及信息处理等相关活动。

### （一）物流内涵的演变

在不同的时期和不同的地区，物流内涵也不同。

关于物流活动的最早文献记载是在英国，1918 年，英国犹尼利弗的哈姆勋爵成立了“即时送货股份有限公司”。物流的概念最早于 20 世纪 30 年代在美国形成，原意为“实物分配”或“货物配送”。“二战”期间，美国从军事需要出发，在军火供应中，首先采用了“物流管理”（Logistics Management）一词。“二战”后，“物流”一词被运用到企业管理中，称作“企业物流”（Business Logistics）。

20 世纪 60 年代，被誉为“现代管理学之父”的彼得·德鲁克指出，物流是“一块经济界的黑暗大陆”。这反映了那个时代经济界、学术界对物流的认识。

1956 年，日本政府派出“流通技术专业考察团”到美国考察。考察团回国后便提出重视物流，并开展“PD 启蒙运动”。PD（Physical Distribution）最初被译为“物的流通”，20 世纪 70 年代后，日本国内逐渐用“物流”一词取代了“物的流通”。之后，我国在引进日文资料时，沿用了“物流”一词。

### （二）物流运输的定义

一般而言，运输是指借助公共运输线路及其附属设施和运输工具来实现人或物空间位移的一种经济活动和社会活动。其中，实现“物”的空间位移的活动即为物流运输，它是本书讨论的对象。

运输作为物流系统的一个重要组成部分，包括生产领域的运输和流通领域的运输。生产领域的运输一般是在生产企业内部进行，因此称为“厂内运输”，其内容包括原材料、在制品、半成品和成品的运输。厂内运输有时也称为“搬运”，它是生产过程的一个组成部分，直接为物质产品的生产服务。作为流通领域一个环节的运输活动，其主要内容是物质产品的运输，它以社会服务为目的，完成物品从生产领域向消费领域在空间位置上的物理转移过程。它既包括物品从生产所在地直接向消费所在地的移动，也包括物品从生产所在地向物流网点的移动和由物流网点向消费所在地的移动。为了与长途运输相区别，往往把从物流网点到用户的运输活动称为“发送”或“配送”，将场地内部的移动称为“搬运”。本书所讲的物流运输侧重于流通领域的运输。

## 二 物流运输的功能与原理

### （一）物流运输的功能

在物流过程中，运输主要发挥两大功能：物品移动和短时储存。

**1. 物品移动**

物流运输的主要功能就是物品移动，即以最少的时间将货物从起始地转移到目的地。无论是材料、零部件、装配件，还是在制品、半成品、制成品，运输都是必不可少的。虽然运输过程不产生新的物质产品，但是它可以实现物流的空间效用和时间效用：物流运输通过改变货物的地点与位置创造价值，这是物流运输的空间效用；物流运输还能使货物在规定的时间内到达目的地，这是物流运输的时间效用。

**2. 短时储存**

物流运输的另一个功能是利用运输工具（车辆、船舶、飞机、管道等）作为临时的储存设施，对物品在运输期间进行短时储存。如果转移中的物品需要储存，而在短时间内还需再次转移，将物品暂时储存在运输工具中应是不错的选择。尽管使用运输工具储存产品可能是昂贵的，但是如果从总成本或完成任务的角度来看，考虑装卸成本、装卸时间和储存能力的限制等，使用运输工具储存货物往往是合理的，有时甚至是必要的。在仓库空间有限的情况下，可以采用迂回路径或间接路径将货物运往目的地以延长货物的在途时间，此时，运输工具也起到临时储存的作用。用运输工具储存产品虽然成本不低，但是考虑装卸成本、储存能力限制、延长前置时间等因素，从物流总成本的角度看可能是正确的。

### （二）物流运输的原理

指导物流运输管理和营运的两条基本原理是规模经济和距离经济。在运输方案决策或营运方式选择时，应以这两个原理作为重要标准，在满足客户的服务期望的基础上使装运的规模和距离最大化。

#### 1. 规模经济

物流运输的规模经济是指在一定范围内，随着装运规模的增长，单位重量的货物运输成本将随之降低。例如，整车运输（即车辆满载装运）的每单位成本低于零担运输（即只利用车辆的部分装载能力进行装运），铁路和水路等运输能力较大的运输工具，其单位运输费用要低于汽车和飞机等运输能力较小的运输工具。

物流运输能产生规模经济主要是因为转移一票货物有关的固定费用（包括运输订单的行政管理费用、运输工具投资及装卸费用、物流运输管理及设备费用等）可以按整票货物量分摊。另外，较大数量的货物运输还可以获得运价折扣，使单位货物的运输成本下降。

#### 2. 距离经济

物流运输的距离经济是指一批货物单位距离的运输成本随运输距离的增加而减少。与规模经济相似，距离经济主要体现在运输装卸费用的分摊上。对于一票货物，其装卸费用往往是既定的。因此，运输距离越长，单位里程的装卸费用越低，从而运输费用也越低。由此可见，物流运输的距离经济是以不增加装卸次数为前提的。

## 三 物流运输的特征

物流运输部门属于第三产业，相应地，物流运输具有以下几个特征。

### （一）参与物质生产

物流运输是社会生产过程在流通领域内的继续。实现劳动对象的空间位移是物流运输的基本功能，也是物流运输参与物质生产的主要途径。从表面看，物流运输并不直接增加社会产品的实物总量；劳动对象在运输前后只改变了空间位置，其形态和性质没有变化。但这并不是说，运输是可有可无的过程，产品只有从生产领域进入消费领域，其价值才能实现，而物流运输正是连接生产领域和消费领域的桥梁。

### （二）生产和消费具有同一性

工农业产品的生产和消费，可以在时间和空间上表现为两种完全分离的行为，物流运输则不然，它的生产和消费具有同一性。物流运输生产和消费的同一性是指物流运输的生产过程就是消费过程，生产过程的开始也就意味着消费过程的开始，生产过程一结束，消费过程也就相应结束。运输的这种特性也决定了运输能力不能储存和调配，如果不及时消费就会被浪费。

### （三）具有公共服务性

物流运输业属于第三产业，服务对象不是特定的，而是全社会范围内有货物移动需要的企事业单位、政府部门及社会公众，这就是物流运输的公共服务性。物流运输业，尤其是运输基础设施，必须公平地为社会所有成员服务，以注重公共安全为重要目标，而不能单纯或过分强调企业或部门的盈利性。

### （四）政府进行干预

正是由于物流运输业具有公共服务性的特点，世界各国政府都对物流运输业的发展非常重视，如我国于2014年发布了《物流业发展中长期规划（2014-2020）》，各国还往往对运输价格、运输工具、运输范围等进行一定的干预，有些国家甚至对运输业实行高度管制。

## 延伸阅读

### 《物流业发展中长期规划（2014—2020）》解读

2014年10月4日，国务院印发了《物流业发展中长期规划（2014-2020年）》（下称《中长期规划》）。业内专家表示，这是中国物流业进入发展新阶段的重大利好消息。面对新的形势，我国物流业将以质量和效益为中心，寻找战略突破口，培育竞争新优势，全面打造中国物流“升级版”，以转型升级应对物流“新常态”。

《中长期规划》提出，到2020年基本建立现代物流服务体系，提升物流业标准化、信息化、智能化、集约化水平，提高经济整体运行效率和效益。

业内专家指出，物流业的核心价值就在于整合，这也是现代物流业区别与传统的运输、仓储行业的主要特征。当前，创新驱动已经成为我国物流业的重要支撑，领先物流企业通过技术创新、管理创新、模式创新、集成创新、制度创新，打造战略竞争新优势。未来电商发展首先是要对流通进行整合，实现商流与物流的统一。由此切实降低流通成本。其次是推动电商突破流通边界，从销售领域向生产领域和采购领域延伸，实现供应链一体化管理，推动工业和流通业，乃至金融业的有效融合，由此提高整个社会经济运行效率。

有物流企业表示，大数据、云计算、物联网等新的信息技术，给物流业带来了重大变革和新的挑战。专业化、一体化、个性化的物流创新模式，引领企业抢占产业竞争制高点。《中长期规划》提出了农产品物流、制造业物流、再生资源回收物流等12项重点工程。《中长期规划》聚焦了制约物流业发展的突出问题，包括物流成本较高、物流企业规模普遍偏小、物流基础设施比较薄弱等。《中长期规划》要求加快物流管理体制改革，打破条块分割和地区封锁，加强市场监管，清理整顿乱收费、乱罚款等各种“雁过拔毛”行为，形成“物畅其流”、经济便捷的跨区域物流大通道。

### （五）全球性

在经济、贸易、金融等全球化的今天，运输也是全球化的。

## 四 物流运输的作用

物流运输在整个国民经济中的作用表现在以下几个方面。

### （一）物流运输是生产过程的延续

马克思指出，交通运输是社会生产过程的一般条件。物流运输是社会再生产顺利进行的必要条件，是国民经济健康运行的重要基础。我国物流运输业就是以最低的运输费用、最高的生产效率、最佳的服务质量来满足国民经济发展对运输的需要。因此，作为一个独立的物质生产部门，物流运输业在国民经济和社会发展中处于“先行”的战略地位。在社会物质生产过程中，生产与生产、市场与市场、生产与消费之间都需要靠运输来维系，运输是生产过程在流通领域的继续，是社会生产连续进行的物质技术条件。只有通过物流运输业的生产活动，国家的全部经济活动和人民生活才能够正常进行。

### （二）运输是联结产销、沟通城乡的纽带

国民经济是由多个部门组成的，这些部门之间既相互独立，又相互联系、相互促进和相互制约。物流运输作为一个重要的部门，是国民经济的大动脉，起着联结生产、分配、交换、消费各环节和沟通城乡、各地区和各部门的纽带和桥梁作用。马克思指出：在产品从一个生产场所运到另一个生产场所以后，接着还要从生产领域运到消费领域，产品只有完成这个运动，才是现成的消费品。这就是说，只有通过物流运输这条纽带让各环节形成统一的整体，社会经济活动才能得以正常地运转和顺利地进行。

### （三）运输是实现社会生产目的的基本条件

作为国民经济的物质生产部门之一，运输业不同于工业、农业、建筑业等物质生产部门，它虽不增加物质产品的使用价值，但能实现物质产品的价值增值。随着社会主义市场经济的发展，市场活动日趋活跃，物质产品使用价值的最终实现只有通过运输才能完成。运输成为满足生产建设、实现社会生产目的的一个基本条件。

### （四）运输是“第三利润源”的主要构成

物流被称为“第三利润源”，但在物流费用中，运输费用所占的比重最高。一般来讲，在社会物流费用当中，运输费用占近 50%的比重，有些产品的运输费用甚至高于生产费用。因此，降低运输费用对于降低物流费用，提高物流活动经济效益、稳定商品价格、满足消费需求和提高社会经济效益都具有重要的意义。

## 延伸阅读

### 2018 年上半年货运与港口吞吐量增速回升

2018 年上半年，交通运输经济运行总体平稳、稳中有进，主要指标保持增长，运输结构持续优化，质量效益不断提升，推动交通运输高质量发展取得良好开端，与宏

观经济稳中向好的运行态势总体吻合。

一是货运增速加快，铁路货运比重有所提高。上半年，完成货运量232.1亿吨，同比增长6.9%，增速较一季度加快0.6%。分方式看，铁路货运保持较快增长，完成货运量19.6亿吨，同比增长7.7%，占全社会比重达8.4%，同比有所提高，铁路大宗物资运输优势进一步发挥，煤炭增量占总增量的80%左右。公路货运保持增长，完成货运量179.8亿吨，同比增长7.7%，高速公路货车流量增长9.7%。水路货运增速回升，完成货运量32.7亿吨，同比增长2.5%，增速较一季度回升2%。民航货运稳步增长，完成货运量356万吨，同比增长6.4%。快递业务量持续高速增长，完成业务量220.8亿件，同比增长27.5%。

二是港口货物吞吐量增速回升。上半年，规模以上港口货物吞吐量完成65.4亿吨，同比增长2.4%，增速较一季度回升0.9%，其中内、外贸吞吐量分别增长2.1%和2.9%。从重点货类看，能源和集装箱较快增长，北方港口煤炭下水量同比增长6.4%，原油、液化气外贸进港量分别增长6.0%和36.7%，集装箱吞吐量增长5.4%。铁矿石和矿建材料出现下降，其中铁矿石外贸进港量下降1.1%、砂石等矿建材料吞吐量下降5%。

三是交通固定资产投资规模高位运行。上半年，交通固定资产投资完成1.33万亿元，同比保持稳定。公路水路完成投资9806亿元，同比增长1.4%，完成全年1.8万亿元任务目标的54.5%，进度较去年同期加快0.7%。其中，高速公路、农村公路分别完成投资4311亿元和1909亿元，同比分别增长12.8%和1.8%，普通国省道完成投资2846亿元，同比下降13.2%，水运建设完成投资511亿元，同比下降9%。

同时，重点经济工作稳步推进，按照“破”“立”“降”的要求，着力降成本、补短板、强服务、优环境、增动能，行业供给侧结构性改革不断深化。服务三大攻坚战、国家重大战略实施取得积极进展，全力推进大宗物资运输向铁路、水运转移，集装箱铁水联运量快速增长，增速超过30%。

（资料来源：中华人民共和国交通运输部，有删改；题目为编者所加。）

## 五 研究物流运输的重要意义

目前，我国物流运输服务质量较低、技术不够先进、成本偏高。因此，不断寻求和探索提高物流运输质量、降低物流运输成本的技术和方法，具有重要意义。

### （一）提高物流运输服务水准

要求运输经营者建立起能够控制物资从最初的供应者到最终的消费者之间的物流网络体系，从而实现为用户提供集订货、购买、包装、装卸、仓储、运输、配送等各项服务为一体的系统服务，满足用户希望货物快速、准时运输等多项优质服务的需要。

### （二）提高物流运输的技术含量

现代科学技术的应用将大大提高运输的技术水平，使各种运输方式的优越性得到进一步发挥。

### （三）实现物流全过程总费用节约

从社会物流系统总体出发，提供运输及其他物流服务功能，大大减少物流过程中的不必要环节，减少物流过程中的不衔接现象，缩短停滞时间，减少物流过程中不合理因素所造成的物流时间与空间效益及自身价值的损失，从而实现社会物流全过程总费用的节约。

### （四）实现物流过程的系统化管理

将物流过程中的订货、包装、装卸、仓储、库存控制、物流加工、信息服务等环节，与运输、配送相互结合形成一体化，并加强对其相应的计划、组织、控制，可以在现代科技的支持下，形成物流过程的链式控制与管理。这是提高物流质量、效率的基础，同时也是降低物流成本所必需的。

### （五）促进运输经营观念和组织方式的变革

“物流”概念促进了由分工所引起的运输与其他相关过程的分离。既要通过分工提高运输经济效益，又要通过相互间的渗透不断完善物流的服务功能，现代市场经济中企业的实践已经充分证明这是可行的。物流可以促进运输经营观念、经营方式和组织结构的变革，为促进市场一体化、竞争国际化创造必要条件。

## 六 物流运输的构成

物流运输节点、物流运输线路、物流运输工具、物流运输的提供者和物流运输的参与者是构成物流运输的有机体。

## （一）物流运输节点

物流运输节点是指以连接不同运输方式为主要职能，在运输线路上承担货物的集散和运输业务的办理、运输工具的保养和维修的基地和场所。如不同运输方式之间的转运站、终点站，公路运输线路上的停车场（库）、货运站，铁路运输线路上的中间站、编组站、区段站、货运站，水路运输线路上的港口、码头，航空运输线路上的空港，管道运输线路上的管道站等，都是物流运输节点。

物流运输节点是物流节点的一种，属于转运型节点。一般而言，物流运输节点处于运输线路上，又以转运为主，货物在物流运输节点上停留的时间较短。

## （二）物流运输线路

物流运输线路是供运输工具定向移动的通道，也是物流运输赖以运行的基础设施，是构成物流运输系统最重要的要素。在现代物流运输系统中，主要的运输线路有公路、铁路、航线和管道。其中，铁路和公路为陆上运输线路，除了引导运输工具定向行驶外，还需承受运输工具、货物的质量；管道是一种特殊的运输线路，由于其严密的封闭性，既充当了运输工具，又起到了引导货物流动的作用。

## （三）物流运输工具

物流运输工具是指在运输线路上用于载重货物并使其发生位移的各种设备装置，它们是物流运输得以顺利进行的基础设备。运输工具根据从事运送活动的独立程度可以分为三类：一是仅提供动力，不具有装载货物容器的运输工具，如铁路机车、牵引车、拖船等；二是没有动力，但具有装载货物容器的从动运输工具，如车皮、挂车、驳船等；三是既提供动力，又具有装载货物容器的独立运输工具，如轮船、汽车、飞机等。

### 1. 水上载运工具

整个地球表面约 2/3 是海洋、湖泊和河流，水上运输约占世界运输总量的 70%，水上载运工具经过漫长的岁月也由独木舟发展到现在种类繁多的船舶。

（1）船舶分类。船舶是能航行或停泊于水域内，用以执行作战、运输、工程作业等任务的运载工具，是各类船、舰、舢板、筏及水上作业平台等的统称。根据船舶用途，在综合物流中广泛应用的水上载运工具是运输船舶（通常又称为商船）中的货船，又细分为以下几种。

①干货船。干货船包括杂货船、集装箱船、散货船、滚装船、载驳船和冷藏船。

杂货船是用于载运各种包装、桶装以及成箱、成捆等件杂货的船舶。杂货船具有2~3层全通甲板，根据船的大小设有3~6个货舱，通常设有吊杆或吊车以装卸货物，底部采用双层底结构以保证船舶的安全。近年来，由于集装箱运输的发展，杂货船已很少建造，目前营运的杂货船正向集装箱船型改造或向提供载运大件货物的特种船型发展。

集装箱船是以载运集装箱为主的专用运输船舶。集装箱船在船型与结构方面与常规杂货船有明显不同，它的外形瘦长，通常设置单层甲板，设巨大的货舱口，上甲板平直，货舱内部和甲板上均可积载集装箱。绝大多数的集装箱船不设起重设备，装卸通常由岸上的专用起重机、集装箱装卸桥来进行，装卸效率高，船舶停靠时间短。为加快船舶周转，集装箱船的航速高于杂货船，通常为20~30节，航速高的可达33节。由于造船技术及港口配套设施的改善，集装箱船已由最初的普通杂货船改建发展到目前的可装载8000TEU的第六代专用船，集装箱船还在向更大载箱量的趋势发展。

散货船是指专门用于载运粉末状、颗粒状、块状等非包装类大宗货物的运输船舶。属于这类船舶的有普通散货船、专用散货船、兼用散货船以及特种散货船等。普通散货船一般为单甲板船、尾机型船，或货舱载面呈八角形，舱室的分隔要求不高。大吨位的散货船一般不设置起重设备。专用散货船是根据一些大宗散货对海上运输技术的特殊要求而设计的，主要有运煤船、散装谷物船、矿砂船以及散装水泥船等。兼用散货船则是根据某些特定的散货或大宗散货对海上运输技术的特殊要求而设计建造的，并具有多种装运功能的船舶，如车辆散货船、矿散油兼用船等。特种散货船有大舱口散货船、自卸散货船和浅吃水肥大型散货船等。

滚装船是把装有集装箱及其他件货的半挂车或装有货物的带轮子的托盘作为货运单位，由牵引车或叉车直接进出货舱进行装卸的船舶。使用滚装船运输货物，能大大提高装卸效率，并有利于水陆直达联运。

载驳船是一种用来运送载货驳船的运输船舶。将各种货物或集装箱装到规格统一的驳船上，驳船在港内装完货后，用母船的起重设备将驳船装到母船上，母船把驳船运到目的地后，卸下驳船，驳船可以被拖运至无法航行的航道或无法停靠的码头运送货物。

冷藏船。冷藏船是指使易腐货物处于冻结或某种低温条件下进行载运的专用船舶。冷藏舱的温度范围一般为-25℃~15℃，可以根据不同货物选择适宜的温度。

②液货船。液货船主要是专门用于运输液态货物的船舶，主要包括油轮、液化气船和液体化学品船等。液货船的运量在现代商船中占很大的比例。

油轮是专门用于载运散装石油的液货船，一般油轮分为原油船和成品油船两种。原油船由于油种单一、吨位较大，可以取得规模效益；成品油船受货物批量与港口设备条件的限制，规模一般比原油船小。

液化气船是专门装运液化气的液货船，船上装有特殊的高压液舱，分为液化天然气船和液化石油气船。

液体化学品船是专门载运各种液体化学品，如醚、苯、醇、酸等的液货船。因为液体化学品一般具有易燃、易挥发、腐蚀性强等特征，有的还有剧毒，所以对船舶的防火、防爆、防毒、防泄漏、防腐蚀等方面有较高的要求，通常设双层底和双重舷侧。

③驳船、推船与拖船。驳船是内河货物运输的主要运载工具，本身一般没有推进动力装置，依靠推船或拖船等机动船带动形成船队运输。推船是用以顶推驳船或驳船队的机动船，有强大的功率和良好的操纵性能。拖船是专门用于拖曳其他船舶、船队、木排或浮动建筑物的工具，是一种多用途的工作船，与推船一样具有较大的功率和较好的操控性。

（2）运输船舶的主要性能。

①船舶的航行性能。为了适应各种海况，船舶必须具有良好的航行性能，以保证航行安全。船舶的航行性能主要包括浮性、稳性、抗沉性、快速性、适航性和操纵性。这些性能是由设计人员在船舶建造前根据船舶拟投入营运的航区等信息来设计，并由船员在船舶营运过程中根据具体要求进行控制。

②船舶的重量性能。运输船舶的重量性能包括船舶的排水量和载重量，计量单位以吨表示。

排水量是指船舶浮于水面时所排开的水的重量，根据不同的装载状态可分为空船排水量、满载排水量、空载排水量以及压载排水量。空船排水量是指船舶造好后的排水量，等于空船重量。满载排水量一般也称为“设计排水量”，是船舶满载时的排水量。空载排水量是船舶空载时排开水的重量，即不装货物时的重量。压载排水量是船舶压载航行时排开水的重量，船舶为了保证空载航行时的航行性能，常在船上加压载水，使船处于压载航行状态。

载重量是指船舶运输货物的能力，有总载重量和净载重量之分。总载重量是指船舶所允许装载的最大重量。它包括货物和旅客、燃料、淡水、粮食、船用备品、船员等的重量以及船舶常数的总和。船舶总载重量等于相应吃水时的船舶排水量减去空船重量。净载重量是指船舶所装载的最大限度的货物重量。船舶净载重量等于船舶总载重量减去燃料、淡水、粮食、船用备品、船员等的重量以及船舶常数后的重量，是总载重量中能够盈利的那部分重量。

为了既保证运输船舶能够在各种条件下安全行驶，又能最大限度地利用船舶的载重量，国家验船机构或其他国家勘定干舷的主管机关，根据船舶航行于不同的航区和季节，分别规定船舶的最小干舷及允许使用的载重水线，即船舶的载重线。它用载重线标志的形式，勘绘在船中两舷外侧，以限制船舶的最大吃水量。

③船舶的容积性能。船舶的容积性能包括货舱容积和船舶登记吨位。

货舱容积是指船舶货舱内部空间，有型容积、散装容积和包装容积三种。型容积是货舱的理论容积，即不包括外板厚度、货舱的骨架等在内，通过丈量所得到的货舱内部的总容积。散装容积是货舱内能够装载的散货，如散粮、矿砂、煤炭、盐等的货舱容积，它是型容积中扣除骨架等之后的容积。包装容积是货舱内能够装载包装件货的货舱容积，一般为散装舱容的90%~96%。舱容系数是船舶货舱容积与船舶净载重量的比值，即每一净载重吨所能提供的货舱容积数。将船容系数与货物的积载因数相比较，可以判断船舶适宜装重货还是轻货。船容系数越大，船舶越适宜于装轻货；反之，则适宜装重货。

船舶登记吨位。船舶登记吨位指按船舶吨位丈量规范所得到的内部容积，它是为船舶注册登记而规定的一种以容积折算的专门吨位，分为总吨位和净吨位两种。总吨位是通过对船舶所有围蔽处所进行丈量计算后确定的吨位，一般用于表示船舶的大小等级，作为国家统计船舶数量的单位，作为计算造船、买卖船舶及租船费用的依据，作为船舶登记、检验和丈量的收费标准，作为计算海损事故赔偿的基准以及计算净吨位的依据等等。净吨位是指对船舶能够实际营运的载货（客）处所进行丈量计算后得出的吨位。一般用于计算船舶向港口交纳各种费用或计算船舶通行税的依据等。净吨位大致在总吨位的63%~70%的范围内。

④船舶航速。船舶的航行速度简称“船舶航速”，是指船舶在航行时相对于陆地或水体在单位时间内所能航行的距离。船舶航速常用的单位为节，即海里/小时，1 海里=1.852 千米。运输船舶的速度性能包括试航航速和服务航速。试航航速是船舶试航时测得的航速。服务航速也称“常用航速”或“营运航速”，是指运输船舶在平时营运时所达到的航速。一般情况下，服务航速是一个平均值，通常比试航航速慢 0.5~1 节，这主要是由海上风浪变化所致。

⑤船舶的装卸性能。船舶的装卸性能一般影响船舶装卸效率，它随货舱布置、船体结构、起重设备的不同而不同，即具有不同的货舱布置、船体结构和起重设备的船舶，其装卸性能有优劣之分。货舱布置包括船舶货舱数、舱口尺度、舱口数、货舱位置、货舱容积的平衡性等都影响船舶的装卸性能，进而影响船舶的装卸效率。船体结构对船舶装卸性能的影响主要涉及货舱的结构、甲板的层数等。船舶装卸设备的型号、数量、技术性能（包括起重设备的起重量、工作幅度、起升高度、起升速度、旋转速度、变幅速度、皮带输送机的输送量、油泵的输油量等）对船舶的装卸效率起着决定性作用，装卸设备的技术性能越好、数量越多，船舶的装卸效率越高。目前，运输船舶正朝着大型化、专业化方向发展，船舶装卸设备也在朝着专业化和自动化控制方向发展。

**2. 道路载运工具**

（1）汽车的定义与分类。汽车是指不用轨道、架线，使用自身动力装置驱动的快速而机动的轮式陆路运输工具，一般有 4 个或 4 个以上的车轮。

汽车的分类方法有很多，按用途可分为客车、货车、专用车、越野汽车、工矿自卸汽车、农用汽车、牵引汽车和汽车列车等。货车是指运载货物的汽车，又称“载重汽车”或“卡车”。货车通常采用前置发动机，车身设置为独立的驾驶室和货箱两部分。

货车通常分为以下几种。

①微型货车：载重量不超过 1.8 吨。

②轻型货车：载重量为 1.8~6 吨。

③中型货车：载重量为 6~14 吨。

④重型货车：载重量在 14 吨以上。

（2）汽车的基本性能。

①汽车的动力性。反应汽车的动力性的指标主要有汽车的最高速度、加速时间和最大爬坡度。

汽车的加速能力对平均车速有很大影响，也和行驶的安全性有关，如超车和闪避。它又可分为原地起步加速时间和超车加速时间。汽车的最大爬坡度指汽车满载时，以最低档在良好的路面上能爬上的最大坡度，一般用坡道余角的最大爬坡度表示，货车最大爬坡度一般在 30%，即约 16.5 度，越野汽车最大爬坡度可达到 60%，即 30 度。

②汽车的驱动力与行驶阻力。汽车在路面上以一定的速度行驶，是因为受到来自地面与行驶方向相同的力的推动，同时克服了汽车行驶中的各种阻力。驱动力是由发动机产生并由传动至驱动轮得到的，它的产生还要视轮胎与路面的情况，即汽车行驶受轮胎与地面附着条件的限制。汽车行驶过程中的阻力主要有 4 种，包括滚动阻力、空气阻力、坡度阻力和加速阻力。

③汽车的燃料经济性。当汽车以某档位在一定道路条件下匀速行驶时，耗油量与车速之间的关系称为该车的燃料经济性，油耗量越小，经济性越好。

④汽车的制动性。汽车的制动性是指汽车在行驶中强制减速直至停车的能力。汽车具有良好的制动性能，首先是行驶安全性的需要，其次可提高汽车的平均车速，从而获得较高的运输效率。

⑤汽车的操纵稳定性。汽车的操纵稳定性包括操纵性和稳定性。操纵性是指汽车能够确切地响应驾驶员转向指令的能力；稳定性是指汽车在行驶过程中，具有抵抗改变其行驶方向的各种干扰，并保持稳定行驶而不至于失去控制甚至翻车或侧滑的能力。稳定性直接影响汽车的操纵性。

⑥汽车的行驶平顺性。平顺性是指乘坐舒适性或保持货物完好的能力。

⑦汽车的通过性。通过性也是汽车的重要性能，是指在一定装载质量下，汽车能以足够高的平均速度通过各种地形及各种障碍的能力。

**3. 航空载运工具**

飞机在诞生之初主要用于军事领域，20 世纪 20—30 年代，飞机开始承担快速空中运输任务，运输机出现了。

（1）飞机的类型。

①按运输类型不同，飞机可分为航空公司定期航班或非定期航班使用的各种运输机，为工农业生产飞行、商业飞行、教学飞行等服务的民用航空飞机。

②按航程距离不同，飞机可分为远程飞机、中程飞机、近程飞机和短程飞机。

远程飞机的航程在8000千米以上，主要用于洲际飞行。由于航程远，需耗用大量燃料，其机体尺寸和尺寸都很大，所需跑道也长。中程飞机的航程在3000~5000千米范围内，适用于洲内的主要航线，其最大起飞质量在100吨以上。近程飞机的航程在3000千米以下，适用于国内主要航线，其最大起飞质量在40吨以上。短程飞机的航程在1000千米以下，是主要用于地方支线和通勤运输的飞行，其最大起飞质量在40吨以下。

③按发动机及其产生推力的类型不同，飞机可分为活塞式飞机、涡轮螺旋式飞机、涡轮喷气式飞机和涡轮风扇喷气式。

活塞式飞机是以汽油发动机为动力来源，带动螺旋桨旋转以产生推动力的飞机。大部分通用航空飞机采用这种类型。

涡轮螺旋式飞机是以燃气涡轮发动机为动力来源，带动螺旋桨旋转以产生推动力的飞机。部分短程支线和通勤运输飞机以及少数双发动机通用航空飞机采用这种类型。

涡轮喷气式飞机是由燃气涡轮发动机向后喷射出高速气流以产生推动力的飞机。早期的喷气式运输机主要采用这种类型，后来被摒弃不用而代之以涡轮风扇喷气式飞机。

涡轮风扇喷气式飞机是在涡轮喷气发动机的前部（或后部）加上一个风扇以产生推动力的飞机。目前，除短程飞机外，其他运输飞机主要采用这种形式。

（2）飞机的性能。飞机的性能包括稳定性、操纵性、尾旋和颤振。

飞机稳定性是指飞机长时间以要求的姿态保持平衡，外力的作用只能暂时打破平衡，外力消失后恢复原来平衡状态的能力。稳定性对飞行安全至关重要，同时对飞机本身的性能也有重要影响，而这一性能与飞机的结构、控制等技术紧密相关。

良好的操纵性是指飞行员不需要用很大的力，就可使飞机改变飞行状态。飞机的操纵性不是越灵敏越好，太灵敏会使飞行员过分紧张，时刻要注意飞机的操纵，易导致飞行员疲劳，影响驾驶工作。飞机的操纵性和飞机的稳定性有密切关系，在具体要求上又往往相互矛盾。稳定性很好的飞机，操纵性可能不灵敏；操纵性灵敏的飞机，稳定性可能又不够好。因此，应根据不同用途飞机的性能要求，适当地协调安排，使稳定性和操纵性综合起来处于最佳状态。

尾旋指是飞机在超过临界迎角后，在绕其自身的三根轴自转的同时，重心沿陡直的螺旋线航迹急剧下降的自发运动。飞机在发生尾旋后，操纵面效率下降，这会导致操纵困难甚至完全失控，因此，尾旋的后果十分严重，经常出现机毁人亡的重大事故。尾旋是各种飞机安全性的大敌，经过几十年的努力，各国已经在飞机设计、模型试验、飞行规范等方面取得了重大进展。

由于飞机必须很轻，在空气载荷的作用下必然会出现变形。这种变形将改变气动载荷的分布，而它反过来又使变形发生变化。在这种相互作用过程中，飞机会产生颤振。当飞机发生颤振时，轻则会出现不稳定和振动现象，重则会导致飞机在空中完全解体，从而发生机毁人亡的惨剧。目前各国正在着力攻克这个难题，特别是计算机和电传操纵系统的发展，给颤振抑制带来了新的希望。

**4. 管道载运工具**

管道是输送油、气比较理想的工具，也可用来运输粮食和矿石等。管道自身没有动力，主要依靠各种增压设施驱动油、气、矿石沿着管道流向目的地。

（1）运输管道分类。

①根据运输介质不同，运输管道可划分为输油管道、输气管道和输送固体料浆的管道。

输油管道是专门输送油品的管道，分为原油管道和成品油管道两种。输送原油的管道需要在沿线设加压泵站，而在输送易凝高黏原油时，还要增设加热站或热泵站进行热处理。输气管道是输送从气田开采出来的天然气和石油伴生气的管道。在世界管道总长度中，输气管道占一半以上。固体料浆管道是指输送煤、铁等矿石的管道，不过煤、铁矿石等需要粉碎成粒状，与适量的液体配置成浆液进行管道运输。

②根据动力驱动机械不同进行分类。根据不同的要求与管道特性，管道内的运输介质由不同类型的泵或压缩机驱动，如往复泵驱动、螺杆泵驱动等。根据泵的驱动机械动力不同，又可分蒸汽机驱动、内燃机驱动、电动机驱动及燃气轮机驱动等。

③根据制造材料不同，运输管道可划分为竹制管道、铁制管道和钢制管道。

（2）运输管道的发展。我国是最早使用管子输送流体的国家，公元前 200 多年就已经用竹筒连接起来输送卤水。1865 年，美国用管径为 50 毫米的熟铁管修建了第一条原油管道，长 9.75 千米，每小时输原油 13 立方米。20 世纪 50 年代，随着石油开采的迅速发展，各采油国开始大量兴建油气管道。

**5. 轨道载运工具**

轨道载运工具是沿轨道行驶的各种机车与车辆的总称。轨道载运工具被广泛地应用于城市之间的中长途客货运输，城市内和市郊的公共交通，特别是大量、快速的公共交通列车、市郊铁路列车、铁路客货运输列车、高速铁路列车以及其他轨道式公共交通车辆或列车等，而各种列车又各有特点。

### （四）物流运输的提供者

运输服务是由各种提供者在社会范围内的有机配合共同提供的。主要包括单一方式经营人、专业承运人、联运经营人和非作业性质的中间商。

**1. 单一方式经营人**

最基本的承运人类型是仅利用一种运输方式提供服务的单一方式经营人，这种单一方式能提高服务的集中度，使承运人业务高度专业化，从而相对提高经营者的运营能力和运营效率。航空公司就是单一方式的物流承运人的典型例子，它们只提供机场至机场的服务。

**2. 专业承运人**

对于那些批量小、品种多的货物，由于在装运、交货和运输中易产生问题，那些从事大批量物流运输服务的承运人，很难提供价格合理的小批量货物装运服务，服务质量相对较低。于是那些提供专门化小批量服务的公司就可以进入小批量装运服务市场或包裹递送服务市场。如美国的 UPS、DHL，我国的邮政速递等。

**3. 联运经营人**

联运经营人使用多种运输方式，利用各自的内在经济，在最低成本的条件下提供综合性服务，组成托运人眼中的“一站式”服务。对于每一种多式联运的组合，其目的都是要综合各种运输方式的优点，以实现服务最优化和绩效最大化。

**4. 中间商**

运输服务的中间商通常不会拥有运输设备或直接经营物流运输业务，他们向其他厂商提供经纪服务。中间商的利润是向托运人收取的费认和向承运人购买的运输服务成本之间的差额。货运中间商使托运人和承运人有机结合起来，既方便了小型托运人的托运活动，同时也简化了承运人的作业行为，并且可以通过合理安排运输方式，避免物流运输资源的浪费。

物流运输服务中间商主要有货运代理人、经纪人和托运人协会等。货运代理人（简称货代）是把来自各种顾客手中的小批量货物装运整合成大批量装载，然后利用专业承运人进行运输，在目的地，他们将大批量装载拆成原来的小件装运量。经纪人实际上就是运输代办，他们大多是精通或具有运输业务知识和能力的人，但往往不具备独立的实力，通过为供求双方提供服务来获取佣金。托运人协会在作业方式上类似于货运代理人，通过把小批量的货物装载整合成大批量的装载实现节约成本、提高效率。

### （五）物流运输的参与者

虽然物流运输服务是一种以盈利为目的的商业活动，但是它与一般的商品交易不同。一般的商品交易大多只涉及买卖双方，而物流运输服务往往受到五个方面的影响，分别是托运人、收货人、承运人、政府和公众。

**1. 托运人和收货人**

托运人和收货人是运输服务和运输利益最直接的参与者和获益人，他们的目的都是在较短的时间内，以尽可能低的成本将货物从起运地转移到目的地。他们有较多的共同利益，也最关注物流运输服务中各个环节的服务质量，如托运手续的便利性、交付和提取货物的安全性、货物损失率等，这些作业活动的质量高低都会直接影响托运人和收货的实际利益。

**2. 承运人**

在物流运输中，承运人就是运输部门，是物流运输最重要的参与方之一。作为中间环节，他们希望以最低的作业成本完成运输任务，获得更多的运输收入。

托运人和承运人在物流运输中是一对矛盾的统一体，二者的利益之间存在差距，同时又都希望实现合作，这是双方获利的共同基础。

**3. 政府**

由于物流运输对经济有着重要的作用和影响，政府要维持物流运输过程的合理、均衡、高效。现代社会更是如此，政府要适度地干预物流运输活动，尤其是承运人的活动，以防止高度趋利行为带来的负面社会效应。政府的干预活动往往采取制定政策或规章制度的形式，通过限制承运人服务范围、管制承运人服务价格来规范他们的行为，也可以通过支持研发或提高道路通行水平来促进物流运输业的发展和提高承运人的盈利水平，甚至以直接承担承运人的部分职责等方式来实现对物流运输服务的有效干预。

**4. 公众**

经济发展的最终受益者是公众，在合理的价格水平下，公众对商品的需求决定了物流运输需求量。作为某一物流活动的参与方，公众往往更关注物流运输的可达性、费用和效率，公众还关注环境和交通的安全问题，如运输工具的可靠性及其对环境的污染程度等。

一方面，物流运输离不开各方的参与，另一方面，物流运输的参与者使运输关系变得复杂，也增加了运输决策的难度。这就要求物流运输管理者要考虑多方面的因素，顾及所有参与者的利益。

## 七　物流运输系统的现代化

物流运输系统的现代化就是采用当代先进适用的科学技术和运输设备设施，运用现代管理科学成就，组织、协调物流运输系统各组成要素之间的关系，达到充分发挥物流运输功能的目的。

物流运输系统现代化的路径可以用图 1-1 表示。

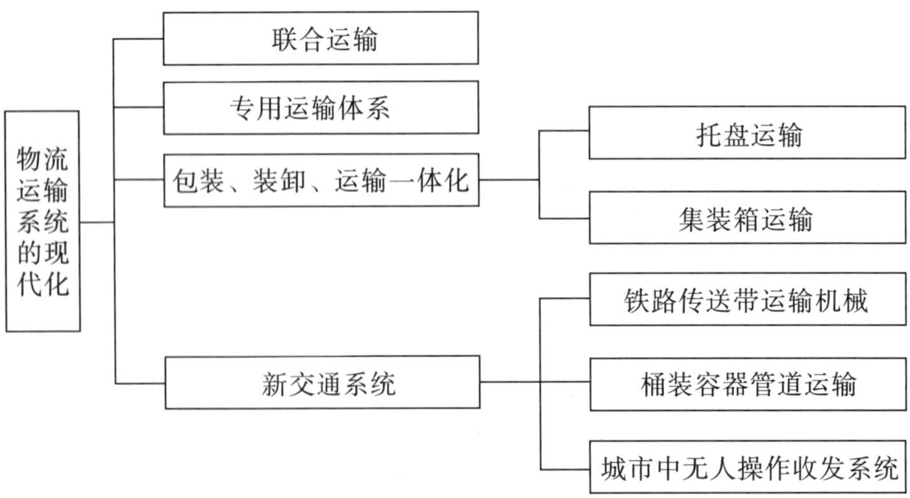


**图 1-1　物流运输系统现代化的路径**

# 第二节 运输与物流的关系

由于运输在物流中占有重要的地位，有人甚至将物流视同为运输。但实际上，运输与物流之间既有区别，又有联系。

## 一 运输与物流的区别

物流是物品从供应地到接收地的实体流动过程，包括运输、储存、装卸、搬运、包装、流通加工、配送、信息处理等活动。运输是物流活动的众多子活动之一，也是最重要的活动。它在物流过程中承担了改变空间状态的任务，是改变物品空间状态的主要手段。

概括来说，与运输相比，物流还存在以下几个突出的特点。

### （一）物流在时间上的刚性约束和弹性调整

物流与运输的最大区别就在于物流的全过程都用精确的时间进行控制和组织。物流以满足生产经营需要作为自己的生命线，其仓储、运输、配送活动是以企业的生产、销售计划为前提的。现代生产越来越精益化，这就要求物流服务在时间上更精确，产品的实物流动过快或过慢、送达时间的超前或滞后都是不合理的。物流作业计划也要根据生产需要进行适当的调整和补充，而随生产变化灵活作业是物流服务水准的体现。

### （二）物流在范围上的延展性

物流应追求高质量的服务水准，质量要求只有最低标准，没有最高限制。在物流服务过程中，凡是用户不满意的地方都要加以改进，这些改进和附加的工作往往会形成新的服务项目或服务产品，为企业带来更多的商机和更高的回报。运输只需将货物按要求在规定的时间内交付托运人就可视为完成任务，不存在追求高质量服务的需求。

### （三）物流是企业进行营销的基础

物流企业要加强营销以争取用户，但这种营销不同于传统运输的报价和运输合同的签订，而是为用户设计一整套最优化、最经济的产品物流方案。因此，营销的成败往往取决于是否有一支既懂运输又精通生产、销售和财务管理的人才队伍，取决于他们是否具有创造性、应变和设计能力。

### （四）物流更加重视长期伙伴关系

物流与运输的另一个明显不同之处在于高度重视、选择那些可以长期合作的用户，不惜代价与他们建立“一荣俱荣、一损俱损”的伙伴性关系。这种伙伴性关系体现在与具有各种运输方式的协作伙伴关系的巩固、网络化支撑的强大，因此，具备多式联运功能也是物流企业不可或缺的。

## 二 运输与物流的联系

运输与物流的联系不仅体现在运输是物流的一个环节，还表现在运输与物流活动中的其他环节（如包装、装卸、储存、配送等）的关系也非常密切。

### （一）运输与物流各环节的联系

#### 1. 运输与包装的关系

在进行运输之前，一般都要对货物进行包装，货物的包装材料、包装规格、包装方法等都不同程度地影响着物流运输。货物包装的外廓尺寸应该充分与运输车辆的内廓尺寸相吻合，以充分利用车辆的容积，提高货物的装载率。

#### 2. 运输与装卸的关系

一般来说，一次运输过程往往伴随两次装卸活动，即运输前、后的装卸作业。运输前的装卸活动是完成运输的先决条件，装卸质量对物流运输产生巨大的影响，装卸工作组织得力，装卸活动开展顺利，可以使物流运输工作顺利进行；当货物到达目的地后，装卸为运输作补充劳动，使物流运输的目的最终完成；对使用两种以上运输工具的物流运输活动，装卸还是各种运输方式的衔接手段。

#### 3. 运输与储存的关系

储存是货物暂时处于停滞的状态，是货物投入消费前的准备。货物的储存量虽然取决于需要量，但是货物的运输也会给储存带来重大影响：运输活动组织不善或运输工具不得力，就会增加货物储存量，造成储存成本和货物损耗增加；反之，就会在满足消费需求、创造社会效益的同时，获得较好的经济效益。

**4. 运输与配送的关系**

严格说来，运输和配送是两个不同的概念。在企业的物流活动中，将货物大批量、长距离地从生产工厂直接送达客户或配送中心称为运输；货物再从配送中心就近发送到地区内各客户手中称为配送。两者的区别如表 1-1 所示。

**表 1-1　运输和配送的比较**

| 运　输 | 配　送 |
| --- | --- |
| 大量货物长距离的移动 | 少量货物短距离的移动 |
| 货物在物流节点间移动 | 由企业将货物送交客户 |
| 货物在地区间移动 | 货物在地区内部移动 |
| 一次向一地单独运送货物 | 一次向多处运送货物，每处只获得少量货物 |

运输和配送之间又有着密切联系，配送往往作为运输的后续活动，而运输活动则为有效的配送作准备。

## （二）物流对运输的超越

应当指出的是，虽然运输是物流的主体功能，但它并不是物流活动的全部。物流是对运输的超越，主要体现在以下方面。

**1. 物流是超出运输范畴的系统化管理**

物流管理系统不仅包括运输功能，还包括装卸、包装、存储等诸多功能，它服务于生产、流通和消费的全过程，参与生产企业的供应、生产和销售，并从中获取收益。因此，物流活动的收益要大于运输的收益。

**2. 物流关注信息流和增值流的同步联动**

物流不同于运输只注重实物的流动，它还关注信息流和增值流的同步联动。信息流不仅反映产品的运送、收取情况，更重要的是反映对物流质量的评价。增值流是指物流所创造的形态效用、空间效用和时间效用，它直接影响企业产品的价格和利润。这是因为：一方面，在同类产品的价格基本一致时，物流费用越少，企业的利润就越高；另一方面，在确定合理利润率的前提下，物流费用越少，产品的价格就越低，竞争力就越强。

**3. 物流以生产和流通企业的利益为中心**

运输只是物流管理控制的必要环节，处于从属地位。从这一意义说：有物流必然有运输，而再完善的运输也还远不是物流。运输企业要开展物流活动，必须主动为企业产品的生产和销售服务，为产品的市场竞争和利益服务；主动开展物流市场调查、市场预测，到企业中做好推销、宣传等业务，根据企业的需要，提供全方位的物流服务。另外，从社会效益上讲，将运输从物流活动中分离出来，也可以促进专业分工的发展。

**4. 物流比运输更重视先进技术的应用**

由于现代物流关心顾客服务水平的提高、总成本的降低以及物流活动的网络化和规模化，一些先进的技术往往首先在物流中而不是在运输中得到应用，如人们先认识到，通过建立 GPS（Global Positioning System，全球卫星定位系统），对物流的全过程进行适时监控、适时货物跟踪和适时调度是很有必要的，然后才有 GPS 在运输中的应用；与顾客，特别是与长期合作的主要顾客建立 EDI（Electronic Data Interchange，电子数据交换系统）联系，在一些物流服务先进的国家已经实现，而它在运输中的应用才刚刚起步。另外，自动装卸机械、自动化立体仓库、自动堆垛机和先进适用的信息系统也在不断推广应用中。

## 三 运输对于物流的意义

运输在物流活动中占有重要的地位，它是物流活动的中心职能，物流过程中的其他活动都是围绕着运输而进行的，物流合理化在很大程度上取决于运输合理化。因此，运输对物流的意义重大。

### （一）运输是物流系统功能的核心

物流系统具有三大功能，即创造物品的空间效用、时间效用和形质效用。这三大功能分别由三种不同的物流活动来实现，时间效用主要由仓储活动来实现，形质效用由流通加工业务来实现，空间效用则通过运输来实现。在上述三种效用中，空间效用处于核心地位，影响甚至决定着其他两种效用。这使得运输成为物流系统中的主导因素，成为所有功能的核心。

### （二）运输影响物流的其他构成要素

如前所述，运输对物流过程的其他环节有着重要影响。例如，运输方式决定着装运货物的包装要求；不同类型的运输工具决定了与其配套使用的装卸搬运设备以及接收和发运站台的设计；企业库存储备量的大小受运输状况的直接影响，发达的运输系统能适量、快速、可靠地补充储备，减少企业库存，降低相应成本。

### （三）减少运输费用是降低物流费用的关键

不断降低物流费用，对于提高物流活动的经济和社会效益都起着重要的作用，所谓物流是企业的“第三利润源”，其意义也在于此。在物流过程中，直接耗费的活劳动和物化劳动所支付的直接费用主要有运输费、保管费、包装费、装卸搬运费和物流过程中的损耗等。其中，运输费用所占的比重最大，运输安排合理与否，不仅关系物流时间的长短，还会影响物流费用的高低。

### （四）运输合理化是物流系统合理化的关键

物流合理化是指在各物流子系统合理化的基础上实现物流系统总体功能最优化，即系统以尽可能低的成本创造更多的空间效用、时间效用、形质效用。从物流承担主体的角度来看，物流合理化就是以最低的成本为用户提供更多优质的物流服务。运输是各功能的基础与核心，直接影响着物流子系统的运行，只有运输合理化，才能使物流结构更加合理，总体功能更优化，因此，运输合理化是物流系统合理化的关键。

## 本章小结

运输是物流最基本的功能，在国民经济中占有非常重要的地位。物流运输就是通过各种运输手段使货物在物流节点之间流动，以改变“物”的空间位置为目的的运输活动。作为物流系统的一个重要组成部分，物流运输包括生产领域的运输和流通领域的运输。

运输具有物质生产性、公共服务性、政府干预性、全球性、生产和消费的同一性等特征。运输主要有物品移动和短时储存两大功能，在整个国民经济中发挥着重要作用，指导物流运输管理和营运的两条基本原理是规模经济和距离经济。

运输与物流既有区别，又有联系，运输是物流系统功能的核心，运费在物流费用中占有很大比重，因此，运输合理化是物流系统合理化的关键。但物流比运输具有更多的内涵，它关注信息流和增值流的同步联动，更加重视先进技术的应用。

## 案例分析

# 邮政快递业在全球疫情中“突围”

2020年，突如其来的“新冠肺炎疫情”在全球蔓延。面对严峻挑战，多国纷纷出台新规，保障邮政、快递、物流运输。疫情全球蔓延也给我国邮政和快递企业开拓国际业务带来机会。

**1. 疫情对国外邮政快递业的影响**

（1）疫情带来的挑战。

疫情给邮政和快递企业带来的挑战如下。

①疫情防控难，不少快递员被感染。例如，美国邮政系统已有数十名员工感染新冠肺炎。

②及时投递难，快递出现积压和延误等难题。日前亚马逊发出警告称，疫情使得其Prime快递服务延误。美国有媒体评论称，及时送货上门服务在中国疫情期间帮了大忙，而美国等西方国家在物流和电子商务领域落后中国4~5年。

③人手短缺，无法满足不断增长的需求。亚马逊紧急宣布增加10万个全职和兼职职位，主要处理亚马逊物流中心及其运输网络的相关工作。

④给企业未来发展带来不确定性。美国联邦快递公司有关负责人表示，将暂停对该公司2020财年收益预测。德国邮政敦豪集团则对新冠肺炎疫情冲击下的2020年业务前景表达了审慎的态度。

（2）疫情带来的机遇。

疫情是挑战也带来机遇，各国邮政和快递企业都在努力“突围”。

①各国政府政策补贴疫情期间邮政快递业发展。美国2020年3月16日出台的经济刺激政策草案中就包括“提议取消美国邮政对财政部的巨额欠款，且再借给邮政

150亿美元”，这是美国邮政目前的最高借款上限。奥地利、比利时、塞浦路斯、捷克、丹麦、法国等国则出台政策减少企业税收。

②疫情激发各国电商发展，拉动邮政和快递业务量激增。数据显示，2020年1-2月份，美国B2C零售电商平台共获得55亿次的访问量，销量较去年同期增长52%，消费者数量增长8.8%。电商的发展带来邮政、快递业务量大幅增长。美国联邦快递创始人、董事长兼首席执行官弗雷德·史密斯日前表示，联邦快递目前不会裁员，随着洲际航空运力需求增加，将继续运输和交付急需的货物。

**2. 我国邮政快递业积极为国际防疫贡献力量**

自2020年3月17日起，中国邮政航空公司在“上海浦东—日本大阪”航线正班航班基础上增加一个航班；3月18日，中国邮航“郑州—首尔”航线正式开通。面对海外疫情，顺丰速运国际承运来自中国组织、企业及个人的大量医疗防疫物资，包括口罩、防护服、手套等，发往美国、德国、意大利等数十个国家及地区。自2020年2月13日以来，顺丰快速布局多达13条国际航线，包括2条包机国际航线，全力保障进出口货物运输渠道畅通。

**3. 加快补齐国际业务发展短板**

（1）物流运输面临的问题。

在海外防疫物资运输过程中暴露出的问题包括三个方面。

①空运成本飙升，出口物流价格全线上涨。阿里巴巴国际站有关负责人介绍，目前国内至海外空运费用普遍上涨。以中国至中美洲线路为例，空运价格已从疫情发生前的每千克10多元上涨到每千克30多元，且依然呈增长趋势。

②各国航空、海运对疫情防控的政策不同，这增加了货物无法及时到达的风险。欧洲方面，疫情暴发至今，意大利、西班牙、德国、法国等多国关闭边境或加强检查，货物延迟运达甚至无法运达的风险大大增加。而美国方面，据深圳机场某物流公司反馈，口罩等防疫类商品到达美国后，在清关环节受到拦截。

③邮政和快递企业国际物流体系建设进展缓慢。有媒体报道称，作为一家电商企业，阿里巴巴之所以可以对全球物流网络进行投资，是因为它能够提供有效的服务。

（2）推动我国物流运输行业健康发展。

对此，我国政府应该因势利导，在加强邮政与快递企业疫情防控工作的同时，抓住机遇推动其更好实现国际化发展。

①国家出台政策，支持并引导邮政和快递企业加快国际物流体系建设。目前，应有的支持措施至少包括两个方面，一方面要推动企业“国家队”入场；另一方面应给予正在建设国际物流体系的企业更多支持，包括税收、资金等方面。

②邮政和快递企业要发展全货机运输。德邦基金经理夏理曼表示，疫情期间客流量大幅下降，这导致航班大面积削减，从而导致航空货运运力严重短缺。2019 年年底，我国全货机仅 174 架，占全部在册飞机不到 5%。发展全货机运输，对建设强大国际航空物流运输网络具有重要战略意义。

③鼓励航空货运企业与物流企业联合重组。宝新金融首席经济学家郑磊提出，鼓励航空货运企业与物流企业联合重组、抱团取暖，这既能缓解疫情对航空货运、物流企业的冲击，填补一部分经营空档，又可促进物流业加快发展，以便更好地满足人民群众对在线购物的需求。

④快递企业的国际业务逐步向供应链综合解决方案方向拓展。如顺丰国际业务逐步向供应链综合解决方案方向拓展，已逐步切入大客户海外仓储及投递等供应链业务领域，未来或将有更大发展潜力。

（案例来源：中国交通新闻网，作者有删改。）

## 问题讨论

1. 请结合案例，谈谈物流运输对经济与社会发展的作业。
2. 物流运输企业应如何化“危”为“机”，要注意哪些问题？

## 复习思考题

1. 什么是物流运输？它有哪些主要特征？
2. 运输的主要功能是什么？运输与物流有什么区别和联系？
3. 怎样理解运输在国民经济中的地位？
4. 请简述我国现代物流运输系统的结构。
5. 什么是“第三利润源”？为什么说“运输是‘第三利润源’的主要构成”？
6. 怎样理解物流运输的规模经济与距离经济？

## 实训题

请实地走访一家物流运输企业，以了解物流运输的特点和功能。

# 第二章

# 物流运输基本方式

## 学习目标

通过本章教学，学生要掌握各种运输方式的定义和特点，了解各种运输方式下运价与运费的构成及计算方式；掌握各种运输方式的作业流程和要求，能够进行一定的运输作业；理解运输合理化的含义及其基本要求，了解不合理运输的几种常见情形，能根据不同物流运输方式的特点合理选择适当的运输工具和运输方式。

## 开篇案例

### 推进运输结构调整三年行动计划（2018—2020年）

2018年10月9日，国务院办公厅印发《推进运输结构调整三年行动计划（2018—2020年）》（以下简称《计划》），为打赢蓝天保卫战、打好污染防治攻坚战，提高综合运输效率、降低物流成本提供支撑。

《计划》明确提到，到2020年，全国货物运输结构明显优化，铁路、水路承担的大宗货物运输量显著提高，港口铁路集疏运量和集装箱多式联运量大幅增长，重点区域运输结构调整取得突破性进展，将京津冀及周边地区打造成为全国运输结构调整示范区。与2017年相比，全国铁路货运量增加11亿吨、增长30%，其中京津冀及周边地区增长40%、长三角地区增长10%、汾渭平原增长25%；全国水路货运量增加5亿吨、增长7.5%；沿海港口大宗货物公路运输量减少4.4亿吨。全国多式联运货运量年均增长20%，重点港口集装箱铁水联运量年均增长10%以上。

重点区域范围包括京津冀及周边地区、长三角地区、汾渭平原等区域。京津冀及周边地区包括北京、天津、河北、河南、山东、山西、辽宁、内蒙古8省（自治区、直辖市），长三角地区包括上海、江苏、浙江、安徽4省（直辖市），汾渭平原包括山西、河南、陕西3省。

《计划》主要涵盖铁路运能提升行动、水运系统升级行动、公路货运治理行动、多式联运提速行动、城市绿色配送行动以及信息资源整合行动等。

在铁路运能提升行动方面，《计划》提出到2020年，全国大宗货物年货运量150万吨以上的大型工矿企业和新建物流园区，铁路专用线接入比例达到80%；重点区域具有铁路专用线的大型工矿企业和新建物流园区，大宗货物铁路运输比例达到80%。

在公路货运治理方面，《计划》提到要促进“互联网+货运物流”新业态、新模式发展，深入推进无车承运人试点工作，健全完善无车承运人法规制度，推动货运物流平台健康有序发展。到2020年，重点培育50家左右创新能力强、运营管理规范、资源综合利用效率高的无车承运人品牌企业。支持引导货运大车队、挂车共享租赁、甩挂运输、企业联盟、品牌连锁等集约高效的运输组织模式发展，发挥规模化、网络化运营优势，降低运输成本，有效整合分散经营的中小货运企业和个体运输业户。

在城市绿色配送行动中，《计划》指出要推进城市绿色货运配送示范工程。到2020年，在全国建成100个左右的城市绿色货运配送示范项目。加快新能源和清洁能源车辆推广应用，到2020年，城市建成区新增和更新轻型物流配送车辆中，新能源车辆和达到国六排放标准清洁能源车辆的比例超过50%，重点区域达到80%。各地将公共充电桩建设纳入城市基础设施规划建设范围，加大用地、资金等支持力度，在物流园区、工业园区、大型商业购物中心、农贸批发市场等货流密集区域，集中规划建设专用充电站和快速充电桩。

《计划》强调，要加强政策保障，积极落实财政和用地用海支持政策，确保运输结构调整取得实效。地方政府要尽快组织编制运输结构调整工作实施方案，细化分解目标任务，确保责任落实到位。

（资料来源：每日经济新闻，作者有删改。）

运输是实现物流的基础。在现代物流管理中，根据用户的要求以及承运的货物种类，选择合理的运输方式，在预定的时间内高效率、低成本地将货物运送到目的地，既是物流运输组织与管理的基本内容，也是物流管理追求的目标。因此，了解各种运输方式及其特点，这对合理运用各种运输方式，优化物流系统和合理组织物流运输活动是十分重要的。

# 第一节 陆路物流运输方式

陆路物流运输又分为公路物流运输和铁路物流运输两种形式。公路物流运输主要承担近距离、小批量的货物运输，也承担铁路物流运输难以到达地区的物流运输。铁路物流运输是在干线物流运输中起主要作用的运输方式，主要承担长距离、大批量的货物运输。在没有水运条件的地区，几乎所有的大批量货物都是依靠铁路进行运输的。在我国，长期以来，铁路运输是国民经济发展的基础行业，一直处于运输市场的主导地位。

## 一 公路物流运输

公路运输是构成陆上运输的两种基本运输方式之一，也是发展最早的物流运输方式，它不仅可以直接运送货物，还是车站、港口和机场集散货物的重要手段。即使在一些铁路和航空运输十分发达国家，公路运输在整个运输系统中仍然占有重要地位，并发挥着重要的作用。

### （一）公路物流运输概述

迄今为止，公路物流运输是现代物流运输的主要方式之一，也是经济社会发展的一个基础性产业。公路是公路物流运输中的最基本的设施之一，其形态对公路物流运输活动至关重要。目前，在全世界现代交通网络中，公路线长约占其中的2/3，达2000万千米，公路运输所完成的货运量则占所有货运量的80%左右。

**1. 公路**

公路是按照国家规定的技术标准，并经公路主管部门验收认定的联结城市、乡村和工矿基地等，主要供汽车行驶、具备一定技术条件和设施的道路。

公路可以按不同的标准进行分类，但常见的分类标准有两个，一是按行政等级划分，二是按工程技术标准划分。

（1）按行政等级划分。我国的公路按行政等级可分为：国家级公路（简称国道）、省级公路（简称省道）、县级公路（简称县道）和乡级公路（简称乡道）以及专用公路五个等级。

在我国，一般把国道和省道称为“干线”，县道和乡道称为“支线”。

（2）按使用任务、功能和适应的交通量划分。根据我国现行的《公路工程技术标准》，公路按使用任务、功能和适应的交通量可分为高速公路、一级公路、二级公路、三级公路、四级公路五个等级。

**延伸阅读**

## 公路工程技术标准（节选）

（中华人民共和国行业标准 **JTGB01-2014**）

**3. 基本规定**

3.1 公路分级

3.1.1 公路分为高速公路、一级公路、二级公路、三级公路及四级公路等五个技术等级。

①高速公路为专供汽车分方向、分车道行驶，全部控制出入的多车道公路。高速公路的年平均日设计交通量宜在 15000 辆小客车以上。

②一级公路为供汽车分方向、分车道行驶，可根据需要控制出入的多车道公路。一级公路的年平均日交通量宜在 15000 辆小客车以上。

③二级公路为供汽车行驶的双车道公路。二级公路的年平均日设计交通量宜为 5000~15000 辆小客车。

④三级公路为供汽车、非汽车交通混合行驶的双车道公路。三级公路的年平均日设计交通量宜为 2000~6000 辆小客车。

⑤四级公路为供汽车、非汽车交通混合行驶的双车道或单车道公路。双车道四级公路年平均日设计交通量宜在 2000 辆小客车以下；单车道四级公路年平均日设计交通量宜在 400 辆小客车以下。

……

3.3 交通量

3.3.1 新建和改扩建公路项目的设计交通量预测应符合下列规定。

①高速公路和一级公路设计交通量预测年限为 20 年；二、三级公路设计交通量

预测年限为15年；四级公路可根据实际情况确定。

②设计交通量预测年限的起算年为该项目可行性研究报告中的计划通车年。

3.3.2　交通量换算采用小客车为标准车型。各汽车代表车型及车辆折算系数规定如表3.3.2。

**各汽车代表车型与车辆折算系数表**

| 汽车代表车型 | 车辆折算系数 | 说　明 |
|---|---|---|
| 小客车 | 1.0 | ≤19座的客车和载质量≤2t的货车 |
| 中型车 | 1.5 | >19座的客车和2t<载质量≤7t的货车 |
| 大型车 | 2.5 | 7t<载质量≤14t的货车 |
| 汽车列车 | 4.0 | 载质量>14t的货车 |

3.3.3　公路设计小时交通量宜采用年第30位小时交通量，也可根据项目特点与需求，在当地年第20~40位小时之间取值。

3.4　服务水平

3.4.1　公路服务水平分为六级，见附录A（本书略）。

3.4.2　各级公路设计服务水平应不低于表3.4.2规定，并应符合下列规定。

**各级公路设计服务水平表**

| 公路等级 | 高速公路 | 一级公路 | 二级公路 | 三级公路 | 四级公路 |
|---|---|---|---|---|---|
| 服务水平 | 三级 | 三级 | 四级 | 四级 | — |

3.5　速度

3.5.1　各级公路设计速度应符合表3.5.1的规定，设计速度的选用应根据公路的功能与技术等级，结合地形、工程经济、预期的运行速度和沿线土地利用性质等因素综合论证确定，并应符合下列规定。

设计速度表

| 公路等级 | 高速公路 | | | 一级公路 | | | 二级公路 | | 三级公路 | | 四级公路 | |
|---|---|---|---|---|---|---|---|---|---|---|---|---|
| 设计速度（km/h） | 120 | 100 | 80 | 100 | 80 | 60 | 80 | 60 | 40 | 30 | 30 | 20 |

①高速公路设计速度不宜低于100km/h，受地形、地质等条件限制时，可以选用80km/h。

②作为干线的一级公路，设计速度宜采用100km/h；受地形、地质等条件限制，可采用80km/h。作为集散的一级公路，设计速度宜采用80km/h；受地形、地质等条件限制，可采用60km/h。

③高速公路和作为干线的一级公路的特殊困难局部路段，且因新建工程可能诱发工程地质病害时，经论证，该局部路段的设计速度可采用60km/h，但长度不宜大于15km，或仅限于相邻两互通式立体交叉之间的路段。

④作为干线的二级公路，设计速度宜采用80km/h；受地形、地质等条件限制，可采用60km/h。作为集散的二级公路，设计速度宜采用60km/h；受地形、地质等条件限制，可采用40km/h。

⑤三级公路设计速度宜采用40km/h；受地形、地质等条件限制，可采用30km/h。

⑥四级公路设计速度宜采用30km/h；受地形、地质等条件限制，可采用20km/h。

3.5.2　公路设计应采用运行速度进行检验。相邻路段运行速度之差应小于20km/h，同一路段运行速度与设计速度之差宜小于20km/h。

3.5.3　公路限制速度应根据设计速度、运行速度及路侧干扰与环境等因素综合论证确定。

**2. 公路物流运输**

近年来，随着经济全球化，市场竞争的范围更大、程度更激烈。高效、便捷、安全的公路货运系统和物流配送体系不仅成为一个地区或国家投资环境的重要组成部分，还日益成为决定该地区和国家制造业竞争力的重要因素。

(1) 公路物流运输的概念。公路物流运输是一种主要使用汽车、挂车和汽车列车等在公路上运输货物的方式。公路物流运输系统主要包括运输工具、运输节点和运输线路。

①公路物流运输工具。公路物流运输工具包括汽车、挂车和汽车列车三大类。汽车是由动力驱动，具有四个或四个以上车轮的非轨道承载的车辆，主要用于载运人或货物和牵引载运人或货物的车辆。本书只讨论用于载运货物或牵引载运货物的车辆，即货车。挂车是指需汽车牵引才能正常使用的一种无动力的道路车辆。汽车列车是由一辆货车与一辆（或多辆）挂车组合而成的车辆。

②运输节点。运输节点也称运输结点，即货运站（场），是以场地为依托，为社会提供有偿服务的具有仓储、保管、配载、信息服务、装卸、理货等功能的综合经营场所。

③运输线路。公路物流运输中的运输线路即公路。

(2) 公路物流运输的优点。公路物流运输的主要特点是灵活性强。公路建设周期短，投资较低，易于因地制宜，对收、发站的设施要求不高。因此，公路物流运输也可作为其他运输方式的衔接手段。一般来说，公路物流运输具有以下优点。

①机动灵活，运输方便。我国公路网的密度大，分布面也广，几乎所有的县城和90%以上的农村区、乡、村镇都通汽车，城市市区道路网密度更大，因而汽车运输可达性最强。汽车运输在运输时间方面机动性也比较大，车辆可随时调度、装卸载和起运，各运输环节之间的衔接时间较短。另外，汽车运输适合小批量货物或紧急物资的运输工作，对抢险救灾和军事运输具有重要意义。

②可实现“门到门”的直达运输。汽车体积较小，可以深入到工厂区内、农村田间、城市街道、机关单位和居民住宅的门口，从而把货物从发货人仓库门口直接运送到收货人仓库门口。这是其它运输工具如火车、轮船和飞机等办不到的。

③中短途运输速度快、费用低。由于汽车运输可以实现“门到门”的直达运输，不需中途倒运，货物在途时间短，在中短途运输中的运送速度较快。这不但可以加快资金周转、提高货币的时间价值，而且有利于保证货物质量和提高货物的时间价值。这一点对于高档品、贵重物品、鲜活货物以及需要紧急运输的货物等特别重要。

④原始投资少，资金周转快。公路物流运输不像铁路物流运输那样需要铺设铁轨、设置信号设备以及购置其它昂贵的设施等，车辆的购置费用也比较低，因而原始

投资回收期短，较容易在短期内扩大再生产以及时满足生产生活需要。

⑤适应性强，与其他物流运输方式衔接方便。由于机动灵活，公路物流运输能适应多种条件下的运输作业，与铁路运输、水路运输以及航空运输衔接方便，成为综合运输体系的重要组成部分，是货物集散的有效工具。

（3）公路物流运输的缺点。虽然公路物流运输有着很多优点，但是与其他运输方式相比，公路物流运输也存在着一些不足之处，具体表现在以下几个方面。

①不适合大批量、长距离运输。公路物流运输一般只适合短距离运输，长距离运输的运费相对昂贵。公路物流运输的经济半径一般在 200 千米以内。

②事故率较高。根据有关统计数据，公路运输的事故率大约是铁路运输的 15 倍，是水路运输的 178 倍。

③运量小，消耗多，成本高。汽车的载重量小，导致公路物流运输的运量较小；车辆运输时震动较大，易造成货损事故；汽车消耗能量多，运输成本比水路和铁路运输都高。

④易造成环境污染。汽车在运行中对环境的污染主要包括废气污染与噪声污染。废气污染指汽车发动机排出的废气中的有害成分排入空气中达到一定浓度后，将污染大气，对人和生物造成危害；噪声污染主要指汽车运行中的发动机噪声、喇叭噪声和轮胎噪声等。此外，汽车电气设备工作时发出的无线电波对附近建筑物内的收音机、电视机以及无线通信设备的正常工作也产生一定程度的干扰。

（4）公路物流运输的分类。公路物流运输可以按照不同的标准进行分类，如按照货物运营方式分类，可以分为整车运输、零担运输、集装箱运输、包车运输等；根据货物种类分类，可以分为普通货物运输和特种货物运输等；按托运的货物是否保险或保价分类，可以分为不保险（不保价）运输、保险运输和保价运输等；按货物运送速度分类，可以分为一般货物运输、快件货物运输和特快专运等。

**3. 道路通行能力**

道路的通行能力是公路物流运输中的一个重要概念，它制约和决定着公路物流运输的发展。

（1）道路通行能力。道路的通行能力是指在一定时段和通常道路、交通管制条件下，车辆通过道路某一点或均匀断面上的最大小时流率（简称流率）。利用流率分析道路的通行能力时，大多选择交通高峰期的 15 分钟进行观察，以此时段为基础计算得出的最大小时流率即是道路所能通过的车辆数量极限。

## 延伸阅读

### 交通量与流率

交通量是在一段时间间隔内，通过一条车道或道路某横断面的实际车辆数。而流率则是在给定不足1小时的时间间隔（通常为15分钟）内，通过一条车道或道路指定断面的车辆折算数（折算标准参见前面《公路工程技术标准》），以当量小时流率表示。即取不足1小时时段观测的车辆折算数，除以观测时间（以小时为单位），得到流率。如15分钟内观测到的交通量为100辆，则流率为400辆/小时。

| 时间段 | 交通量（辆） |
|---|---|
| 7:30-7:45 | 1000 |
| 7:45-8:00 | 1300 |
| 8:00-8:15 | 900 |
| 8:15-8:30 | 800 |
| 合计 | 4000 |

在上表中，某道路的交通高峰时段为7:45-8:00，这一时段内的交通量为1300辆，因此，该道路的交通流率为1300辆/15分钟=5200辆/小时。而在实际观测的1小时（7:30-8:30）时间中，只有4000辆车通过了指定的道路断面，即交通量为4000辆。

（2）道路通行能力的分类。根据所反映的内容不同，道路的通行能力又可分为基本通行能力、可能通行能力和设计通行能力三种。

道路的基本通行能力又称理论通行能力，是指公路组成部分在理想的道路、交通、控制和环境条件下，一条车道的均匀段（或一个横断面）上，不论服务水平如何，1小时所能通过标准车辆数的最大值。其中，理想的交通条件是指道路上单一小客车行驶，车头间隔能保持以设计车速行驶所要求的最小车头间隔，无混合车种和行人干扰。

道路的可能通行能力是指已知公路的组成部分在实际或预测的道路、交通、控制及环境条件下，一条车道对上述诸条件有代表性的均匀段（或一个横断面）上，不论服务水平如何，1 小时所能通过的车辆（在混合交通公路上为标准汽车）数的最大值。由于通常情况下的道路和交通条件与理想的道路和交通条件有较大的差距，可能通行能力以基本通行能力为基础，考虑实际的道路和交通状况，确定其修正系数，再以此修正系数乘以基本通行能力，即得实际道路、交通与一定环境条件下的可能通行能力。

道路的设计通行能力是指设计中的公路组成部分在预测的道路、交通、控制及环境条件下，一条车道对上述诸条件有代表性的均匀段（或一个横断面）上，在所选用的设计服务水平下，1 小时所能通过的车辆（在混合交通公路上为标准汽车）数的最大值。设计通行能力是道路根据使用要求的不同，按不同服务水平条件下所具有的通行能力，也就是要求道路所承担的服务交通量，作为道路规划和设计的依据。

只要确定道路的可能通行能力，再乘以给定服务水平的服务交通量与通行能力之比，就可以得到设计通行能力。

### （二）公路物流运价与运费

公路运费一般有两种计算标准：一是以路面等级规定基本运价，一是按货物等级规定基本运费费率。公路运费费率由分为整车运输、零担运输和集装箱运输三种。公路运价单位也因运输方式而有所不同。整批运输为元/吨·千米，零担运输为元/千克·千米，集装箱运输为元/箱·千米，包车运输为元/吨·小时。

## 延伸阅读

### 汽车运价规则［交运发（2009） 275 号］（货物运价部分）

#### 第一节　计价标准

第十五条　运价单位

1. 整批运输：元/吨千米。

2. 零担运输：元/千克千米。

3. 集装箱运输：元/箱千米。

4. 包车运输：元/吨位小时。

5. 国际道路货物运输涉及其他货币时，在无法折算为人民币的情况下，可使用其他自由兑换货币为运价单位。

第十六条　计费重量

（一）计量单位

1. 整批货物运输以吨为单位。

2. 零担货物运输以千克为单位。

3. 集装箱运输以标准箱为单位。

（二）重量确定

1. 一般货物：无论整批、零担货物计费重量均按毛量计算。整批货物吨以下计至100千克，尾数不足100千克的，四舍五入。零担货物起码计费重量为1千克，重量在1千克以上，尾数不足1千克的，四舍五入。

2. 轻泡货物：指每立方米重量不足333千克的货物。

装运整批轻泡货物的高度、长度、宽度，以不超过有关道路交通安全规定为限度，按车辆核定载质量计算重量。

零担运输轻泡货物以货物包装最长、最宽、最高部位尺寸计算体积，按每立方米折合333千克计算重量。

轻泡货物也可按照立方米作为计量单位收取运费。

3. 包车运输按车辆的核定质量或者车辆容积计算。

4. 货物重量一般以起运地过磅为准。

5. 散装货物，如砖、瓦、砂、石、矿石、木材等，按重量计算或者按体积折算。

第十七条　计费里程

（一）里程单位

货物运输计费里程以千米为单位，尾数不足1千米的，四舍五入。

（二）里程确定

1. 货物运输的营运公路里程按交通运输部核定颁发的《中国公路营运里程图集》确定。《中国公路营运里程图集》未核定的里程，由承、托运双方共同测定或者经协商按车辆实际运行里程计算。

2. 货物运输的计费里程按装货地至卸货地的营运里程计算。

3. 城市市区里程按照实际里程计算，或者按照当地人民政府交通运输主管部门确定的市区平均营运里程计算，具体由各省、自治区、直辖市人民政府交通运输主管部门确定。

4. 国际道路货物运输属于境内的计费里程以交通运输主管部门核定的里程为准，境外的里程按有关国家（地区）交通运输主管部门或者有权认定部门核定的里程确定。

第十八条　计时包车货运计费参照第七条的规定执行

## 第二节　计价类别

第十九条　载货汽车按其用途不同，分为普通货车、专用货车两种。专用货车包括罐车、冷藏车及其它具有特殊构造的专门用途的车辆。

第二十条　货物安其性质分为普通货物和特种货物两种。特种货物分为大型特型笨重物件、危险货物、贵重货的、鲜活货物四类。

第二十一条　集装箱按箱型分为国内标准集装箱、国际标准集装箱和非标准集装箱三类，其中国内标准集装箱分为1吨箱、6吨箱、10吨箱三种，国际标准集装箱分为20英尺、40英尺箱两种。

第二十二条　道路货物运输根据营运形式分为道路货物整批运输、零担运输和集装箱运输。

## 第三节　计价规定

第二十三条　运价

1. 整批货物运价：指整批普通货物在等级公路上运输的每吨千米运价。

2. 零担货物运价：指零担普通货物在等级公路上运输的每千克千米运价。

3. 集装箱运价：指各类标准集装箱重箱在等级公路上运输的每箱千米运价。

第二十四条　在计算货物运价时，应当考虑车辆类型、货物种类、集装箱箱型、营运形式等因素。

第二十五条　运费计算

整批货物运费=整批货物运价×计费重量×计费里程+车辆通行费+其他法定收费

零担货物运费=零担货物运价×计费重量×计费里程+车辆通行费+其他法定收费

重（空）集装箱运费=重（空）箱运价×计费箱数×计费里程+车辆通行费+其他

法定收费

包车运费=包车运价×包用车辆吨位×计费时间+车辆通行费+其它法定收费。

第二十六条　运费以元为单位。运费尾数不足1元的，四舍五入。

第二十七条　国际道路货物运输价格按双边或者多边汽车运输协定，根据对等原则，由经授权的交通运输主管部门协商确定。

### （三）公路物流运输作业

物流运输组织方法直接影响到物流运输速度与运输费用，在各种运输方式竞争激烈的条件下，做好物流运输组织工作显得尤为重要。物流运输作业应在掌握一定货源的基础上，根据货物结构，合理调配和使用车辆，做到车种适合货种，标重配合货重。

公路物流运输作业基本流程分为备货、托运、变更与取消、派车装运、交接、损失赔偿、运输统计与计算等，下面对托运、变更与取消、交接、赔偿四个主要方面进行说明。

**1. 托运**

（1）托运的办理。托运一般采用书面形式，由货主填写托运单。托运单是货主与运输单位之间签订的货运合同，经运输单位审核并由双方签章后，具有法律效力。托运单是货主托运货物的原始凭证，也是运输单位承运货物的原始依据。

（2）填写托运单的注意事项。货主在填写托运单时应注意以下事项。

①一张运单托运的货物必须是属同一托运人，对拼装分卸的货物应将每一拼装或分卸情况在运单记事栏内注明。

②易腐、易碎、易溢漏的液体和危险货物同普通货物以及性质相抵触、运输条件不同的货物，不得使用同一张运单托运。

③一张托运单托运的件货，凡不具备同品名、同规格、同包装的，以及搬家货物，应提交物品清单。

④托运集装箱，应注明箱号和铅封印文号码，接运港、站的集装箱还要注明船名、航次或车站货、箱位并提交装箱清单。

⑤轻泡货物及按体积折算重量的货物，要准确填写货物的数量、体积、折算标准、折算重量及其有关数据。

⑥托运人要求自理装卸车的，经承运人确认后，在运单内注明。

⑦托运人委托承运人代递有关证明文件、化验报告或单据等，须在托运人记事栏内注明名称和份数。

⑧托运有特殊要求的货物，在运单托运人记事栏内注明商定的运输条件和特约事项。

⑨托运人必须准确填写运单的各项内容，字迹要清楚，对所填写的内容及所提供的有关证明文件的真实性负责，并须签字盖章；托运人或承运人改动运单时，亦须签字盖章证明。

**2. 变更和取消**

（1）变更、取消的办理。在货物起运前后如遇特殊原因托运方或承运方需要变更、取消运输时，应及时由承运方和托运方协商处理。

（2）变更、取消的规则。根据规定，公路物流运输的变更、取消应遵循下述规则。

①承、托双方的任何一方都不得擅自变更、取消运输，如确有特殊原因需变更、取消运输，须经双方同意。

②承运人在货物起运前可要求变更运输货物的名称、数量、起讫地点、运输时间、收发货人，货物起运后仅在可能条件下要求变更到达地点或收货人；承运人可要求变更运输日期、车辆种类和行车路线。

③货物起运前，可办理取消托运；货物起运后，则不办理取消托运。

④变更、取消运输涉及国家指令性计划的，在达成协议前，应报下达计划的主管部门核准。

⑤因变更（或取消）运输而发生的费用，由变更（或取消）方负担，如果变更运输的要求是在合同规定期限外提出的，还须负担双方已造成的实际损失。

**3. 交接**

（1）交接的办理。公路物流运输中，货物运抵目的地后，托运人（或货方）应按规定收货、验货。

（2）交接的注意事项。公路物流运输中货物的交接应注意如下要求。

①承托双方对包装货物要件交件收；对散装货物原则上要磅交磅收；对“门到门”重箱、集装箱及其他施封的货物要凭铅封交接。

②托运人应凭约定的装卸手续发货；装货时，双方当事人应在货运场（站）核对货物品名、规格、数量是否与运单相符，并查看包装是否符合规定标准或要求，承运人确认无误后，应在托运人发货单上签字；发现不符合规定或危及安全运输的不得起运；由于包装轻度破损，短时间内修复、调换有困难，托运人坚持装车起运的，须经双方同意，并做好记录和签名盖章后，方可装运，其后果由托运人负责。

③货物运达指定地点后，收货人和承运人应在货运场（站）交接，收货人查验无误后应在承运人所持的运费结算凭证上签字；如发现货损货差，双方交接人员做好记录并签字确认，经双方共同查明情况、分清责任的，由收货人在运费凭证上批注清楚；收货人不得因货损、货差拒绝收货。

④货物交接时，承托双方对货物重量和内容如有疑义，均可提出查验和复磅，如有不符，按有关规定处理；查验、复磅所发生的费用，由责任方负担。

⑤承运人对发出领货通知次日起超过 30 天无人领取的货物，要建立台账，及时登记，妥善保管，在保管期间不得动用，并认真查找物主。经多方查询，超过 1 个月仍无人领取的货物，按国家经贸委《关于港口、车站无法交付货物的处理办法》办理；但鲜活和不易保管的货物，经企业主管部门批准可不受时间限制。

**4. 赔偿**

（1）赔偿的办理。公路物流运输中出现货损、货差等情况时，承运人必须按合同约定或有关规定进行赔偿。

（2）赔偿的规则。根据《汽车货物运输规则》和《公路货物运输合同实施细则》的规定，货运事故的赔偿应按下述规则办理。

①受损方要求赔偿时，应提出赔偿要求书，并附货物运单、货物事故记录和有关证明文件，保价运输物品还应附声明价格的物品清单，要求退还运费的还应附运杂费收据。

②货物损失赔偿费包括货物价格、运费和其他杂费，全部灭失（含报废，下同）全部赔偿；部分灭失部分赔偿；能够修复的按修理费加送修费赔偿；不能修复但尚能使用的按损失程度所减低的价值赔偿。由于承运人责任造成货物灭失，以实物赔偿的，运费照收；按价赔偿的，退还已收运费。属托运人责任的，运费不退；货物尚能使用的，不论何方责任，运费照收。

③承运人委托第三者组织装卸，因装卸原因造成货物损失，由装卸人负责赔偿；但承运人应先向托运人赔偿，再向装卸人追索。

④承、托双方彼此间要求赔偿的时效，从签注货运事故记录次日起不超过 180 天，逾期无效；责任方应在收到要求赔偿书的次日起 60 天内处理完毕，特殊情况下，经双方协商可适当延长。

⑤赔偿金在明确责任后 10 天内赔付，不得用扣留货物或拒付运费来充抵。

⑥丢失货物赔偿后货物又被查回，应送还原主，收回赔偿金或实物；原主已不愿接受失物或无法找到原主的，由承运人自行处理。

⑦承托双方对货物逾期到达、车辆延滞、装货落空都有责任时，按各自责任所造成的损失相互抵除后，赔付差额。

## 二 铁路物流运输

铁路物流运输是在干线物流运输中起主要作用的运输方式，主要承担长距离、大批量的货物运输。在没有水运条件的地区，几乎所有的大批量货物都是依靠铁路进行运输的。在我国，长期以来，铁路运输是国民经济发展的基础行业，一直处于运输市场的主导地位。

### （一）铁路物流运输概述

铁路物流运输具有全天候、大批量、长距离、成本低、高效率的现代化运输特点，是在我国综合运输体系中起骨干作用的重要运输方式。我国铁路由国家铁路、地方铁路、合资铁路和铁路专用线组成，主要承担大宗货物中长距离运输。

**1. 铁路**

铁路运输是使用铁路列车运送客货的一种运输方式。铁路运输主要承担长距离、大批量的货运，在没有水运条件的地区，几乎所有大批量货物运输都依靠铁路运输，铁路运输是在干线运输中起主力作用的运输形式。

（1）铁路的构成。铁路由于承担的运输量大，被称为经济“大动脉”。它是由路基、桥隧建筑物（桥梁、涵洞、隧道等）和轨道（主要包括钢轨、联结零件、轨枕、道床、道岔等）组成的一个整体的工程结构。

①路基和桥隧建筑物都是轨道的基础，它们直接承受轨道的重量，承受轨道传来的机车车辆及其荷载的压力。

②铁轨是铁路轨道的简称，也称“路轨”“轨道”等，通常由两条平行的钢轨组

成，供火车开行。钢轨固定在轨枕（亦称“枕木”“路枕”）上，轨枕的作用是分散铁轨重量和固定钢轨、维持轨距。现代使用的钢轨切面成“工”字形，分为与车轮接触的轨头、中间的轨腰及底部的轨底。铁轨能平均分散火车的重量，令火车的载重力比汽车极大提高。相对于公路来说，铁轨可以大大减少摩擦力，使铁路运输节省大量能量。不同的路线对钢轨的强度、稳定性及耐磨性有不同的要求，因此钢轨也有不同的规格。铁路可分为标准轨（1435 毫米）铁路、宽轨（1520 毫米及以上）铁路和窄轨（1067 毫米及以下）铁路。

## 延伸阅读

### 铁路的轨距

轨距指的是两条铁轨之间的距离，更准确的说，是两条铁轨内缘之间的距离。

在铁路发展早期，各国铁路的轨距五花八门，有 610 毫米、762 毫米、1000 毫米、1067 毫米、1372 毫米、1435 毫米、1524 毫米、1880 毫米、2141 毫米等 30 多种。1937 年，国际铁路协会规定：1435 毫米的轨距为国际通用的标准轨距，1520 毫米以上的轨距为宽轨，1067 毫米以下的轨距为窄轨。《中华人民共和国铁路法》第三十八条规定：“铁路的标准轨距为 1435 毫米。新建国家铁路必须采用标准轨距。窄轨铁路的轨距为 762 毫米或者 1000 毫米。”

一般来说，宽轨的铺设成本高，转弯半径大，但它的承载重量大，最大设计时速较高；窄轨虽然在承载重量和设计最高速度上不占劣势，但它方便在地形崎岖的山区铺设。目前，世界上大约 60%的铁路都采用 1435 毫米的标准轨距，我国绝大多数的铁路也采用标准轨距，只在云南等少数地区铺设有窄轨铁路。

由于铁路的轨距不同，很多国家难以实现火车的直通。如在东北亚地区，中国与俄罗斯、蒙古接壤，但由于中国采用标准轨距，而俄、蒙却采用宽轨轨距，因此，尽管铁路线路可以联结起来，可国内的货物运到边境就要先卸车，再装到对方国家的火车上。这大大提高了运输成本。解决这个问题的方法是修建双轨距铁路或多轨距铁路，双轨距铁路或多轨距铁路铺有三或四条钢轨，可以让使用不同轨距的列车都能行驶。

（2）铁路的等级。铁路等级是根据铁路线在铁路网中的作用、性质和远期客货运量以及最大轴重和列车速度等条件对铁路划定的级别。我国《铁路线路设计规范》中规定，新建铁路和改建铁路（或区段）的等级，应根据它们在铁路网中的作用、性质和远期的客货运量确定。

我国铁路建设标准共划分为三个等级。①Ⅰ级铁路。指在路网中起骨干作用的铁路，远期年客货运量不小于 20 百万吨。②Ⅱ级铁路。指在路网中起骨干作用的铁路但远期年客货运量小于 20 百万吨，或在路网中起联络、辅助作用的铁路，远期年客货运量不小于 10 百万吨。③Ⅲ级铁路。指为某一区域服务，具有地区运输性质的铁路，远期年客货运量小于 10 百万吨。

按管理主体不同，我国的铁路又可分为国家铁路、地方铁路、合资铁路、专用铁路和铁路专用线等。

**延伸阅读**

## 专用铁路与铁路专用线

专用铁路与铁路专用线都是企业或者其他单位修建的主要为本企业内部运输服务的。所不同的是，专用铁路大都自备机车车辆，也有一些部门为运输生产需要修建了一批专用铁路。而铁路专用线仅仅是一条线路。目前，我国专用铁路线全长 25000 多千米，其中工矿铁路专用线全长 13000 多千米，森林铁路专用线全长 9000 多千米，其他专用铁路线全长 3000 多千米。

### 2. 铁路物流运输

铁路物流运输是指有固定的运行轨道，以铁路机车、货运车辆为运输工具，承担货物运送任务的一种运输方式。铁路物流运输在干线运输中起主力作用，也是最有效的陆上运输方式，在物流运输业中占有重要的地位。铁路物流运输主要承担长距离、大批量的货物运输，在没有水运条件的地区，几乎所有大批量货物都是依靠铁路运输来进行的。

（1）铁路物流运输系统的构成。铁路物流运输系统主要由运输线路、铁路车辆、铁路机车和铁路车站组成。

①运输线路。运输线路即铁路线路，它承受机车车辆和列车的质量并且引导它们的运行方向，它是铁路物流运输的基础。

②铁路车辆。铁路车辆是运送旅客和货物的工具，可分为客车和货车两大类，本书只讨论铁路货车。铁路货车的分类方式很多，如按照用途或车型可分为通用货车和专用货车两大类，通用货车又可分为棚车、敞车和平车三类，专用货车是专供装运某些指定种类货物的车辆，如保温车、罐车、家畜车、煤车、矿石车、矿砂车等。

③铁路机车。铁路机车是铁路运输的基本动力。铁路车辆本身没有动力装置，因此，必须把许多车辆连接在一起编成一列，由机车牵引才能运行。按照机车的原动力不同，铁路机车可分为蒸汽机车、内燃机车和电力机车三种。

④铁路车站。铁路车站是从事铁路货运业务和列车作业的场所。铁路车站发展趋势是作业集中化，设备、设施现代化和操作自动化等。铁路车站根据列车作业的性质又可分为：编组站、区段站和中间站。编组站是铁路网上的主要车站，以改变车流作业为主，直通车流作业为辅，专门从事列车的编组和解体以及车辆与列车的其他技术性作业；区段站是位于铁路牵引区段起讫点上的车站，主要从事列车技术检查、机车的换挂、区段零担摘挂列车和小运转列车的改编等作业，配备有机车段、车辆段以及到发线、调车线和牵出线等设施；中间站是铁路车站中最普遍、数量最多的车站，主要从事单线铁路列车的会让和双线铁路的越行作业，配备有到发线、货物线和牵出线等主要设施。

（2）铁路物流运输的特点。铁路物流运输最大的特点是适合长距离大宗货物的集中运输。另外，超大的装载容量和类型丰富的运输车辆使铁路物流运输能够运送几乎所有的货物，铁路物流运输几乎没有体积和重量的限制，受天气条件的影响较小，能常年保持准点运营。

铁路物流运输的优点主要表现在以下几点。

①运载量大。铁路运输量仅次于船舶，一列货车一般能运送 5000 吨货物。

②成本低。其远距离运费仅为公路运输的几分之一甚至十几分之一。

③受气候影响小。除少数极端天气（如 2008 年中国南方雪灾引起的铁路电力中断、1998 年特大洪水引起的铁路沿线塌方），铁路物流运输一般不受气候条件的影响，一年四季可以不分昼夜的运行，准点率高。

④速度快。铁路物流运输的速度较快，在几种运输方式中仅次于航空物流运输。

⑤安全。铁路物流运输的安全系数较大，是物流运输中最可靠的运输方式。铁路物流运输的缺点有资本密集、固定资产庞大、设备不易维修、货损较高等。

现代铁路物流的发展方向为牵引动力的内燃化和电气化、大宗散货运输重载化、信息技术电子化，铁路物流运输的发展可以进一步彰显铁路物流运输的优势。另外，高速铁路的发展也为对时效要求高的物流运输提供了更多的选择。2014 年 4 月 1 日起，我国高铁快递（CRHE）正式运营。高铁快递由中铁快运股份有限公司运营，主要利用日常开行的高铁列车，为广大客户提供时效快、品质优、标准高的“门到门”小件快运服务，分为限时服务（当日达、次晨达、次日达）和标准服务（经济快递、同城快递）等。

### 延伸阅读

#### 复兴号首开快递车厢：比以往高铁快运专柜多装 10 倍

昨天（指 2018 年 11 月 10 日——作者注），京广高铁北京至长沙 G83 和 G506 次列车首次推出快递车厢，推出京湘快递定时达服务。同时北京到上海、北京到成都间也首次推出铁路冷链快递，以多种快运服务应对物流高峰。

G83 次复兴号列车专用车厢装运了 2000 件快件，比以往高铁快运专柜的装载量提高了近 10 倍。北京和湖南两地间，每日可实现 5 吨快件的快速直达。

此外，“高铁极速达”在 2018 年“双 11”也实现了扩网增量。由中铁快运和顺丰速运联手打造的世界全程速度最快、运行最稳、品质最优的快运服务产品“高铁极速达”，自 2017 年“双 11”推出以来，经过 11 次扩网，现已覆盖全国 413 条线路、58 个城市、69 个高铁车站。

2018 年“双 11”期间，“高铁极速达”日均收入将突破 100 万元。电商“黄金周”期间，专门用于“高铁极速达”服务的高铁载客动车组共 400 列。

（资料来源：央视网，作者有删改。）

（3）铁路物流运输的分类。按照运送货物的重量、体积、性质或形状等的不同，铁路物流运输可以分为整车运输、零担运输和集装箱运输三种。

①整车运输。一批货物的重量、体积、性质或形状需要一辆或一辆以上铁路货车装运（用集装箱装运除外）即为整车运输。整车运输对货物的重量或体积、性质或形状都有一定的要求。

②零担运输。一批货物的重量、体积、性质或形状不需要一辆铁路货车装运（用集装箱装运除外）即属于零担运输，简称为“零担”。按零担托运的货物，一件体积最小不能小于0.02立方米（一件重量在10千克以上的除外），每批不得超过300件。

③集装箱运输。集装箱货物运输主要是将零担货物中适合集装箱装载的货物组织装箱运输，适合于运输精密、贵重、易损的货物。

上述三种运输方式都有自身的优缺点及装运要求，托运人可以依据货物数量、性质、状态、形体等特点选择合适的运输方式，安全、迅速、经济、便利地将货物运送到目的地。

### 3. 铁路物流运输能力

铁路物流运输能力是衡量铁路物流状况的一个重要的评价指标，是铁路物流运输企业整体能力的综合反映。为了实现运输生产过程，完成国家规定的运输任务，铁路必须具备一定的运输能力。

通俗地说，铁路物流运输能力是指一定时间内通过某段铁路的列车数或能够运送的货物总量。铁路物流运输能力可以利用铁路物流通过能力和铁路物流输送能力两种方式来度量。

（1）铁路物流通过能力。铁路物流通过能力是指在采用一定类型的机车车辆和一定的行车组织方法条件下，铁路区段的各种固定设备在单位时间内（通常指一昼夜）所能通过的最多列车数或对数。它取决于铁路职工的协同动作和铁路固定设备、机车车辆的合理运用。

（2）铁路物流输送能力。铁路物流输送能力是指在一定固定设备、机车车辆类型和行车组织方法条件下，按照机车车辆和乘务人员的现有数量，在单位时间内所能输送的最多货物量，通常以一年内所能通过的货物数量（单位：万吨）计算。

铁路物流运输能力具有整体性和相对稳定性两个特点。①整体性。铁路物流运输能力的整体性是指，它是铁路物流系统整体能力的综合反映，有赖于铁路物流系统内各成员的良好协调，是铁路系统各要素能力的有机整合。②相对稳定性。铁路物流运输能力的相对稳定性是指铁路物流系统内的硬件和软件资源相对保持不变，从而使铁路物流系统的运输能力在一定时期内不会发生很大的变化。

### （二）铁路物流运价与运费

铁路物流运费是铁路运输企业提供各项生产服务时的所有消耗之和，包括运行费用、车站费用和额外占用铁路设备的费用等。铁路物流运价是铁路物流运输的价格，它以运输价值为基础，在运输成本基础上加上利润和税金后而得。铁路物流运价按运输地区、运送方式、车辆类型、货物种类、运输速度、运输距离、运输条件等不同情况制定并实行差别定价。

#### 1. 铁路物流运价

我国现行铁路物流运价采用分号运价制度，整车货物分为 12 个运价号，零担货物分为 5 个运价号，集装箱按箱型、吨位和所运货物种类适当实行差别定价。每个运价号中分别规定各里程区段运价率，整车货物一般按货车标记的吨位计算运费，挂运与自行行驶的铁道机车车辆及轨道机械按轴计费；零担货物一般按货物重量计费，另有规定计费重量的货物按规定重量计费，对轻泡的零担货物实行运价加成；集装箱货物按使用箱型、箱数规定的运价率计费。货物快运时按该批货物运费的 30%计收快运费，使用特种车辆的，加收特种车辆使用费。

铁路物流运价按货物种类分为整车物流运价、零担物流运价和集装箱物流运价三种。

（1）整车物流运价。整车物流运价是铁路对整车运输的货物所规定的运价，由按货物种别的每吨的发到基价和每吨・千米或每轴・千米的运行基价组成。保温车物流运价是整车物流运价的组成部分，是为按保温车运输的货物所规定的运价。

（2）零担物流运价。零担物流运价是铁路对按零担运输的货物所规定的运价，由按货物种别的每 10 千克的发到基价和每 10 千克・千米的运行基价组成。

（3）集装箱物流运价。集装箱物流运价是铁路对按集装箱运输的货物所规定的运价，由每箱的发到基价和每箱・千米的运行基价组成。

#### 2. 铁路物流运费

铁路物流运输中的运费包括基本运费和作业过程实际发生的各种杂费。

（1）基本运费。发到基价加上运行基价与货物的运价里程相乘之积后，再与货物的计费重量（集装箱为箱数）相乘即得到基本运费。

基本运费=（发到基价+运行基价×运价里程）×计费重量

（2）铁路货运杂费。铁路货运杂费是铁路运输的货物自承运至交付的全过程中铁路运输企业向托运人、收货人提供的辅助作业、劳务以及托运人或收货人额外占用铁路设备、使用用具、备品所发生的费用，简称“货运杂费”。货运杂费分为货运营运杂费，延期使用运输设备、违约及委托服务杂费，租占用运输设备杂费，每类都有各自的项目和费率。

一批货物除运费外，还可能发生铁路建设基金、电气化附加费、新路新价均摊运费、加价运费（对某些特殊的货物，要在统一运价的基础上再加收一部分运价）和其他代收款（如印花税）等费用。

## 延伸阅读

### 铁路货物运价规则［铁运发（2005）46号］（货物运费部分）

#### 第一节 整车货物运费

第十一条 整车货物除下列情况外，均按货车标记载重量（简称标重，以下同。标重尾数不足1吨时四舍五入）计算运费。货物重量超过标重时，按货物重量计费。

1. 使用矿石车、平车、砂石车，经铁路局批准装运“铁路货物运输品名分类与代码表”“01”“0310”“04”“06”“081”和“14”类货物按40吨计费，超过时按货物重量计费。

2. 表2-1所列货车装运货物时，计费重量按表中规定计算，货物重量超过规定计费重量的，按货物重量计费。

表 2-1 整车货物规定计费重量表

| 车种车型 | 计费重量（吨） |
| --- | --- |
| B6 B6N B6A B7（加冰冷藏车） | 38 |
| BSY（冷板冷藏车） | 40 |
| B18（机械冷藏车） | 32 |
| B19（机械冷藏车） | 38 |
| B20 B21（机械冷藏车） | 42 |
| B10（机械冷藏车） | 44 |
| B22 B23（机械冷藏车） | 48 |
| B15E（冷藏车改造车） | 56 |
| SQ1（小汽车专用平车） | 80 |
| QD3（凹底平车） | 70 |
| GY95S GY95 GH40 GY40 GH95/22 GY95/22（石油液化气罐车） | 65 |
| GY100S GY100 GY100-Ⅰ GY100-Ⅱ （石油液化气罐车） | 70 |

3. 使用自备冷板冷藏车装运货物时，按 50 吨计费；使用自备机械冷藏车装运货物时，按 60 吨计费；使用标重不足 30 吨的家畜车，计费重量按 30 吨计算；使用标重低于 50 吨、车辆换长小于 1.5 米的自备罐车装运货物时，按 50 吨计费（表 2-1 中的车种车型按第 2 项办理）。

4. 始发、中途均不加冰运输的加冰冷藏车和代替其他货车装运非易腐货物的铁路冷藏车，均按冷藏车标重计费。

5. 车辆换长超过 1.5 米的货车（D 型长大货物车除外）本条未明定计费重量的，按其超过部分以每米（不足 1 米的部分不计）折合 5 吨与 60 吨相加之和计费。

6. 米、准轨间换装运输的货物，均按发站的原计费重量计费。

第十二条 承运人提供的 D 型长大货物车的车辆标重大于托运人要求的货车吨位时，经中铁特货运输公司批准可根据实际使用车辆的标重减少计费重量，但减吨量最多不得超过 60 吨。

第十三条 按一批办理的整车货物，运价率不同时，按其中高的运价率计费。

第十四条 运输超限货物，发站应将超限货物的等级在货物运单内注明，按下列规定计费。

1. 一级超限货物：按运价率加50%。

2. 二级超限货物：按运价率加100%。

3. 超级超限货物：按运价率加150%。

对安装超限货物检查架的车辆，不另收运费。

第十五条　需要限速运行（不包括仅通过桥梁、隧道、出入站线限速运行）的货物，按运价率加150%计费。

需要限速运行的超限货物，只核收本条规定的加成运费，不另核收超限货物加成运费。

第十六条　运输危险货物，根据危险货物的性质、等级按下列规定计费。

1. 一级毒性物质（剧毒品）按运价率加100%；

2. 爆炸品、易燃气体、非易燃无毒气体、毒性气体、一级易燃液体（代码表02石油类除外）、一级易燃固体、一级自燃物品、一级遇水易燃物品、一级氧化性物质、有机过氧化物、二级毒性物质（有毒品）、感染性物质、放射性物质按运价率加50%。

第十七条　超长、超限货物使用游车时，游车运费按主车货物的运价率和游车标重计费。利用游车装运货物，所装货物运价率高于主车货物运价率时，按所装货物的运价率核收游车运费。

运输超限货物或需要限速运行的货物使用游车时，游车运费不加成。

两批货物共同使用游车时，游车运费各按主车货物的运价率及游车标重的1/2计费。

D型长大货物车运输货物需用隔离车时，隔离车不另核收运费。隔离车加装货物时，按所加装货物适用的运价率核收运费。

自轮运转的轨道机械，以自备货车或租用铁路货车作游车时，按整车7号运价率核收游车运费；以铁路货车作游车时，按整车6号运价率和游车标重核收游车运费。

第十八条　站界内搬运的货物，按实际运输里程（不足1千米的尾数进整为1千米）和该货物适用的运价率计算运费，不另收取送车费。

第十九条　途中装卸货物，不论托运人、收货人要求在途中装卸地点的前方或后方货运站办理托运或领取手续，途中装车按后方货运站计算运价里程；途中卸车按前方货运站计算运价里程，不另收取送车费。

第二十条　整车分卸的货物，按照发站至最终到站的运价里程计算全车运费和押运人乘车费；途中每分卸一次，另行核收分卸作业费80元（不包括卸车费）。

## 第二节　零担货物和集装箱货物的运费

第二十一条　零担货物按货物重量或货物体积折合重量择大计费，即每立方米重量不足500千克的轻浮货物，按每1立方米体积折合重量500千克计算，但下列货物除外。

1. 本规则有规定计费重量的货物（指裸装货物）按规定计费重量计费。

2. "铁路货物运输品名分类与代码表"列"童车""室内健身车""209其他鲜活货物""9914搬家货物、行李""9960特定集装化运输用具"等裸装货物按货物重量计费。

**表2-2　零担货物规定计费重量表**

| 序号 | 货物名称 | 计算单位 | 规定计费重量（千克） |
|---|---|---|---|
| 1 | 组成的摩托车：<br>双轮<br>三轮（包括正、侧带斗的，不包括三轮汽车） | <br>每辆<br>每辆 | <br>750<br>1500 |
| 2 | 组成的机动车辆、拖斗车（单轴的拖斗车除外）：<br>车身长度不满3米<br>车身长度3米以上，不满5米<br>车身长度5米以上，不满7米<br>车身长度7米以上 | <br>每辆<br>每辆<br>每辆<br>每辆 | <br>4500<br>15000<br>20000<br>25000 |
| 3 | 组成的自行车 | 每辆 | 100 |
| 4 | 轮椅、折叠式疗养车 | 每（辆）件 | 60 |
| 5 | 牛、马、骡、驴、骆驼 | 每头 | 500 |
| 6 | 未装容器的猪、羊、狗 | 每头 | 100 |
| 7 | 灵柩、尸体 | 每具（个） | 1000 |

第二十二条　集装箱货物的运费按照使用的箱数和"铁路货物运价率表"中规定的集装箱运价率计算。

罐式集装箱、其他铁路专用集装箱按"铁路货物运价率表"中的规定的运价率分别加30%、20%计算；标记总重量为30.48吨的通用20英尺集装箱按“铁路货物运价率表”中规定的运价率加20%计算，按规定对集装箱总重限制在24吨以下的除外。

装运一级毒性物质（剧毒品）的集装箱按“铁路货物运价率表”中规定的运价率加100%计算；装运爆炸品、易燃气体、非易燃无毒气体、毒性气体、一级易燃液体（代码表02石油类除外）、一级易燃固体、一级自燃物品、一级遇水易燃物品、一级氧化性物质、有机过氧化物、二级毒性物质（有毒品）、感染性物质、放射性物质的集装箱按“铁路货物运价率表”中规定的运价率加50%计算。

装运危险货物的集装箱按上述两款规定适用两种加成率时，只适用其中较大的一种加成率。

自备集装箱空箱运价率按其适用重箱运价率的40%计算。

承运人利用自备集装箱回空捎运货物，按集装箱重箱适用的运价率计费，在货物运单铁路记载事项栏内注明，免收回空运费。

第二十三条　运价率不同的货物在一个包装内或按总重量托运时，按该批或该项货物中高的运价率计费。

在货物运单内分项填记重量的货物，应分项计费，但运价率相同时，应合并计算。

## 第三节　托运人自备或租用铁路机车车辆运输货物的运费

第二十四条　托运人自备货车或租用铁路货车（不论空重）用自备机车或租用铁路机车牵引时，按照全部列车（包括机车、守车）的轴数与整车7号运价率计费。

托运人自备货车或租用铁路货车装运货物用铁路机车牵引，或铁路货车装运货物用该托运人机车牵引运输时，按所装货物运价率减20%计费。

托运人的自备货车或租用铁路货车空车挂运时，按7号运价率计费。

承运人利用自备车回空捎运货物，按所装货物适用的运价率计费，在货物运单铁路记载事项栏内注明，免收回空运费。

第二十五条　自备或租用铁路的客车、餐车、行李车、邮政车、专用工作车挂运于货物列车时，空车按7号运价率加100%计费；装运货物时按其适用的运价率加100%和标重计费。但换长1.5米以下的专用工作车不装货物时不加成。

随车人员按押运人乘车费收费。

### 第四节 货物快运费、冷藏车运费

第二十六条 货物快运费，按“铁路货物运价率表”规定的该批货物适用运价率的30%计算核收。

第二十七条 使用铁路加冰、机械冷藏车运输的货物按“铁路货物运价率表”中规定的冷藏车运价率计费。使用铁路冷板冷藏车运输的货物按加冰冷藏车运价率加20%计费。

使用铁路机械冷藏车运输，要求途中保持温度-12℃（不含）以下的货物，按机械冷藏车运价率加20%计费。

途中不需要加温（或托运人自行加温）或制冷的机械冷藏车按机械冷藏车运价率减20%计费。

加冰冷藏车始发或途中不加冰运输时，仍按冷藏车运价率计费。

自备冷藏车、隔热车（即无冷源车）和代替其他货车装运非易腐货物的铁路冷藏车，均按所装货物适用的运价率计费。

### 第五节 自备货车装备物品及集装用具的回送费

第二十八条 托运人自备货车装备物品（禽畜架、篷布支架、饲养用具、防寒棉被、粮谷挡板）、支柱等加固材料和运输长大货物用的货物转向架、活动式滑枕或滑台、货物支架、座架及车钩缓冲停止器，凭收货人提出的特价运输证明书回送时，不核收运费。

第二十九条 托运人自备的可折叠（拆解）的专用集装箱、集装笼、托盘、网络、货车篷布，装运卷钢、带钢、钢丝绳的座架，玻璃集装架和爆炸品保险箱及货车围挡用具，凭收货人提出的特价运输证明书回送时，整车按2号、零担按22号运价率计费。

## （三）铁路物流运输作业

### 1. 铁路物流运输作业流程

（1）铁路货物的托运和承运。铁路实行计划运输，发货人要求铁路部门运输整车货物，应向铁路部门提出要车计划，车站根据要车计划受理货物。在进行货物托运时，发货人应向车站按批提出货物运单一份，如使用机械冷藏车运输的货物，同一到站、同一收货人可数批合提一份运单。对于整车要求分卸的货物，除提出基本货运单一份外，每一分卸站应另增加分卸货物运单两份（分卸站、收货人各一份）。对同一批托运的货物因货物种类较多，发货人不能在运单内逐一填记，或托运集装箱货物，以及同一包装内有两种以上的货物，发货人应提出物品清单一式三份，其中一份由发运站存查，一份随同运输票据递交到达站，一份交还发货人。

零担和集装箱货物由发运站接受完毕，整车货物装车完结，发运站在货物运单上加盖承运日期戳时，即为承运。

（2）铁路货物的装卸。凡在铁路车站装车的货物，发货人应在铁路指定的日期将货物运至车站，车站在接受货物时，应对货名、件数、运输包装、标记等进行检查。对整车运输的货物如发货人未能在铁路指定的日期将货物运至车站，则自指定运至车站的次日起至再次指定装车之日或将货物全部运出车站之日止由发货人负责。

由托运人装车或收货人卸车的货车，车站应在货车调到前，将时间通知托运人或收货人。托运人或收货人在装卸作业完成后，应将装车或卸车结束的时间通知车站。由托运人、收货人负责组织装卸的货车，超过规定的装卸车时间标准或规定的停留时间标准时，承运人向托运人或收货人核收规定的货车使用费。

（3）铁路货物的到达、支付。凡由铁路负责卸车的货物，到达站应不迟于卸车完毕的次日内用电话或书信向收货人发出催领通知。收货人应于铁路发出或寄发催领通知的次日（不能实行催领通知或会同收货人卸车的货物为卸车的次日）起算，在两天内将货物提走，超过这一期限将收取货物暂存费。从铁路发出催领通知日起（不能实行催领通知时，则从卸车完毕的次日起），满 30 天仍无人领取的货物（包括收货人拒收，发货人又不提出处理意见的货物），铁路则按无法交付货物处理。收货人在领取货物时，应出示提货凭证，并在货票上签字或盖章。在提货凭证未到或遗失的情况下，应出示单位的证明文件。收货人在到达站办妥提货手续和支付有关费用后，铁路将货物连同运单一起交给收货人。

**2. 铁路货运合同**

（1）货运合同的签订。根据《合同法》《铁路货物运输合同实施细则》的规定，承、托双方必须签订货运合同。铁路货运合同有预约合同和承运合同。预约合同以“铁路货物运输服务订单”作为合同书，承运合同以“货物运单”作为合同书。零担货物和以零担形式运输的集装箱货物使用的运单也作为货运合同，整车运输与以整车形式运输的集装箱货物的货运合同包括经审定的订单和运单。

（2）货运合同的变更。发货人或收货人由于特殊原因对铁路承运后的货物可向铁路提出运输变更要求。托运人或收货人要求变更时，应提出领货凭证或货物运输变更要求书，当提不出领货凭证时，应提出其他有效证明文件，并在货物运输变更要求书内注明。

（3）货运合同的解除。整车货物和大型集装箱在承运后挂运前，零担和其他型集装箱货物在承运后装车前，托运人可向发站提出取消托运，经承运人同意，货运合同即告解除。若解除合同，发站退还全部运费与押运人乘车费，但特种车使用费和冷藏车回送费不退。此外，还应按规定支付变更手续费、保管费等费用。

（4）货运合同争议的调解、仲裁和诉讼。货运合同具有法律效力，当事人（托运人、承运人及收货人）都必须全面履行。当发生货运合同争议时，可以通过和解或调解解决。当事人不愿和解、调解或者和解、调解不成的，可以根据仲裁协议向仲裁机构申请仲裁。当事人没有订立仲裁协议或者仲裁协议无效的，可以向人民法院起诉。

**3. 铁路物流运输的要求**

铁路物流运输的基本要求包括：一批货物的重量、体积、状态需要以一辆以上货车运送的，应按整车运输办理；货物的重量、体积、状态不需要以一辆单独货车运送，且允许和其他货物配装的，可以按零担运输办理；货物凡能装入集装箱，并且不对集装箱造成损坏和污染的及可按集装箱运输办理的危险货物运输均可按集装箱运输办理。

零担货物或使用集装箱运输的货物，以每张货物运单为一批。使用集装箱运输的货物，每批货物必须使用同一箱型，至少一箱，最多不得超过铁路一辆货车所能装运的箱数。

在铁路物流运输中，下列货物情况不能按一批办理。

（1）易腐货物与非易腐货物。

（2）危险货物与非危险货物。

（3）根据货物性质，不能混装运输的货物。

（4）保价运输货物与非保价运输货物。

（5）已投保运输险的货物与未投保运输险的货物。

（6）运输条件如湿度、温度要求不同的货物。

**4. 铁路货运事故处理**

铁路运输部门对货物由其保管、运输期间所发生的灭失、损害、有货无票或有票无货都应按批编制货运记录。在不能判明损害、灭失原因和程度时，铁路应在交付前联系收货人进行检查或申请检验。在货物运输过程中，如发现有违反政府命令或危及运输安全的情况或铁路无法处理的意外情况，铁路运输部门应通知发货人或收货人处理。发货人或收货人在向铁路提出赔偿时，应按批向到站提出赔偿要求书，并附货物运单、货运记录和有关证明文件。货物损失的赔偿价格，在货物灭失时按灭失货物的价格，在货物损坏时按损坏货物所降低的价格。

## 第二节　水路物流运输方式

水路运输是最早的运输方式，我国则是世界上较早发展水路运输的国家之一。长期以来，水路物流运输在我国物流运输，尤其是长距离物流运输中起着重要的作用。《2020年国民经济和社会发展统计公报》显示，全年货物运输总量463亿吨，货物运输周转量196618亿吨千米。其中，水路运输完成货运量为76.2亿吨，占比16.5%；完成货物周转量105830亿吨千米，占比53.8%。

### 一　水路物流运输

与其他物流运输方式相比，水路物流运输有着独特的优势，如运量大、能耗少、投资省、对环境污染较小等。

#### （一）水路物流运输概述

**1. 水路物流运输**

水路物流运输是指利用船舶、排筏或其它浮运工具，在江、河、湖泊、海洋、人工水道以及其他通航水域载运货物的一种物流运输方式。

水路物流运输能力主要取决于港口、航运、集散运输等方面的配合情况。计算水路物流运输能力应重点分析运输船舶数量及其载重量、港口的数量和吞吐能力等因素，得出某个区段的水路运输能力结果，以合理安排物流运输计划。

**2. 水路物流运输系统的构成**

现代水路物流运输系统的构成要素主要包括三个部分，即船舶、港口和航道。

（1）船舶。船舶是指能航行或停泊于水域进行运输或作业的工具，按不同的使用要求而具有不同的技术性能、装备和结构形式，水路物流运输中的船舶一般不包括用于军事、政府公务目的的船舶和20吨以下的小型船艇。

**延伸阅读**

## 世界最大运输船舶首制船青岛出坞

2017年9月19日，由武船集团青岛北船重工承制的世界最大散货运输船舶——第二代超大型40万吨级矿砂船“ORE TIAN-JIN”号在山东青岛基地下水。第二代40万吨矿砂船为巴西淡水河谷公司（淡水河谷公司是世界第一大铁矿石生产商和出口商——作者注）量身定制，将用于巴西-中国航线铁矿砂运输。

此次出坞的是该型30艘船中的首艘出坞船舶。船长362米，型宽65米，型深30.4米，设计吃水23米。航速14.5节，续航力25500海里，该船舶拥有7个货舱和1个LNG舱，甲板面积相当于三个标准足球场，入级美国船级社（ABS）和中国船级社（CCS），各项技术性能世界领先。特别是该船在分舱、结构、推进、监测、装载等方面进行了全面升级，重点突出“绿色、环保、节能和安全”。

（资料来源：齐鲁网，作者有删改。）

（2）港口。港口是指具有船舶进出、停泊、靠泊，旅客上下，货物装卸、驳运、储存等功能，具有相应的码头设施，由一定范围的水域或陆域组成的区域。港口可以由一个或者多个港区组成。港口分为基本港与非基本港，基本港是班轮公司的船一般要定期挂靠的港口，基本港以外的港口都称为非基本港。港口还可以按用途不同分为商港、军港、渔港、避风港等，按所处位置分为河口港、海港和河港等。

（3）航道。航道是在水域内供船舶及排筏和其他浮运工具航行的线路，它是水路运输的基础设施。航道可分为天然航道和人工航道（如运河等）。

**3. 水路物流运输的分类**

水路物流运输可以按不同的标准进行分类，下面介绍几种常见的分类方式。

（1）按航行的区域分类。根据不同的航行区域，水路物流运输可分为内河物流运输和海洋物流运输。

①内河物流运输是指利用船舶、排筏和其他浮运工具，利用江、河、湖泊等天然航道和水库及人工水道从事的物流运输。内河物流运输一般为国内运输。

②海洋物流运输指使用船舶或其他水运工具通过海上航道运送货物和旅客的一种运输方式。海洋物流运输又可再分为沿海物流运输和远洋物流运输。为了合理利用船舶的运输能力和适应不同货物及贸易合同的需要，获得最佳的经济效益，当前普遍采用的远洋物流运输营运方式可分为两类，即班轮物流运输和租船物流运输。班轮物流运输又称为“定期船物流运输”，是指船舶按照规定的时间表（船期表）在一定的航线上，以既定的挂靠港口顺序，经常地从事航线上各港间的船舶物流运输。租船物流运输又称为“不定期船物流运输”，是相对于班轮物流运输而言的另一种远洋船舶营运方式。和班轮物流运输不同，租船物流运输没有预先制定的船期表，航线、停靠港口也不固定。船舶的营运根据船舶所有人与货主双方事先签订的租船合同来安排，故称为“租船物流运输”。因此，船舶的航线、运输货物的种类以及停靠的港口都须根据货主的要求，由船舶所有人确认而定。

（2）按企业经营的营运方式分类。按物流运输企业的营运方式来分，水路运输可以分为自营、租船运输、委托经营、联合营运、自运等方式。

①自营是指物流运输企业自己购买或建造船舶，自行经营航线业务的方式。

②租船运输是指物流运输企业自己不购置船舶，而以租船的方式从事货物船运或转租营运的一种方式。在租船运输中，物流运输企业采用的主要租船方式有航次租船、定期租船、包运租船和光船租船。航次租船是指由船舶所有人负责提供一艘船舶，在指定的港口之间进行一个航次或几个航次运输指定货物的租船方式。定期租船是指船舶所有人将一艘特定的船舶出租给承租人使用一段时间的租船方式。包运租船是指船舶所有人提供给承租人一定的运力，在确定的港口之间按事先约定的时间、航次周期和每航次较均等的货运量完成合同规定总运量的租船方式。光船租船又称船壳租船，是指在租期内船舶所有人只提供一艘空船给承租人使用，而船员配备、给养供

应、营运管理以及营运费用都由承租人负担的租船方式。这种租船不具有运输承揽的性质，只相当于一种财产租赁。

③委托经营即小型船公司通过付给代理费，将船舶委托给大型船公司或有经验的代理人代为营运的一种方式。

④联合营运是多个物流运输企业组成海运联盟进行联合物流运输的一种方式，但各物流运输企业之间仍保持其独立性。

⑤自运是大规模的物流运输企业为运送本身的货物而自行购船或租船自行营运的一种方式。

（3）按物流运输的目的分类。按物流运输的目的来分，水路物流运输可分为营业性物流运输和非营业性物流运输。营业性物流运输是指为社会服务，发生某种方式运费结算的物流运输。非营业性物流运输是指为本单位或本身服务，不发生各种方式运费结算的物流运输。

（4）按物流运输的载体分类。按物流运输的载体来分，水路物流运输可以分为海运和河运两种，它们分别以海洋和河流作物流运输的载体。

**4. 水路物流运输的特点**

水路物流运输以天然或人工水域为载体，利用水的浮力承载货物的重量，可实现大吨位物流运输，是开展国际贸易的主要方式，也是发展经济和友好往来的主要工具。

（1）水路物流运输的优点。水路物流运输具有下列优点。

①通过能力大。水路物流运输的突出优点是通过能力大，如海上运输利用海洋作为航道，其通航能力几乎不受限制。江、河、湖、海互相贯通，可以实现长距离物流运输；船舶的舱位大、装载能力强，适合于体积较大的货物运输。目前世界上最大的油船载重量达55万吨，集装箱船箱位已逾5000个标准集装箱（TEU），矿石船载质量达35万吨。在内河运输中，美国最大顶推船队运载能力达5万吨，我国顶推船队的运载能力已达3万吨，相当于我国铁路列车运载能力的6~10倍。

②节省燃料，单位运输成本低。由于沿水道浮动运行，水路物流运输可以有效节省燃料，降低物流运输成本。在各种物流运输方式中，水路运输的单位运输成本最小，尤其是海运，运输成本更加低廉，约为铁路物流运输的1/25~1/20，不足公路物流运输的1/100。

③续航能力强。一艘商船携带的燃料、粮食及淡水可以延用数十日，商船还具有独立生活的种种设备，如发电、制造淡水、储藏食物、油料等，其续航能力较强。

④劳动生产率高。由于船舶运载量大，配备船员少，其劳动生产率较高。

⑤节约投资，占地较少。水路物流运输主要利用江、河、湖泊和海洋等天然航道，线路投资少，节省土地资源。

（2）水路物流运输的缺点。水路物流运输也存在着比较突出的缺点，其缺点主要体现在以下几个方面。

①航速低。船舶体积大，遇到的阻力也大，因此，船舶的航速较低。另外，低速行驶所需克服的阻力小，能够节约燃料，但一旦加快速度，增大航速所需的燃料费用直线上升。

②可达性差。航运和装卸作业受到水域码头、港口、船期等条件的限制，如果托运人或收货人不在航道上，就要依靠汽车或铁路物流运输进行转运。另外，船舶到达港口，如果水深不够或缺乏必要的装卸设备，也将限制船舶的入港与作业。

③受季节、天气等条件的影响较大。水路物流运输受季节的影响较大，如在冰封期（或冰封区域）、枯水期就难以保证船舶的正常通航，暴风、大雾天气对水路物流运输的限制也比较明显。海运市场的周期性循环对运费影响很大，这导致水路物流运输企业的运费收入不够稳定，甚至出现较大的起伏。

④准时性和安全性不高。由于受自然条件的限制较大，水路运输难以保证运输的准时性。另外，海运事故降低了水路运输的安全性，这使得水路运输在高端运输市场中的竞争力不强。

⑤船舶的投资额巨大且回收期长。从投入产出的角度看，水路物流运输企业购买船舶需要花费巨额资金，船舶的折旧期较长，因此，水路物流运输企业用于固定资产的比例较高。而舱位无法储存、船舶不能移作他用使投资风险加大。

⑥水路物流运输面临的竞争激烈。由于世界船吨严重过剩，同行业间竞争激烈，水路物流运输中的海洋运输经营往往要面对各国运输企业的竞争，此外，水路物流运输还需要面对其他运输方式的竞争，这使水路物流运输面临巨大的压力。

## （二）水路物流运价与运费

### 1. 水路物流运价

水路物流运价即单位产品的运输价格，是水路物流运输产品（货物的位移）的单位价格或收费标准。一般来说，水路物流运价与运距成反比，但水路物流运价因货物种类繁多、积载因数不等、价值悬殊、运输和港口条件不同以及国际航运市场变化情况等而存在着很大的差异。我们通常将水路物流运价分为国内运价和国际运价。

（1）国内水路物流运价。2001 年以前，我国国内水路物流运价是国家规定的计划价格，计算运费的依据是《中华人民共和国交通部直属水运企业货物运价规则》或各省市、自治区水运主管部门制定的适用于所属企业船舶的运价规则，国内水路物流运价采用级差运价和"递远递减"的距离运价相结合的运价计算方法得出的。2001 年，原国家计委、交通部联合发文，决定全面放开水运价格。2003 年，交通部〔2003（11）号令〕决定废止《中华人民共和国交通部直属水运企业货物运价规则》。

（2）国际水运货物运价。远洋运输船舶承运货物时，除定期租船按照租期长短和约定的租价计收租金外，承运人或船舶所有人或船舶经营人以班轮运输方式或航次租船方式承运货物，均按承运货物的种类、数量、航线和规定（或约定）确定货物的运价。在远洋运输中，班轮运价和航次租船运价的制定方法与表现形式不同，油船运输虽然大多采用航次租船方式，但是其运价的制定方法和形式却不同于一般航次租船。

另外，水路物流运价还可按运输区间分为沿海运价、内河运价和远洋运价。在我国，则分为沿海运价、长江运价、地方内河运价和远洋运价，前三者属于国内水路物流运价，后者为国际水路物流运价。

**2. 水路物流运费**

在水路物流运输中，除了将货物适当归类，按不同距离、航线和计费单位规定每一运费吨的运价外，还须针对具体情况制定运费计算规则。水路物流运费不仅包括水路物流基本运费，还包括港口费和其他费用。运费可预付，也可到付。

水路物流运价乘以计费重量（吨）或体积（立方米）即得基本运费。由于上面对运价已作了介绍，下面只介绍港口费和其他费用。

（1）港口费。港口费是指船舶进出港口、停留、在港作业，所要支付的一切费用，又称港口使用费。船舶和货物进出港口和在港停留，因通过港口水域或航道，使用港口泊位、机械、仓库、堆场和其他设施，委托港口或其他业务机构进行装卸、理货、堆存和保管业务及其他各种服务，要向港口管理机构和其他业务服务机构支付费用，并向港口所在地的政府或地方当局缴付税捐。

港口费是船舶进行货物运输过程中不可缺少的支出，是运输成本的重要组成部分。它在船舶运输总成本中占有相当大的比重。采取措施减少港口费的支出，是降低船舶运输成本，提高船舶营运效益的主要途径之一。

（2）其他费用。水路物流运费中的其他费用包括各项附加费，如港口拥挤附加费、变更卸货港附加费、选择卸货港附加费、燃油附加费、货币贬值附加费等。

## （三）水路物流运输作业

### 1. 班轮运输业务

（1）班轮运输货运程序。

①揽货与订舱。船公司为使自己经营的班轮运输船舶的载重能力和舱容得到充分利用，以获得最大的经济效益，通常都会采取一些措施招徕客户。揽货工作的好坏直接影响班轮船公司经营效益的好坏。订舱是指货物托运人或其代理人向承运人（即船公司或其代理）申请货物运输，承运人对这种申请给予承诺的行为。班轮运输不同于租船运输，承运人与托运人之间不需要签订运输合同，而是以口头或传真的形式进行预约。只要承运人对这种预约给予承诺，并作出舱位安排，就表明承托双方已建立了有关货物运输的关系。

②接受托运申请。货主或其代理人向船公司提出订舱申请后，船公司首先考虑其航线、港口、船舶、运输条件等能否满足发货人的要求，再决定是否接受托运申请。

③接货。船公司由指定的装船代理人在各装货港的指定地点（通常是码头仓库）接受托运人送来的货物，办理交接手续后，将货物集中整理，并按货物的性质、包装、目的港及卸货次序进行适当的分类后等待装船。

④换取提单。托运人可凭经过签署的场站收据，向船公司或其代理换取提单，然后去银行结汇。

⑤装船。船舶到港前，船公司和码头计划室对本航次需要装运的货物制作装船计划，待船舶到港后，将货物从仓库运至船边，按照装船计划装船。

⑥海上运输。海上承运人对装船的货物负有安全运输、保管、照料的责任，并依据货物运输提单条款划分与托运人之间的责任、权利、义务。

⑦卸船。与装船时一样，卸货一般也采用“集中卸货，仓库交付”的方式。

⑧交付货物。在交付货物时，收货人除了必须交出提单外，还必须付清运费和其他应付的费用，如船公司或其代理人垫付的保管费、搬运费等费用以及共同海损分摊和海滩救助费等。如果收货人没有付清上述费用，则船公司有权根据提单上的留置权

条款的规定暂不交付货物，直到收货人付清各项应付的费用后才交付货物。如果收货人拒绝支付应付的各项费用而使货物无法交付，则船公司可以经卸货港所在地法院批准，对卸下的货物进行拍卖，以卖得的货款抵偿应向收货人收取的费用。

（2）货物交付方式。

①船边交货。船边交货又称“现提”，是指收货人以提单在船公司卸货港的代理人处换取提货单后，凭提货单直接到码头船边提取货物，并办理交接手续的方式。船边交货适用于贵重货物、危险货物、冷冻货物、长大件货物以及其他批量较大的货物。

②选港交货。选港交货是指货物在装船时尚未确定卸货港，待船舶开航后再由货主选定对自己最方便或最有利的卸货港，并在这个港口卸货和交付货物。

③变更卸货港交付货物。变更卸货港交付货物是指在提单上所记载的卸货港以外的其他港口卸货和交付货物。

④凭保证书交付货物。在班轮运输中，有时因特殊情况而出现提单到达的时间迟于船舶到港的时间（特别是装货港与卸货港间距离较短）的情况。这种情况的产生往往是由于提单失窃，或者是当船舶到港时作为用汇的跟单票据的提单虽已到达进口地银行，但因汇票兑现期限的关系，收货人暂时还拿不到提单。在这些情况下，收货人无法交出提单来换取提货单提取货物，此时常由收货人开具保证书，以保证书交换提货单，然后持提货单提取货物。

（3）班轮运输中的主要单证。

在班轮运输中，为了方便货物的交接，区分货方与船方之间的责任，需要用到许多单证。在这些单证中，有些受到国际公约和各国国内法的约束，有些则是按照港口当局的规定和航运习惯而编制的。尽管这些单证种类繁多，各国港口的规定有所不同，但是主要单证是基本一致的，并能在国际航运中通用，下面介绍一些常用的单证。

①托运单。托运单是承运人或其代理人在接受发货人或货物托运人的订舱时，根据发货人或货物托运人的口头或书面申请，为安排货物运输而制定的单证。托运单一经承运人确认，便作为承托双方订舱的凭证。

②装货单。装货单是由托运人按照订舱单的内容填制，交船公司或其代理人签章后，据以要求船公司将承运货物装船的凭证。

③装货清单。装货清单是本航次船舶待装货物的汇总清单。装货清单由船公司或其代理人根据装货单的留底联制作，制作的要求是将待装货物按目的港和货物性质归类，按照挂靠港顺序排列，编制出一张总表。

④载货清单。载货清单是本航次全船实际载运货物的汇总清单，它反映船舶实际载货情况。

⑤装箱单。装箱单是在载运集装箱货物时使用的单证。装箱单上应详细记载集装箱和货物的名称、数量等内容。

⑥码头收据（场站收据、港站收据）。码头收据一般由发货人或其代理人根据公司已指定的格式填制，并跟随货物一起送至某装箱码头用场或码头仓库，由接受货物的人在收据上签字后交还给发货人，证明托运的货物已收到。

⑦提单。传统件杂货运输的货运提单是在货物实际装船完毕后经船方在收货单上签署，表明货物已装船，发货人凭经船方签署的收货单（大副收据）去船公司或其代理公司换取已装船提单。集装箱提单则以码头收据换取，同传统件杂货船舶运输下签发的提单不同，它是一张收货待运提单。

⑧货物残损单和货物溢短单。货物残损单和货物溢短单，是我国港口在卸货时使用的，作为卸货交接证明的单证。货物残损单是在卸货完毕后，由理货长根据现场理货人员在卸货过程中发现货物的各种残损情况，包括货物的破损、水湿、水渍、汗湿、油渍、污染等情况的记录汇总编制成的，是货物残损情况的证明。货物溢短单是在卸货时，对每票货物所卸下的数量与载货清单上所记载的数量进行校对，如有不相符（发生溢卸或短卸）的情况，待船舶卸货完毕、理清数字后，由理货组长汇总编制的单证，它表明货物溢出或短缺的情况。

⑨提货单。提货单是收货人或其代理人据以向现场（码头、仓库边）提取货物的凭证。提货单的性质与提单完全不同，提货单只不过是船公司或其代理人指令仓库或装卸公司向收货人交付货物的凭证而已，不具备流通或其他作用。为了慎重起见，一般在提货单上记有“禁止流通”字样。

**2. 租船运输业务**

租船运输业务程序主要经过询价、报价、还价、接受、签订租船合同等几个环节。

（1）询价。

询价又称“询盘”，通常是由承租人以其期望的条件通过租船经纪人在租船市场上要求租用船舶的行为，即货求船。询价一般以书面形式提出。

（2）报价。

报价又称“报盘”或“发盘”，是船舶出租人对承租人询价的回应。报价的主要内容除了对询价的内容做出答复和提出要求外，最主要的是关于租金的水平、选用的租船合同范本及对范本条款的修订和补充等。报盘又分为实盘和虚盘。实盘为报盘条件不可改变，并附加时效的硬性报价；虚盘则是可磋商、修改条件的报价，也称条件报价。

（3）还价。

还价又称“还盘”，是指在条件报价的情况下，承租人与船舶所有人之间对报价条件的谈判、协商、讨价还价的过程。还价意味着询价人对报价人报价的拒绝和新的询价开始。因此，报价人收到还价后需要对是否同意还价条件作出答复，或再次作出新的报价。对还价条件作出答复或再次作出新的报价称为“反还价”或称“反还盘”。

（4）接受。

接受又称“受盘”，船舶所有人和承租人经过反复多次还盘后，双方对合同主要条款意见一致，即最后一次还实盘的全部内容在一定时限内被双方接受，就算成交。根据国际上通常的做法，接受订租后，双方当事人应签署一份订租确认书。

（5）签订租船合同。

签订确认书只是一种意向合同，正式租船合同要按租船合同范本予以规范，进行编制，明确租船双方的权利和义务，双方当事人签署后即可生效。航次租船合同的主要内容包括：出租人和承租人的名称、船名、船籍、吨位容积、货名、装货港和目的港、受载期限、装卸期限、运费、滞期费、速遣费的支付及其他事项。租船合同正式签订以后，船舶所有人可以按照合同的要求安排船舶投入营运。

以上是租船和签订租船合同的一般程序。有时货主急于求船或船东急于求货，使租船流程变得简单、直接，承租人将询盘省略，直接进入还盘，提出的承租条件需要船东当场决定是否成交，经过紧急磋商达成共识，这就是所谓的“当场成交”。在这种情况下，作为承租人的货主当然要以较高的代价才能取得船舶所有人的承诺。

国际物流可以促进世界范围内货物的合理流动，使国际间货物或商品的流动获得更高的收益；国际物流还可以促进世界经济的发展和国际间的友好交往，并由此推进国际政治、经济格局的良性发展。国际物流的客观存在直接导致了国际物流运输的产生和发展，通过国际运输，商品的使用价值克服了生产地点和消费地点上的分离，这创造了物流的空间效益。

## 二 国际物流运输概述

国际物流运输是国际物流系统的关键和核心，商品只有通过国际物流运输作业才能实现由卖方向买方的转移。国际物流运输是国内物流运输的延伸和扩展，是衔接对外贸易和国内贸易的桥梁，它有着与国内物流运输不同的特点，如运输费用在国际贸易商品价格中占有很大比重。

### （一）国际物流运输的含义

国际物流运输环境与国内运输有所不同，时间和空间跨度大，气候条件较为复杂。因此，与国内运输相比，国际物流运输往往要经过多次转运或转载，需要多个承运人的参与和相互协作。

#### 1. 国际物流运输的定义

国际物流运输是随着国际贸易的发展而产生和发展的，它是指货物在国家与国家、国家与地区之间的运输。由于国际物流运输主要是贸易物资的运输，国际物流运输通常被称为“国际贸易运输”。对某一特定的国家来说，国际物流运输就是对外贸易运输，简称“外贸运输”。国际物流运输还包括一部分非贸易货物的运输，如展览品、个人行李、办公用品、援外物资等，但它往往只是贸易货物运输部门的附带业务。

商品的运价随着商品的物质形态一起进入市场中交换，商品运价的变化直接影响到商品的价格。在国际贸易中，商品的运价在商品的价格中占有较大的比重（一般约占 10%，有的商品要占到 30%～40%）。因此，国际物流运输也可以说是一种国际贸易，只不过它用于交换的不是物质形态的商品，而是一种特殊的、无形的商品，即运输服务。

#### 2. 国际物流运输的构成要素

一般来说，一种活动总是由人与工具构成的，运输活动也不例外，国际物流运输必须依靠各个方面的协调配合来完成。国际物流运输活动中的人主要是国际运输的关系方，即国际物流运输中的参与者和运输服务的提供者。国际物流运输活动中的工具是实现国际物流运输的手段。国际物流运输是通过一些具体的运输方式及其组合来实现的。因此，国际物流运输主要由三个方面构成：国际运输的关系方、国际运输工具和国际运输方式。

（1）国际物流运输的关系方。与国内物流运输不同，国际物流运输不但涉及面广、头绪多，而且情况复杂，一个运输承运人或货主不可能亲自处理每一项具体业务，不少工作需要委托他人代为办理。为了适应这种需要，在国际物流运输领域里产生了很多如同贸易领域里从事代理业务的代理行或代理人。他们接受委托人的委托，代办各种运输业务并按提供的劳务收取一定的报酬，即收取代理佣金或运费。因此，国际物流运输的关系方不但有国内物流运输的关系方，而且代理人已成为一个非常重要的关系方。

当前国际物流运输的代理人主要有租船代理（又称租船经纪人）、船务代理、货运代理、咨询代理等。各类代理之间的业务往往互相交错，如不少船务代理也兼营货运代理，有些货运代理兼营船务代理等。

（2）国际物流运输工具。国际物流运输工具主要有包装工具、集装工具、运输动力和运输工具、装卸搬运工具等。

（3）国际运输方式。根据使用的运输工具的不同，国际物流运输主要可分为海洋运输、路运输、航空运输、公路运输、邮包运输、管道运输、集装箱运输、大陆桥运输以及由各运输方式组合而成的国际多式联运等。在实际业务中，应根据货物特性、运量、距离、运费、风险程度、任务紧迫程度及自然条件和气候变化等因素，审慎选用合理的运输方式。

（4）国际物流运输其他构成要素。国际物流运输的构成要素还包括运输通路，主要是公路、铁路、海洋航线以及飞机航线等。另外，国际物流运输需要其他方面的充分配合，如现代国际物流运输与电信设备有着密切的联系，包括无线电、雷达、电视和广播等。

### （二）国际物流运输的作用及特点

运输业的发展同国际贸易的发展是相联系的，国际贸易的实现离不开国际物流运输。国际贸易的发展要求运输业的规模与之相适应，而运输业的发展又有力地促进了国际贸易的发展。因此，国际物流运输的作用和特点始终与国际贸易联系在一起。

**1. 国际物流运输的作用**

国际物流运输是国际贸易和国际物流不可缺少的重要环节。国际物流运输是国际物流系统的关键和核心，同时，国际物流运输与国际贸易紧密相联。在国际贸易中，进出口商品在空间上的流通范围极为广阔，没有运输，要进行国际间的商品交换是不可能的。商品成交以后，只有通过运输，按照约定的时间、地点和条件把商品交给对方，贸易的全过程才算最后完成。因此，国际物流运输的作用主要体现在国际物流和国际贸易两个方面。

（1）国际物流运输在国际物流中的地位和作用。国际物流运输是国际物流系统的核心，发挥着重要作用。

第一，国际物流运输是国际物流不可缺少的重要环节。国际物流是“物”在国际间的物理性运动，这种运动不但改变了物的时间状态，而且改变了物的空间状态。国际物流运输承担了改变“物”的空间状态的主要任务，是改变“物”的空间状态的主要手段。在国际物流中，运输可以同时发挥两大功能：国际货物转移和货物存放。国际物流运输是通过运输手段使货物在国际物流节点之间流动，因此，国际货物转移是国际物流运输所提供的主要功能。对物品进行临时存放是运输的一个特殊功能，国际物流运输一般经历的时间长、路途远，各种运输工具如火车、飞机、船舶、集装箱等都担负着国际货物的存放功能。

第二，国际物流运输能够促进国际物流的发展。国际物流运输工具的不断改进，运输体系结构、经营管理工作的逐步完善和日趋现代化，一方面，这使得开拓越来越多的国际市场成为可能，另一方面，由于交货更为迅速、准时，运输质量更高，运输费用更节省，这大大提高了对外贸易的经济效益并进而使得国际间的经济联系日益加强，国际分工日趋深化，国际贸易愈加发展。因此，国际物流运输能够促进国际贸易的发展，进而促进国际物流的发展。

第三，国际物流运输是国际物流“第三利润”的主要源泉。首先，国际运输的时间长、距离长、消耗大，因此，节约成本的潜力也就大。其次，从运费来看，运费在全部国际物流费用的比例最高，运费对国际物流费用的影响较大。

（2）国际物流运输在国际贸易中的作用。国际物流运输是国际贸易的一个重要环节和子系统，在国际贸易中发挥着重要的作用。

国际物流运输是国际贸易不可缺少的重要环节。国与国之间要进行贸易交流，只有经过运输环节，商品才能交付给买方，贸易的全过程才能完成。否则，商品的位移根本就无法实现，进出口商品也就不可能产生价值和效益。因此，国际物流运输在国际贸易中起着桥梁和纽带的作用，它直接影响国际贸易的经济效益。

国际物流运输能够促进国际贸易的发展。随着世界各国生产的进一步发展及国际贸易额的不断扩大，国际物流运输量也相应增加，这对运输工作提出了更高的要求。为了推动世界贸易的进一步发展，人们对各种运输工具不断加以改进，并使运输体系结构和经营管理工作不断完善和实现现代化，这对加强国际间的经济联系，深化国际分工，促进国际贸易的发展，发挥了重要的作用。

国际物流运输是平衡国家外汇收人的重要手段。国际物流运输是一种无形的国际贸易，它交换的是一种特殊的商品——运输服务。就一个国家来说，从事国际货运的规模越大，效益越高，就能获得更多的外汇收入，进而增加本国的外汇储备。

**2. 国际物流运输的特点**

国际物流运输是国际贸易和跨国经营的重要组成部分，其最大的特点是物流运输跨越国境，物流运输的活动是在不同国家之间进行的，使各国物流系统相互“接轨”，成为一个完整的物流系统。与国内物流运输相比，国际物流运输具有国际性、政策性、复杂性、时间性、风险性、先进性等特点。

（1）国际性。国际物流运输活动是在不同国家之间进行的，跨越不同国家和地区，跨越海洋和大陆，运输跨越地理范围广，物流渠道长，运输距离长，运输方式多样，这就需要合理选择运输路线和运送方式，尽量缩短运输距离，缩短货物在途时间，加速货物的周转并降低物流成本。

（2）政策性。国际物流运输是国际贸易的一个组成部分，在组织物流运输的过程中，需要经常同国外发生直接或间接的广泛的业务联系，这种联系不仅是经济上的，还常常会涉及国际政治问题，是一项政策性很强的涉外活动。因此，国际物流运输既是一项经济活动，又是一项重要的外事活动。

（3）复杂性。各国社会制度、自然环境、科技水平、法律法规环境、经营管理方法、商业习惯有所不同，物流环境存在极大的差异，这使得国际物流的复杂性远高于一国的国内物流。例如，对于处于不同科技条件支撑下的国际物流，有些地区根本无法应用某些技术而迫使国际物流系统整体水平下降；不同国家有不同物流标准，这也造成国际间“接轨”困难，国际物流系统难以建立，从而使国际物流受到很大的局限。

(4) 时间性。按时装运进出口货物，及时将货物运至目的地，这对履行进出口贸易合同，满足商品竞争市场的需求，提高市场竞争能力和及时结汇，都有着重大意义。特别是一些鲜活商品、季节性商品和敏感性强的商品，更要求迅速运输，不失时机地组织供应，从而提高出口商品的竞争能力，巩固和扩大销售市场。因此，国际物流运输必须加强时间观念，争时间，抢速度，以快取胜。

(5) 风险性。国际物流运输环节多，运输距离长，涉及范围广，情况复杂多变，国际形势的变化、各种自然灾害和意外事故的发生以及封锁禁运或海盗活动等都可能直接或间接地影响到国际物流运输，以至于造成严重后果。因此，国际物流运输的风险较大。

(6) 先进性。国际物流运输在融入现代物流管理思想和系统技术之后，其主要的特征是管理现代化、科学化，与国内物流系统相比，具有明显的先进性。这种先进性主要体现在物流运输信息系统的支持和国际物流的标准化两个方面。

**3. 国际物流运输的任务及要求**

(1) 国际物流运输的任务。

国际物流运输的基本任务就是根据客户要求，合理地运用各种运输方式和运输工具，安全、快捷、高效地完成进出口货物的运输任务，提高运输效益。具体来说，应包括以下内容。

①按时、按质、按量地完成进出口货物运输。进出口货物运输是履行货物合同中的最后也是最关键的一个环节。装运期和交货期是合同中的主要条款，若违反此项条款即构成根本性违约，就会导致罚款、毁约等后果。为了合同的顺利履行，国际物流运输必须按时、保质、保量地完成进出口货物的运输任务。

②节省物流运输及运输过程中的费用，创造“第三利润源”。对外贸易运输运程长、环节多，各项运杂费用的开支较大，因而节省运杂费的途径多、潜力大，从事国际物流运输的部门和企业应本着勤俭节约的精神，不断改善经营管理，提高经济效益，努力创造“第三利润源”。

(2) 国际物流运输的基本要求。

①选择最佳的运输路线和最优的运输方案，合理组织运输。每种运输方式有着各

自合理的适用范围和不同的技术经济特征，选择时必须进行比较和综合分析。首先要考虑商品性质、数量、运输距离、市场需求、风险程度等因素。比如，鲜活、季节性商品，要求交货及时、运输速度快，以免贻误市场销售；贵重货物因商品价值高，要求严格地保证运输质量等。另外，要考虑运输成本的高低和运行速度的快慢。比如，价值较低的大宗商品要求运输费用低廉，可选择海运班轮或不定期船，以降低商品成本，增加市场竞争能力。

②树立系统观念，加强与有关部门的协调，努力实现系统效益和社会效益。在国际物流运输过程中，要切实加强客户、商检、海关、港口等部门与企业之间的联系，相互配合、密切协作，充分调动各方面的积极性，形成全局系统观念，共同完成国际物流运输任务。除了努力争取本企业的经济利益以外，更重要的是考虑系统效益和社会效益。

（3）树立为客户服务的观点，实现“安全、迅速、准确、节省、方便”的要求。根据国际物流运输的特点，针对国际物流运输的任务，中国外运集团提出的国际物流运输要“安全、迅速、准确、节省、方便”的“十字方针”已被广大货运企业所认可。

### （三）国际物流运输的形式

国际贸易中的物流运输大部分是通过海运完成的，只有少部分通过铁路、公路运输和航空运输完成。与国内物流运输一样，国际物流运输方式也是根据使用的运输工具不同来划分的，包括公路、铁路、航空、海运以及管道等形式，只不过在国际物流各种运输方式中，海上物流运输方式的地位最为重要。

#### 1. 国际海上物流运输

国际海上物流运输是指以船舶为工具，从事本国港口与外国港口之间或者完全从事外国港口之间的货物运输，即国与国之间的海洋运输。国际海上物流运输的基础设施主要包括海洋运输航线和运输港口两个基本要素。

（1）海洋运输航线。海洋运输航线是指船舶根据不同水域、潮流、港湾、风向、水深等自然条件及社会、政治和经济因素，为达到最大的经济效益所选定的营运通道。开辟一条海上货运航线需要考虑的最基本的条件有自然条件、货源条件以及其他条件，如航线经过地区的政治稳定等。

世界主要的海洋运输航线有北大西洋航线、北太平洋航线、苏伊士运河航线、巴拿马运河航线、南非航线、南美航线、南太平洋航线、加勒比海航线等。对我国而言的重要航线主要有香港航线、澳门航线、中日航线、中澳航线、中欧航线等。

（2）海上运输港口。海上运输港口是供船舶停靠靠办理客货运输的场所，是进出口货物运输的出入口岸，也是海上运输和内陆运输之间的枢纽。

世界主要港口有鹿特丹港、纽约港、神户港、汉堡港、安特卫港普、横滨港、新奥尔良港、休斯敦港、新加坡港、马赛港、伦敦港等。

**2. 国际航空物流运输**

国际航空物流运输是一种新型的运输方式。一般来说，国际航空物流运输是指一国的提供者向他国的消费者提供航空飞行器运输货物并取得收入的活动。

（1）国际民用航空组织。国际民用航空组织是由各国政府组成的国际航空运输机构，负责国际航空运输的技术、航行及法规的制定。该组织于1944年成立，现有160多个成员国，总部设在加拿大的蒙特利尔。我国是该组织的成员国，也是理事国之一。

（2）国际航空运输协会。国际航空运输协会于1945年4月16日成立于哈瓦那，总部设在蒙特利尔，是各国航空运输企业间的联合组织，主要调解有关商业飞行中的一些法律问题，其会员必须是国际民用航空组织成员国的航空运输企业。中国民航未参加该协会，但有非正式联系。

（3）国际货物发运人协会。国际货物发运人协会于1926年成立于维也纳，其主要解决由日益发展的国际货运代理业务所产生的问题。

（4）国际航空电讯协会。国际航空电讯协会成立于1949年，是航空运输业电信、信息技术解决方案的集成供应商，其目标是提高全球航空业使用信息技术的能力，提高全球航空公司的竞争能力。

**延伸阅读**

## 国际航空运输组织

国际民用航空组织（International Civil Aviation Organization，简称ICAO）是联合国的一个专门机构，在1944年为促进全世界民用航空安全、有序的发展而成立。该组织总部设在加拿大蒙特利尔，它主要制定国际空运标准和条例，是各成员在民航领域中开展合作的媒介。2013 年 9 月 28 日，中国在加拿大蒙特利尔召开的该组织第 38 届大会上再次当选为一类理事国。

国际航空运输协会（International Air Transport Association，简称 IATA）是一个由世界各国航空公司所组成的大型国际组织，其前身是 1919 年在海牙成立并在“二战”时解体的国际航空业务协会，总部设在加拿大的蒙特利尔，执行机构设在日内瓦。和监管航空安全和航行规则的国际民航组织相比，它更像是一个由承运人（航空公司）组成的国际协调组织，管理在民航运输中出现的诸如票价、危险品运输等等问题。

国际货物发运人协会（International Federation of Freight Forwarders Association，简称 FIATA）成立于 1926 年，它的会员不仅限于货运代理企业，还包括海关、船舶代理、空运代理、仓库业和汽车运输业等，这些部门都是国际运输的一部分。现在 FIATA 已有 50 多个正式会员和 1000 个以上的联系会员，它的业务活动遍及世界上 125 个国家从事运输工作的 3500 个公司。FIATA 本身不是一个营利性质的组织，它的任务是协助各国的货运代理组织和同行业联合起来，协调解决日益发展的国际货运代理业务所产生的问题。

国际航空电信协会（Society International De Telecommunicatioan Aeronautiques，简称 SITA）是一个专门承担国际航空公司通信和信息服务的合资性组织，1949 年 12 月 23 日由 11 家欧洲航空公司的代表在比利时的布鲁塞尔创立。SITA 经营着世界上最大的专用电信网络，由 400 多条中高速相互连接 210 个通信中心组成。各航空公司的用户终端系统通过各种不同形式的集中器连接至 SITA 的网状干线网络。SITA 的网络由 4 个主要的系统构成，即数据交换和接口系统、用户接口系统、网络控制系统和取贮转发报系统。此外，SITA 还建立并运行着两个数据处理中心：一个是位于美国的亚特兰大的旅客信息处理中心，主要提供自动订座、离港控制、行李查询、航空运价和旅游信息；另一个是设在伦敦的数据处理中心，主要提供货运、飞行计划处理和行政事务处理业务。中国国际航空公司、中国东方航空公司、中国南方航空公司都是 SITA 的会员。

### 3. 国际陆路物流运输

国际陆路物流运输是国际公路和铁路物流运输两种的总称。国际公路物流运输是指国际货物借助一定的运载工具（通常是汽车），沿着公路跨两个或两个以上国家或地区的移动过程。目前世界各国的国际公路物流运输业务并不多见。

在国际物流运输中，铁路运输是仅次于海洋运输的主要运输方式，海洋运输的进出口货物，也大多靠铁路运输进行货物集中和分散。国际铁路货物联运是指在两个或两个以上国家或地区进行铁路货物运输时，只使用一份统一的国际联运票据，由一国铁路向另一国铁路移交货物时，无需发货人、收货人参加，铁路当局对全程运输负连带责任。国际铁路货物联运是指几个国家或地区通过不间断运输将货物运到目的地，运输条件是车、票、证必须符合有关国际联运的规章和规定，办理手续比较繁杂。

## 延伸阅读

### 我国通往邻国的铁路干线

我国与俄罗斯、哈萨克斯坦、蒙古、朝鲜和越南等邻国有铁路相连。中俄之间有滨州线、滨绥线、珲马线等几条铁路干线；中哈之间的铁路干线主要是北疆铁路；中蒙之间的铁路干线是集二线；中朝之间有沈丹线、长图线、梅集线等几条铁路干线；中越之间有湘桂线和昆河线两条铁路干线；等等。

| 我国与邻国 | 我国铁路干线 | 我国国境站站名 | 邻国国境站站名 | 我国轨距（毫米） | 邻国轨距（毫米） |
|---|---|---|---|---|---|
| 中俄间 | 滨州线 | 满洲里 | 后贝加尔 | 1435 | 1520 |
| | 滨绥线 | 绥芬河 | 格罗迭科沃 | 1435 | 1520 |
| | 珲马线 | 珲春 | 卡梅绍娃亚 | 1435 | 1520 |
| 中哈间 | 北疆铁路 | 阿拉山口 | 德鲁日巴 | 1435 | 1520 |
| 中蒙间 | 集二线 | 二连 | 扎门乌德 | 1435 | 1520 |
| 中朝间 | 沈丹线 | 丹东 | 新义州 | 1435 | 1435 |
| | 长图线 | 图们 | 南阳 | 1435 | 1435 |
| | 梅集线 | 集安 | 满浦 | 1435 | 1435 |
| 中越间 | 湘桂线 | 凭祥 | 同登 | 1435 | 1435 |
| | 昆河线 | 河口 | 老街 | 1000 | 1000 |

## 三 装运条款和海运提单

国际物流运输的装运条款和单据是从事国际贸易的企业和提供国际物流运输的承运人或代理人必须了解和掌握的内容，为了顺利地进行国际物流运输，装运条款的内容和要求要在合同中明确提出，运输单据的内容要正确、清楚和完整。

### （一）国际物流运输的装运条款

在国际物流运输之前，买卖双方必须就交货时间、装运港（地）和目的港（地）、分批装运和转船、转运等问题进行协商，并在合同中具体明确各项装运条款。

**1. 装运期**

装运期是卖方根据贸易合同将货物装上运输工具或交给承运人的时间，又称装运时间，是买卖合同的主要条件。装运日期的提前和推迟，在法律上都构成违约。

**2. 分批装运和转船**

分批装运是指数量较大的货物先后分若干批次装运。在大宗货物交易中，买卖双方根据交货数量、运输条件和市场销售需要等因素，可在合同中规定分批装运条款。转船是指海洋货物装运后允许在中途港口转换其他船只，再驶往目的港。转船需要加收转船附加费，同时运输时间要延长，需要转船的交易应在合同中订立“允许转船”的条款。

**3. 装运通知**

装运通知是卖方向买方发出的货物已经装运的通知，是合同中加以约定的条款。它的主要作用是便于买方接卸货物和办理保险，明确买卖双方的责任，共同做好船货衔接工作。

**4. 装卸时间、装卸率和滞期费、速遣费条款**

（1）装卸时间。装卸时间是指允许完成装卸任务所约定的时间，它一般以天数或小时数来表示。

（2）装卸率。装卸率是指每日装卸货物的数量，一般按照正常装卸速度具体规定装卸率。

（3）滞期费和速遣费。在约定的允许装卸时间内未能将货物装卸完，致使船舶在港内停泊时间延长，延迟期间的损失应按约定每天若干金额补偿给船方，这项补偿金叫作“滞期费”。反之，如果提前完成装卸任务，则船方将节省的船舶在港费用开支的一部分给租船人作为奖励，该项费用叫作“速遣费”。按惯例，速遣费一般为滞期费的一半。滞期费和速遣费通常约定为每天若干金额，不足一天的，按比例计算。

## （二）国际物流运输的海运提单

国际物流运输单据是承运人收到承运货物后，签发给托运人的证明文件，它是交接货物、处理索赔与理赔以及向银行结算贷款或进行议付的重要单据，具体说明国际物流运输中有关当事人的责任、权利和义务。国际物流运输单据主要有海运提单、航空运单、铁路运单以及邮政包裹收据等，其中最重要的是海运提单。

### 1. 海运提单的定义

海运提单又称“提单”，是在海上物流运输中广泛使用的单证。我国的《海商法》对海运提单的定义是：“海运提单是指用以证明海上物流运输合同和货物已经由承运人接收或装船，以及承运人保证据以交付货物的单证。”

海运提单的当事人包括承运人、托运人、收货人、被通知人和持单人等。

### 2. 海运提单的作用

在国际物流运输中，海运提单具有如下作用。

（1）海运提单是运输合同的证明。托运人向承运人办妥了租船订舱的手续即表明双方运输合同的关系已经成立，而承运人向托运人出具的海运提单成为双方运输合同的证明。

（2）海运提单可以作为货物收据。海运提单是承运人签发给托运人的收据，表明已按提单上所记载的有关商品的标志、数量以及商品的表面状况收到了货物，并且有责任向收货人交付提单所记载的货物。

（3）海运提单是一种物权凭证。海运提单代表的是物权，提单的转移也就代表了货物的转移，承运货物的船舶到达目的港后，提单的合法持有人有权凭海运提单要求承运人交付提单所载明的货物。

### 3. 海运提单的分类

海运提单种类繁多，可从不同角度分为不同的种类。

（1）按照提单的抬头不同划分，海运提单可分为记名提单（在提单的收货人一栏内具体填写某一特定人或公司名称的提单）、指示提单（收货人一栏内填写“凭指示”或“凭××指示”字样的提单）和不记名提单（提单上的收货人一栏未写明具体收货人，只填写“持有人”字样，即货交提单持有人，或收货人一栏为空白）等。

（2）按照提单的格式不同划分，海运提单可分为全式提单和简式提单。

全式提单是指正式印就格式的提单，既有正面记载的事项，又在背面详细列有承运人、托运人的权利义务条款。全式提单明确了承运人和托运人的权利义务，在国际贸易业务中应用广泛。简式提单是指只有正面必要的记载项目而没有背面条款的提单。它与全式提单具有相同的法律效力，按惯例，银行可以接受这种提单。

（3）按照提单有无不良批注划分，海运提单可分为清洁提单和不清洁提单。

清洁提单是指在装船时货物的外表状况良好，承运人所签发的提单中记载“外表状况良好”或未作相反批注（货损、包装不良等）的提单。不清洁提单是指承运人明确地对有关货物包装状况不良或存在缺陷等情况加以批注的提单。

另外，按照货物是否已经装船划分，海运提单可分为已装船运单和备运提单；按照提单运输方式的不同划分，海运提单可分为直达提单、转船提单和联运提单；等等。

**4. 海运提单的主要条款及其内容**

在国际物流运输实务中，各大航运公司都有自己的提单格式。这些提单格式大同小异，都分为正面条款和背面条款两部分。

（1）提单的正面条款主要记载与货物和货物运输有关的事项，既有法定必须记载的，又有承运人出于自身业务需要而记载的。提单的正面条款记载的主要内容如下。

①托运人。一般是合同的卖方或信用证的受益人，也可以是除受益人之外的第三方。

②收货人。提单的抬头人。

③被通知人。一般填写船到目的港后承运人的直接联系人，信用证项下一般填写开证申请人的详细资料。

④收货地或装货港。

⑤目的地或卸货港。

⑥船名及航次。填写实际装船的船名和航次，如需转运，则填写二程船的船名。

⑦唛头及件号。

⑧货物的件数、包装种类和货物的描述。

⑨货物的重量和体积。

⑩运费和费用。一般只填写运费支付情况，不填写运费具体数额及计算方法，但

信用证有规定的除外。

⑪正本提单的份数。

⑫承运人或船长的签名。每张正本提单都有承运人或其代理人的签章才能生效，任何承运人或船长的签署必须表明其为承运人还是船长等。

⑬提单签发的地点日期。提单签发的地点为货物实际装运的港口和接受监管的地点。

图 2-1 是新加坡太平船务有限公司的海运提单。图中的海运提单反映的是 NANJING FOREIGN TRADE IMP. AND EXP. CORP. 向 EAST AGENT COMPANY，126 Rome street，Antwerp，Belgium 出口 LADIES LYCRA LONG PANT 共 2400 件，每件 20 美元 CIF，纸箱包装，每箱 12 件。箱件尺寸为 50cm×20cm×30cm，毛重为 10 千克/箱，运输标志（唛头）为：CBD/LONDON/NOS1-200。这份“清洁、已装船、空白抬头”的提单通知 EAST AGENT COMPANY“该货物于 2004 年 10 月 20 日在南京装 E002 航次‘DAFENG’号轮运往伦敦，并注明‘运费预付’”。

<table>
<tr><td>Shipper<br>NANJING FOREIGN TRADE IMP. AND EXP. CORP.</td><td rowspan="3">B/L NO.<br><br>PIL<br>PACIFIC INTERNATIONAL LINES (PTE) LTD<br>(Incorporated in Singapore)<br>COMBINED TRANSPORT BILL OF LADING<br>Received in apparent good order and condition except as otherwise noted the total number of container or other packages or units enumerated below for transportation from the place of receipt to the place of delivery subject to the terms hereof. One of the signed Bills of Lading must be surrendered duly endorsed in exchange for the Goods or delivery order. On presentation of this document (duly) Endorsed to the Carrier by or on behalf of the Holder, the rights and liabilities arising in accordance with the terms hereof shall (without prejudice to any rule of common law or statute rendering them binding on the Merchant) become binding in all respects between the Carrier and the Holder as though the contract evidenced hereby had been made between them.<br>SEE TERMS ON ORIGINAL B/L</td></tr>
<tr><td>Consignee</td></tr>
<tr><td>Notify Party<br>EAST AGENT COMPANY,<br>126 Rome street, Antwerp,<br>Belgium</td></tr>
</table>

续表

<table>
<tr><td>Vessel and Voyage Number</td><td colspan="2">Port of Loading</td><td>Port of Discharge</td></tr>
<tr><td>DAFENG V. NO E002</td><td colspan="2">NANJING CHINA</td><td>LONDON BRITAIN</td></tr>
<tr><td>Place of Receipt</td><td colspan="2">Place of Delivery</td><td>Number of Original Bs/L</td></tr>
<tr><td colspan="4">PARTICULARS AS DECLARED BY SHIPPER-CARRIER NOT RESPONSIBLE</td></tr>
<tr><td>Container Nos/<br>Seal Nos.<br>Marks and/Numbers</td><td>No. of Container / Packages / Description of Goods</td><td>Gross Weight (Kilos)</td><td>Measurement (cu-metres)</td></tr>
<tr><td>CBD<br>LONDON<br>NOS1-200</td><td>SAY TWO HUNDRED CARTONS (2010) ONLY LADIES LYCRA LONG PANT</td><td>2000</td><td>50cm×20cm ×30cm</td></tr>
<tr><td rowspan="4">FREIGHT & CHARGES<br>Freight repaid</td><td colspan="3">Number of Containers/Packages (in words)<br>SAY TWO HUNDRED CARTONS ONLY</td></tr>
<tr><td colspan="3">Shipped on Board Date:<br>Oct. 20, 2004</td></tr>
<tr><td colspan="3">Place and Date of Issue:<br>NANJING</td></tr>
<tr><td colspan="3">In Witness Whereof this number of Original Bills of Lading stated Above all of the tenor and date one of which being accomplished the others to stand void.<br>The master<br>for PACIFIC INTERNATIONAL LINES (PTE) LTD as Carrier</td></tr>
</table>

**图 2-1　海运提单（正面）**

（2）提单的背面条款是事先已印好的条款，主要规定了承运人和货方之间的权利义务、责任豁免，这些规定在双方出现争议时将成为重要的法律依据。一般来说，提单的背面条款主要包括以下内容。

①定义条款。它对提单中的关键词加以定义和限定。

上述定义条款用以说明、规定本提单条款中经常出现的一些名词，以便明确在为提单所证明或构成的运输合同中所代表的概念、避免理解上的差异。

②首要条款。它主要规定提单所适用的法律受何种国际公约、协议的约束，说明提单内有关运输事项的解释权。

③管辖权条款。管辖权条款规定了解决提单或由提单引起的争议的适用法律与有权管辖法院。

④承运人的责任和豁免。该条款规定了承运人所承担的责任及所享受的免责事项，一般都以所依据的法律或公约概括加以规定。

⑤承运人责任期间条款。

⑥绕航和变更航线条款。该条款规定了哪些属于正常绕航和变更航线，哪些属于不合理绕航和变更航线。

⑦舱面货、活动物和植物条款。它是规定承运人对这三种物品是否承担风险的条款。

⑧共同海损条款。它规定发生共同海损时将在什么地点、按照什么规则计算共同海损。

⑨留置权条款。留置权条款规定对于承运人应收未收的费用，可对货物或任何单证行使留置权，并有权出售或处理货物以抵偿应收款项。

⑩运费和其他费用条款。它主要规定运费支付方式、时间、币种和计算方法。

⑪其他条款。如包装和唛头条款、自由转船条款、托运人错误申报条款、危险品和违禁品条款、冷藏货条款、美国条款、承运人赔偿责任限额条款以及诉讼期限条款等。

## 延伸阅读

### 中远集运提单背面条款（节选）

DEFINITIONS "Carrier" means COSCO container lines company limited. "Merchant" includes the consignor, the shipper, the receiver, the consignee, the owner of the Goods, the lawful holder or endorsee of this Bill of Lading, or any other person having any present or future interest in the Goods or this Bill of Lading, or anyone authorized to act on behalf of any of the foregoing. "Vessel", where the context so admits, includes the Vessel named in Box 6 of this Bill of Lading or any substitute therefor, and any feeder vessel, lighter or barge used by or on behalf of the Carrier in connection with any seaborne leg of the carriage. "Sub-contractor" includes owners and operators of vessels (other than the Carrier), stevedores, terminal, warehouse, depot and groupage operators, road and rail transport operators and any independent contractor employed by the Carrier in the performance of the carriage and any sub-sub-contractor thereof. The expression Sub-contractor shall include direct and indirect Sub-contractors and their respective servants, agents or Sub-contractors. "Goods" means the whole or any part of the cargo received from the Merchant and includes any Container not supplied by or on behalf of the Carrier. "Package" means each Container which is stuffed and sealed by or on behalf of the Merchant, and not the items packed in such Container if the number of such items is not indicated on the front of this Bill of Lading or is indicated by the terms such as "Said to Contain" or similar expressions. "Shipping Unit" means any physical unit of cargo not shipped in a package, including machinery, vehicles and boats, except goods shipped in bulk. "Container" includes any Container, open top, trailer, transportable tank, flat rack, platform, pallet, and any other equipment or device used for or in connection with the transportation of the Goods.

"承运人"（CARRIER）是指"中远集运"，即中远集装箱运输有限公司。

"货方"（MERCHANT）包括发货人、托运人、收货人、受货人、货主、本提单的合法持有人或被背书人，或与货物或本提单具有现时或未来利益关系的任何人，或被授权代表前述任何一方行事的任何人。

"船舶"按有关上下文情况，包括本提单第6栏所列船舶或其替代船舶以及承运人或代表承运人于全部运程中的海运阶段所使用的任何支线船或驳船。

"分立契约人"（SUB-CONTRACTOR）包括（除承运人以外的）船舶所有人及经营人，装卸工人，码头、仓库、集装箱储运站经营人及拼箱经营人，公路和铁路运输经营人及承运人雇佣的用以进行运输的任何独立订约人以及其小分立契约人（SUB-SUB-CONTRACTOR）。分立契约人一词应包括直接及间接分立契约人及其各自的受雇人、代理人或分立契约人。

“货物”（GOODS）是指自货方收到的全部货物或其任何部分，并包括非由承运人或其代表提供的任何集装箱。

“件”是指由货方或其代表装载并铅封的每一集装箱，而不是在集装箱中所装的货物件数，如果此项件数未在本提单正面列明，或者是用“据称内装”或类似词句列明。

“装运单位”（SHIPPING UNIT）是指未以包件运输的任何一个具体单位的货物，包括机械、车辆及船只，但散装货物除外。

“集装箱”（CONTAINER）包括任何集装箱，如开顶集装箱、拖车、可运油罐、框架箱、平板箱、货盘，以及为运输货物而使用的任何其他设备或设施。

**5. 海运提单的签发与流转**

海运提单的签发和流转是一项非常重要的工作，提单签发的正确性、流转的速度，都关系到各当事方的切身利益。

（1）提单的签发。向托运人签发提单是船公司的一项重要业务，提单内容正确与否将直接关系承运人的切身利益，也会对托运人和收货人产生重要的影响。

提单的签发人一般是船长、承运人和其代理人。提单的时间至关重要，正常情况下，提单的签发人在提单的装船日期一栏填上货物装船的日期，然后签名盖章。提单有正本和副本之分。在国际物流运输业务中，承运人在签发提单时，通常都签发若干份正本提单，并将所签发正本提单的份数记载于提单的正面，注明“original”字样。承运人一般签发三份正本提单，各份提单均同等有效，但是只要其中的一份提单用于提货后，其他各份即告失效。

（2）提单的转让。提单与汇票一样是可以进行转让的。提单的转让意味着货物所有权由原提单持有人转移到提单的受让人手中，这一过程通常通过背书来实现。

（3）提单的流转。提单的流转一般要经过租船、签发提单、制单结汇、付款赎单、凭单放贷等几个步骤。通过这样的程序，代表物权的提单就顺利地从出口商的手中流转到进口商的手中，从而实现物权的转移。

# 第三节 其他物流运输方式

航空物流运输是一种现代化的运输方式，虽然目前在物流运输中的比重较小，但是在世界范围内处于高速增长阶段，日益占有重要的份额。

## 一 航空物流运输

一般所称的“航空”泛指飞行器在地球大气层内的航行活动。通用航空则是指使用民用航空器从事公共航空运输以外的民用航空活动，包括从事工业、农业、林业、渔业和建筑业的作业飞行以及用于医疗卫生、抢险救灾、气象探测、海洋监测、科学实验、教育训练、文化体育等方面的飞行活动。

### （一）航空物流运输概述

#### 1. 航空物流运输的定义

航空物流运输又称“飞机运输”，它是在具有航空线路和航空港的条件下，利用飞机等运载工具运送货物的一种运输方式。

技术设施是实现航空物流运输的物质基础，航空物流运输的构成要素包括航空器、航空港、航空线路和通信导航设施四个部分。

（1）航空器。航空器主要是指民用飞机，民用飞机是指用于从事客货运输的非军用飞机。民用飞机根据起飞重量分为大型、中型和小型飞机三种，按航程分为近程、中程和远程飞机三种，按用途则可分为客机和货机。

在航空物流运输领域内，除使用飞机外，还可以使用垂直起降和空中悬停的旋翼机（即直升机），其营运成本比飞机高，但可以执行飞机无法执行的任务，如抢险救灾等。

（2）航空港。航空港是航空运输机场及其服务设施的总称，一般由飞行区、客货运服务区和机场维修区三个部分组成。机场是供飞机起飞、降落、停放及维修等活动的场所，也是旅客、货物、邮件的集散地。跑道是供飞机起飞加速和着陆时减速滑跑用的带状地面，是航空港的组成部分之一。

按照所处的位置不同，航空港分为干线航空港和支线航空港。按业务范围来分，航空港可分为国际航空港和国内航空港。国际航空港的建立需经政府核准，可供国际航线的航空器起降营运，空港内配有海关、移民、检疫和卫生机构。国内航空港仅供国内航线的航空器使用，除特殊情况外不对外国航空器开放。

（3）航空线路。航空线路又称“航线”，是根据地面导航设施建立的走廊式保护空域。航线的划定是以连接各个地面导航设施的直线为中心线，在航线范围内规定上限高度、下限高度和宽度，对在其范围内飞行的飞机实施空中交通管制。

（4）通信导航设施。通信导航设施是沟通信息、引导飞机安全飞行到达目的地并安全着陆的设施。

**2. 航空物流运输的特点**

航空物流运输的主要特点是快速、灵活。与其他运输方式相比，航空物流运输的运输工具（即飞机）不但可以与地面设施（机场）分离，而且不受地形限制，因而航线选择较为自由，灵活性较高，用途也比较广泛。

（1）航空物流运输的优点。

航空物流运输虽然起步较晚，但是发展异常迅速，并日益受到现代企业管理者的青睐，原因之一就在于它具有许多其他运输方式所不能比拟的优越性。概括起来，航空货物运输的主要优点如下。

①快速省时，可达距离长。飞机是世界上运输速度最快的一种运输工具，航空物流运输可以大大节约运输时间，其飞行距离越长，所能节约的时间越多。这是其他各种运输方式所无法比拟的。随着技术的发展、机型的更新，航空物流运输速度快的特点将越来越显著，如目前使用涡轮发动机的喷气飞机时速为 9000 多千米，飞行距离可达 10000 千米。货物在途时间的缩短，对于那些易腐烂变质的鲜活商品、时效性强的报刊、节令性商品以及抢险、救急品的运输，显得尤为重要。运送速度快，在途时间短，也使货物在途风险降低，因此，许多贵重物品、精密仪器往往采用航空物流运输的形式。

②不受地面条件影响，灵活机动。航空物流运输是在空间进行生产活动的，受线路和地理条件制约要少得多，只要有机场及必备的通讯导航设施就可以开辟航线。对

于地面条件恶劣、交通不便的内陆地区，发展航空物流运输有利于当地资源的出口，促进当地经济的发展。航空器可在两点间直线飞行，航程大为缩短，运程越远，节约航程的特点就越显著。

③安全度高。与其他运输方式相比，航空物流运输的安全性较高，货损也小得多。

④节省存货、包装等费用。航空运送速度较快，货物在途时间短，周转速度快，资金可以迅速收回，企业存货可以相应减少，从而节省利息和储存费用，加上航空货物运输安全准确，货损、货差少，可以节约包装及保险费用。

⑤手续简便。航空物流运输为托运人提供了简便的托运手续，也可以由货运代理人上门取货并办理一切运输手续。

（2）航空物流运输的缺点。

航空物流运输也有自己的局限性，主要表现在以下方面。

①载运能力低。航空运载工具——飞机的机舱容积有限，航空物流运输的载运能力较低，对大件货物或大批量货物的运输有一定的限制。

②费用高。飞机的机舱容积和载重能力较小，单位运输周转量的能耗较大，机械维护及保养成本也很高。这些因素导致航空货运的单位运输成本很高。

③受气候条件限制较大。航空物流运输对气候条件要求很高，飞机飞行容易受恶劣气候影响，从而影响运输的准点性与正常性。

### 延伸阅读

## 哪些恶劣天气对航班飞行有影响？

据资料统计，30%的飞行事故与天气有关，造成飞行事故的天气主要有恶劣能见度（40%），雷雨、冰雹和积雨云（25%），颠簸和急流（6%）和飞机积冰（10%）。在气象原因造成的飞行事故中，多数出现在飞机着陆前后，约占57%。而在众多天气现象中，影响飞机飞行最大的是风切变、低云和低能见度。

风切变指在短距离内风向、风速发生明显突变的状况。低空风切变对飞机的起飞和降落有严重的威胁。强烈的风切变使飞机可能过早落地或者被迫复飞，导致飞机失速和难以操纵，甚至导致飞行事故。

低云主要影响飞机着陆。在低云遮蔽机场的情况下着陆，经常会遇到飞机出云后离地面高度很低，如果这时飞机未对准跑道，往往来不及修正，容易造成复飞。如果指挥或操作不当，就可能造成飞机与地面障碍物相撞，造成飞机失速。

低能见度对飞机的起飞、着陆都有相当大的影响。雨、云、雾、沙尘暴、浮尘、烟幕和霾等都能使能见度降低，影响航空安全。地面能见度不佳，易导致偏航和迷航，降落时影响安全着陆，处理不当就会危及飞行安全。尤其是大雾，它严重妨碍航班的起飞和降落。当机场能见度低于350米，航班就无法起飞，低于500米时，航班就无法降落。如果能见度低于50米，飞机连滑行都无法进行，处置不当极易造成飞行事故。

另外，夏季较易发生的雷暴被称为航空界的“空中杀手”。当机场上空有雷暴时，短时间的强降水、较低的能见度、急剧的风向变化和阵风，对飞行活动以及地面设备都有很大的影响。雷暴产生的雷电、强降水、结冰、冰雹和颠簸均会给飞行造成很大的困难，严重的会使飞机失去控制、损坏、马力减少，危及飞行安全。冬季大雪天气不仅导致机场能见度严重变低，影响飞行人员的视线，积雪，结冰还会严重危及飞机起降阶段的安全。

④可达性差。在通常情况下，航空物流运输难以实现客货的“门到门”运输，必须借助其他运输工具转运。

虽然航空物流运输存在着上述缺点，使得它主要担负易腐、鲜活、季节性强、价值较高或需要紧急运达、时效性强的货物运输，但是随着新技术的广泛应用，管理者更加重视运输的及时性和可靠性，航空物流运输将会有更大的发展前景。

### 3. 国际航空货物运单

国际航空货物运单是由承运人或其代理人签发的重要货物运输单据，它是必备的报关单证之一，也是收货人核收货物的依据及承运人处理内部业务的依据。当托运人要求承运人代办保险时，它还可以作为保险证书。但它不具有物权凭证的性质，不能转让也不能据以提货。

航空运单是航空物流运输的主要单据，是航空承运人与托运人之间缔结的运输合同的书面凭证，也是承运人或其代理人签发的接受货物的收据。

航空运单依签发人的不同可分为航空主运单和航空分运单。前者由航空公司签发，后者由航空货运代理公司签发，两者的内容和法律效力基本相同。

(1) 航空主运单。凡由航空公司签发的航空运单均称为“航空主运单”。它是航空公司据以办理货物运输和交付的依据，是航空公司和托运人之间签订的运输合同。每一批航空物流运输货物都应有相应的航空主运单。

(2) 航空分运单。航空分运单是由航空货运公司在办理集中托运业务时签发给每一发货人的运单。在集中托运的情况下，除了航空公司要签发给集中托运人主运单之外，集中托运人还必须签发航空分运单给每一托运人。

**4. 航空物流运输的种类**

航空物流运输主要有班机运输、包机运输、集中托运和航空急件传送等四种方式。

(1) 班机运输。班机运输是指在固定的航线上定期航行的航班，这种飞机有固定开航时间、始发站、到达站和经停站。一般航空公司都使用客货混合型飞机，一些较大的航空公司也在某些航线上开辟有全货机航班运输。虽然客货混合飞机的货舱容量较小，运价较贵，但是航期固定，有利于客户安排鲜活商品或急件的运送。

(2) 包机运输。包机运输是指航空公司按照约定的条件和费率，将整架飞机租给一个或若干个包机人（如发货人或航空货运代理公司），从一个或几个航空站装运货物至指定目的地的运输方式。包机运输又可分为整架包机运输和部分包机运输两种形式。整架包机运输就是航空公司将整架飞机租给租机人，部分包机运输就是由几家航空货运代理公司或发货人联合包租整架飞机，或者由包机公司把整架飞机的舱位分租给几家航空货运代理公司。

(3) 集中托运。航空集中托运是指航空货运代理公司把若干批单独发运的货物组成一批向航空公司办理托运，填写一份总运单，将货物发运到同一目的站，由其委托当地的代理人负责收货、报关，并将货物分批交给各收货人的一种运输方式。航空运输按不同的重量标准确定不同的运费率，运量越多，费率越低。因此，采用这种托运方式可降低运费，在航空运输中使用较为普遍。集中托运通常采用班机或包机运输方式。

(4) 航空急件传送。航空急件传送是由一个专门经营此项业务的机构与航空公司密切合作，设专人用最快的速度在货主、机场、收件人之间传送货物。航空急件传送是一种最为快捷的运输方式，被称为“桌到桌运输”，特别适用于急需的药品、医疗器械、贵重物品、图纸资料、货样及单证等的传送。

## （二）航空物流运价与运费

航空物流运价是航空物流运输承运人因运输货物对单位重量（或体积）的货物收取的费用，是机场与机场间的空中费用，不包括承运人、代理人或机场收取的其他费用。航空物流运费是根据适用运价计算而得的发货人或收货人应当支付的每批货物的运输费用。

航空运价以货物的实际重量（千克）和体积重量（以6000立方厘米体积折合1千克，相当于6立方米/吨）两者之中较高者为标准收取。针对航空物流运输货物的不同性质与种类，航空公司规定有特种货物运价、货物的等运价、一般货物运价和集装货物运价等不同的计收方法。航空运价按运输的货物类别可以分为货物运价和邮件运价，邮件运价一般高于货物运价，但也可以按货物运价标准计算。

各种不同的航空运价和费用有以下共同点：运价仅指从一个机场到另一个机场的费用，而不包括其他额外费用，如提货、报关、交接和仓储费用等，且只适用于单一方向的飞行；通常使用当地货币结算，以千克或磅为称重计量单位；按出具运单之日适用运价。

## （三）航空物流运输作业

航空物流运输过程大致由货物收集、进港、运送、到港和交货等一系列的业务活动组成，它可以分为两部分：一是以货物收集为中心任务的货运市场组织和管理；二是以货物运送为中心的进港货物运送和货物出港交付过程。航空物流运输的任务就是承运人按照货运单上标注的发运日期和航班要求，组织运力将承运的货物运达目的地。

**1. 航空货运市场的货源组织**

航空货运市场组织货源主要有直接销售、代理销售和联运三种方式。

（1）直接销售。航空运输企业通过自己的营业处或收货站，直接进行航空货运业务的销售。从事直接销售的业务点一般分布在运量较大的城市。直接销售的优越性是能够直接控制市场，减少中间环节，提高销售利润。

（2）代理销售。代理销售是指销售代理人根据与航空公司之间的协议，代表航空公司销售空余吨位，并按照协议收取代理费用。实际上，航空公司的相当一部分货源是通过代理人组织的。航空公司可以寻求多个销售代理人，销售代理人也可以同时代理多家航空公司的货运销售业务。

（3）联运。一个航空公司能够提供服务的航线有限，对于本身不能运达的部分航线，航空公司之间可以采用联运服务。这种服务是有偿的，上一个承运人即为下一个承运人的销售代理人，他们之间通过协议分配销售收入。事实上，航空公司为了扩大自己的市场范围，常常通过与其他航空公司签订代理协议，成为其他航空公司的销售代理人。

**2. 货物运输计划**

航空公司制定的物流运输生产计划主要包括运力计划、运输量计划、周转量计划、收入计划以及综合计划等。

（1）运力计划。运力计划是在市场调查和预测的基础上，根据公司飞机运力情况，预期市场目标和市场份额，拟定投入航线的机型、航班数，也就是计划航线的可提供吨位。

（2）运输量计划。运输量计划是根据现有的市场需求量，预测航空公司可提供吨位和历史生产完成情况等，计划公司在每条航线上的运输量及总运输量。

（3）周转量计划。周转量计划是根据航线航班计划和运输量计划，制定每条航线的运输周转量计划和总周转量计划，也就是航线的运输计划。

（4）收入计划。收入计划有时也称为“发运收入计划”，是航空公司货运的主要收入计划，也是编制货运财务计划的主要依据之一。制定收入计划通常有两种方法。

①根据周转量制定。收入计划由下面的公式确定。

货物运输收入=货运周转量（吨·千米）×单价（元/吨·千米）；

②根据运输量计划和运输费率制定。这种方法应用较多，计算方法如下。

航线货运收入=航线货物运输量×运输费率。

其中，航空物流运输的费率除要考虑航线差异之外，还要考虑货物的类型、运输量、价格调整系数等因素。航空物流运输费率一般是根据历史平均费率和计划期费率调整情况确定的一个估算值。对于包机运输来说，运输收入则根据运输量计划中包机的飞行小时乘以包机费率得出。

根据以上方法计算的各航线货运收入之和，即为航空公司计划年度的货运收入计划。

（5）综合计划。将各分类计划的有关总量指标汇集在一起，形成运输综合计划，以反映公司计划年度的主要运输指标、收入指标和发展情况。

**3. 货物进出港生产组织与管理**

货物的进出港是一个组织严密的生产过程，有严格的工序控制和时间要求，涉及的部门多，需要统一组织和协调，密切合作，共同完成。

航空物流运输市场销售部门接收的交运货物，一般在机场组织进出港生产。航空公司通常委托航线机场进行货物进出港组织和管理，大型航空公司一般在基地机场自行组织货物进出港生产。旅客航班的航空货运生产工序和定时，与客运同步进行，以保证航班正点。航空物流运输的每一道工序都有严格的操作规范要求和质量指标，包括载重标准、舱位标准、安全标准、完好率等。

**4. 吨位控制与配载**

民航旅客运输通过座位控制和运价政策来提高乘坐率。航空货物运输不一样，需要通过吨位控制来提高载运率。换言之，货运既要考虑货物的体积，又要考虑货物的重量。因此，吨位控制的任务是通过舱位预订与分配提高货舱的载运率，避免吨位浪费或装运过载。航空物流运输可以采用全货机或客货混装型飞机运输。因此，吨位控制和配载管理的原则不完全相同。

**5. 航空物流运输组织程序**

（1）航空物流运输应办理的手续。办理航空物流运输的手续如下。

①填交货物托运单。托运人托运货物向承运人填交货物托运单，并根据国家主管部门规定附上必要的有效证明文件。托运人对托运单填写内容的真实性和正确性负责。托运人填交的货物托运单经承运人接受，并由承运人填发货运单后，航空货物运输合同即告成立。

②填交包机申请书。托运人要求包用飞机运输货物，应填交包机申请书。经承运人同意接受并签订包机运输协议书以后，航空包机货物运输合同即告成立。

③包装。托运人对托运的货物，按照国家主管部门规定的包装标准包装；没有统一规定的包装标准的，根据保证运输安全的原则，按货物的性质和承载飞机等条件包装。凡不符合上述包装要求的，承运人有权拒绝承运。

④粘贴包装储运标志。托运人必须在托运的货件上标明发站、到站以及托运人、

收货人的单位、姓名和地址，按照国家规定标明包装储运标志。

⑤保险。国家规定必须保险的货物，托运人应在托运时投保货物运输险。

⑥缴费。托运人托运货物，按照民航主管机关规定的费率缴付运费和其他费用。除托运人和承运人另有协议外，运费及其他费用一律于承运人开具货物运单时一次付清。

⑦提货。承运人于货物到达到货点后 24 小时内向收货人发出到货通知，收货人凭提货证明到指定地点提取货物。货物从发出到货通知的次日起，免费保管 3 个月，收货人逾期提取应按运输规则缴付保管费。

⑧签收。收货人在提取货物时，对货物质量或重量无异议，并在货运单上签收，承运人即解除运输责任。

（2）包机、包舱是航空物流运输中常见的组织形式，货物包机、包舱运输的手续如下。

①货物包机运输。托运人凭单位介绍信或个人有效证件与承运人联系，协商包机运输条件，双方同意后签订包机合同。包机人与承运人应当履行包机合同规定的各自应承担的责任和义务。包机人和承运人执行包机合同时，每架次货物包机应当填制托运书和货运单，作为包机的运输凭证。包机人和承运人可视货物的性质确定押运员，押运员凭包机合同办理机票并按规定办理乘机手续。包用飞机的吨位由包机人充分利用，承运人如需利用包机剩余吨位应当与包机人协商。包机合同签订后，除天气或其他不可抗力的原因外，托运人和承运人均应当承担包机合同规定的经济责任，承运人按包机双方协议向包机人收取费用。包机人提出变更包机前，承运人因执行包机任务已发生调机的有关费用应当由包机人承担。

②货物包舱运输。申请货物包舱运输的合同签订及双方应当承担的责任和义务参照包机的有关条款办理。

## 二 管道物流运输

管道物流运输是物流运输系统的重要组成部分，也是衡量一个国家的能源与运输业是否发达的重要特征之一。管道物流运输由于运量大、成本低、易于管理而日益受到关注，随着科学技术的发展和运行管理的自动化，将会发挥越来越重要的作用。随着经济的发展，特别是“西气东输”工程的实施，我国的管道运输迅速发展，并逐步形成了一些局部网络。

## (一) 管道物流运输概述

现代管道建设始于19世纪中叶。20世纪50年代，随着石油工业的快速发展，各产油国纷纷耗费巨资修建了油、气管道。20世纪70年代，管道运输技术有了较大提高，管道不仅能运输石油、天然气等流体，还能够通过特殊的方式运输煤等固体。

### 1. 管道

管道是用管子、管子联接件和阀门等联接成的用于输送气体、液体或带固体颗粒的流体的装置。管道的用途很广泛，主要用于供水、供热、供气、长距离输送石油以及用于各种工业装置中。

在敷设管道时，要注意以下两个方面的要求。

(1) 敷设管道的基本要求。为便于操作和维修，工艺管道一般敷设在地上，其他管道则大多敷设在地下。敷设在地面上的管道应尽量避免与公路、铁路和航道交叉，在不能避免交叉时，交叉处的管道高度应保证能使车、船和行人安全通过。地下管道一般沿道路敷设，各种管道之间保持适当的距离，以便安装和维修。管道一般需要加涂防护层，在使用前应清洗干净，某些管道还应定期清洗内部。当管道种类较多时，为了便于操作和维修，往往要在管道表面涂上特定颜色的油漆，以用来识别。

(2) 管道的安全措施。为了保证管道安全运行和发生事故时及时制止事故扩大，除在管道上装设检测控制仪表和安全阀外，某些重要管道还要采取特殊安全措施，如在煤气管道和长距离输送石油和天然气的管道上装设事故泄压阀或紧急截断阀。在发生灾害性事故时，它们能自动开启并及时地停止输送石油和天然气，以减少灾害损失。

### 2. 管道物流运输

管道物流运输是随着石油的开发而兴起的，并随着石油、天然气等流体燃料需求量的增长而发展。管道物流运输是利用管道，通过一定的压力差而完成气体、液体和粉状固体输送的一种运输方式。它所输送的货物主要有油料、天然气、煤浆以及其他矿浆。

(1) 管道物流运输系统的构成要素。管道物流运输系统主要包括管道站和运输管道。

①管道站。管道站又叫“输油站”或“输气站”，是沿管道干线为输送洞口或气

体而建立的各种作业站或作业场的总称，包括起点站、中间站和终点站。起点站也叫“首站”，它的任务是集油，经计量、加压后向下一站输送，中间泵站的任务是对所输送的原油加压、升温。终点站也叫“末站”，它用来接受输油管道送来的全部油料，供给用户或以其他方式转运。

②运输管道。运输管道就是用管子、管件、阀门等将管道起点站、中间站和终点站连接起来，构成一条完整的管道运输线路，它一般还包括穿越江河（或山谷）等的设施和管道阴极防腐保护设施等，为保证长距离输油管道的正常运营，运输管道中还应设有供电和通讯设施。管道的直径以毫米为单位，管径是决定输送能力的重要因素之一。按货物性能分类，管道可分为固体管道、气体管道、液体管道；按管道的材料分类，常用的管道有金属管道、塑料管道、玻璃钢管道等；按货物种类分类，管道可分为原油管道、成品油管道、天然气管道、二氧化碳管道、液化气管道、煤浆和其他矿浆管道等。

（2）管道物流运输的优点。不同于前面提到的几种物流运输形式，管道物流运输中的设备一般都是静止不动的，货物在管道内顺着压力方向移动而实现的。因此，管道物流运输具有很多独特的优势。

①运量大、连续性强。与其他运输方式不同，管道物流运输可以不间断地进行，因此，管道运输的运输量只取决于管径大小，每年可达数百万到几千万吨，甚至超过亿吨。

②输送系统简单，基建投资少、周期短。相对于公路、铁路以及航空物流运输形式，管道物流运输系统的建设周期较短、投资也小得多。另外，管道物流运输对地形没有严格的要求，甚至没有要求，因而易于克服地形障碍，缩短输送路径，特别是在地质地貌和气候条件较差的情况下，采取管道运输方式的优越性更加明显。

③安全可靠。管道运输是在密闭环境下进行的，可有效避免货物损耗，对那些易燃、易爆、易挥发、易泄露的货物，采用管道运输方式，既安全又能减少损耗，同时还可以减少对空气、水源和土壤的污染。特别是输送气体，管道运输几乎是唯一可行的运输方式。此外，管道基本埋在地下，运输过程受气候条件的影响较小，可以确保长期稳定运行。

④耗能低、成本低、效益好。管道运输方式不存在铁路或公路运输方式所需的牵引机车、汽车和车厢的额外能耗，也没有铁路或公路所需的车辆维护检修费用以及铁

路、公路的维护检修费用，因此，管道运输的能耗最小、运营费用最低。另外，管道运输是一个连续过程，运输系统不存在空载行程，因而不存在无效运输问题。

⑤占地少，有利于节约资源和保护环境。管道通常埋于地下，基本不占用土地，这对于节约土地资源意义重大。管道运输无噪音，污染小，这有利于保护环境，保持生态平衡。

（3）管道物流运输的缺点。管道物流运输需要靠相关设备来驱动，它的主要缺点如下。

①灵活性差。管道物流运输是一个单向封闭的输送系统，不容随意扩展管线，一般只能运输大宗、特定、适宜于管道运输的物料，不如其他运输方式灵活，难以实现“门到门”的运输服务，往往需要其他方式协助运输。另外，管道运输系统的敏感性强，应变能力低，这要求严格控制物料的特性。不论是输送石油、天然气还是粉粒状物料，管道运输对物料的形态，特别是对粒状物料的粒度、密度、输送速度均有严格的要求。浆体管道运输的物料，只允许输送混合后不会产生物理和化学性质变化的颗粒状物料。

②承运的货物单一。管道物流运输承运的货物比较单一，对于不同的货物需要分别建设不同的管道。因此，管道运输难以带动和促进地方经济的全面发展。

③运输能力相对固定。每个管道运输系统的输送能力一旦确定，输送系统的设备和管道就是确定的，不能轻易改变。如果要增加输送能力，就必须增加设备和管道的输送能力。当运输量低于设计标准时，运输成本会显著增大，这会使管道物流运输的优越性难以发挥。

④浆体脱水处理的成本高。利用管道将浆体物料送达终点以后，需对浆体进行脱水、过滤或干燥才能供用户使用，这无疑增加了管道物流运输的成本。

### 3. 管道物流运输的种类

管道物流运输承担着几乎所有气体和大部分流体的货物运输。按输送对象不同，它可以分为输油管道运输、天然气管道运输和固体料浆管道运输三种。

（1）输油管道运输。输油管道一般用于原油或成品油的长距离运输，它主要由输油站和输油管线两部分组成，是连接油田、炼油厂、油库或其他用油单位的管道。

输油管道中往往安装有很多设备，它们的作用是驱动和监控管道内的货物运行。输油管道的主要设备有离心泵、输油泵站、输油加热炉、储油罐、管道系统、清管设备、计量及标定装置等。

①离心泵。离心泵是输油管道中广泛采用的设备，是输油管道的心脏，它是驱动油料在管道中顺次流动的原动力。

②输油泵站。输油泵站的基本任务是向管道中的油料流施加一定的能量（如压力能或热能），将油料输送到终点站（末站）。

③输油加热炉。在原油输送过程中，要定期对原油进行加热，目的是使原油温度升高，防止原油凝冻，减少结蜡现象，降低动能损耗。通常采用加热炉给原油加热，加热炉一般由辐射室（炉膛）、对流室、烟囱和燃烧设备四个部分组成，加热方法有直接加热和间接加热两种方式。直接加热是使原油在加热炉炉管内直接加热，它一般分两个步骤进行，低温原油先经过对流室炉管预热，再经辐射室炉管加热到所需要的温度。间接式加热炉（也称热媒炉）则利用某种中间热载体（又称热媒）通过换热器来加热油料，作为热媒的介质要求不结焦、无腐蚀、传热性能好。间接加热炉的优点是安全、可靠。但其系统复杂，不易操作，造价也较高。

④储油罐。储油罐是用来暂时储存油料的装置。按建造方式，其可分为地下储油罐（罐内油料最高液面比邻近自然地面低 0.2 米以上者）、半地下储油罐（油罐高度的 2/3 左右在地下）和地上储油罐（油罐底部在地面或高于地面者）三种；按建造材料，其可分为金属油罐、非金属油罐；按油罐的结构形状，其可分为立式圆柱形油罐、卧式油罐、双曲率形油罐三类。

⑤管道系统。管道系统一般采用无缝或有缝钢管，大口径的管道一般采用螺旋有缝钢管。有缝钢管又称焊接钢管，是目前输油管道的主要用管，制造材料多为普通碳素钢和合金钢，制造工艺有单面焊和双面焊两种。无缝钢管壁薄、质轻、安全可靠，但造价高，多用于工作压力高、作业频繁的主要输油管线上。

⑥清管设备。原油在运输过程中，常会因温度过低等而产生在管道上结蜡的现象，结蜡会使管径缩小，造成输油阻力增加、输油能力下降，严重时可使原油丧失流动性，导致“凝管”事故。处理管道结蜡，最有效和经济的方法是机械清蜡，即从泵站收发装置处放入清蜡球或其他刮蜡器械，让清蜡球或刮蜡器械随着原油一起向前移动，以达到清除结蜡的目的，清除下来的结蜡又随原油输走。进行管道清蜡的要求是不能使管道发生明显变形，且应保证清蜡工具能够顺利通过管道，同时，清蜡器具应有足够强度，在清蜡过程中不易变形和损坏。

⑦计量及标定装置。为保证输油计划完成，加强输油生产管理，长途输油管线必须对油料进行计量，及时掌握油料的收发量、库存量及耗损量。在现代管道运输系统中，流量计已不仅仅是一个用于油料计量的仪器，还是监测输油管运行的中枢。如利用流量计调整管道运行状态、校正输油压力与流速、发现和查找原油泄漏等。计量系统包括流量计、过滤器、温度及压力测量仪表、标定系统及排污管等五部分。

**延伸阅读**

## 流量计标定装置

流量计标定装置是用以校核流量计精度的一种精密设备，它是随管道流量计而出现的。

最初的标定装置是体积较小的一个标准容积罐，计量精度为容积的千分之一。随着技术的发展，各种类型的标准体积管已广泛应用于标定流量计。U形体积管是在精加工的U形管段上，设置两个检测开关，两个开关之间的管段体积是经过更高级的标定容器测定的已知数，作为标准体积，其精度可达±0.02%。在进行标定时，先将流量计与标准体积管串联起来，用油流对流量计与标准体积管进行预热，使其温度与油流温度相同，然后将球型隔离器投入油流。在油流推动下，隔离器首先触动第一个检测开关，并同时打开流量计计数器输入门电路，开始记录被标定的流量计发出的脉冲。当隔离器触动第二个检测开关时，即停止计数。如此进行数次，将标准体积管的容积与计数器记录的平均脉冲数所代表的容积值进行比较，即得出流量计的修正系数。

在管道计量中，一般只在起点站和终点站及主要分输站等大量收、发油品的计量点上设有体积管标定装置，其他收发量少的站，可用标准流量计进行校核。

管道和储罐被腐蚀会造成穿孔，从而引起油、气、水的泄漏甚至爆炸。根据金属管道腐蚀的机理，腐蚀可分为两大类：一是化学腐蚀，即金属表面与周围介质发生作用而导致的破坏；二是电化学腐蚀，它是指在腐蚀过程中由电流产生的腐蚀。在管道运输中，必须针对上述两种不同的腐蚀，采取必要的措施，防止腐蚀的发生。如对化学腐蚀，可采用复合材料制作管道；对电化学腐蚀，可采用阴极保护措施，等等。

（2）天然气管道运输。天然气是重要的化工原料和清洁能源，早已为世界各国所利用，如我国天然气约占能源消费总量的 6.6%，而西方发达国家的这一比例高达 20%。我国天然气分布非常不均衡，西部蕴藏量丰富，而对天然气的需求又集中在东部地区，因此，我国的天然气需要进行远距离输送。

目前实际应用的天然气储运方式有三种，一是通过管道，采用高压方法运输天然气；二是利用低温技术将天然气液化（LNG，Liquid Natural Gas，液化天然气），然后利用船舶等运输工具进行储存和运输；三是利用多孔介质的吸附作用储存天然气（如 NGH，Nature Gas Hydrates，天然气水合物）等。目前，绝大部分天然气（约占总量的 75%）采用管道输送。

①输气管道系统。输气管道系统主要由矿场集气管网、干线输气管道（网）、城市配气管网以及与此相关的站、场等设备组成。这些设备从气田的井口装置开始，经矿场集气、净化及干线输送，再经配气管网送到用户，形成一个统一的、密闭的输气系统。

②天然气管道运输的流程。管道运输流程包括集气、调压、干线输气和城市配气等步骤。集气过程是指从井口开始，经分离、计量、调压、净化和集中等，到向干线输送为止的一系列过程。集气设备包括井场、集气管网、集气站、天然气处理厂、外输总站等。调压主要在输气站进行，对气体进行调压、计量、净化、加压和冷却，使气体按要求沿着管道向前流动。干线是指从矿场附近的输气首站开始到终点配气站为止的部分管道。由于输气管道输送的介质是可压缩的，其输量与流速、压力有关。压气站与管道是一个统一的动力系统，压缩机的出站压力就是该站所属管道的起点压力，终点压力为下一个压气站的进站压力。城市配气指从配气站（即干线终点）开始，通过各级配气管网和调压场所按用户要求直接向用户供气的过程。配气站是干线的终点，也是城市配气的起点与枢纽。气体在配气站内经分离、调压、计量和添味后输入城市配气管网。

## 延伸阅读

### “西气东输”工程

长期以来，我国能源消费结构很不合理，煤炭占比高达72%。大量燃煤使大气环境不断恶化，发展清洁能源、调整能源结构已迫在眉睫。

我国西部地区蕴藏着26万亿立方米的天然气资源，约占全国陆上天然气资源的87%。实施“西气东输”工程，有利于促进我国能源结构调整，有效治理大气污染，带动东、西部地区经济共同发展。

“西气东输”工程从1998年开始酝酿，2000年8月23日，国务院批准立项。2002年7月4日，“西气东输”工程试验段正式开工建设。2004年10月1日，一线工程建成投产，2004年12月30日，实现商业运营。二线工程开工于2009年，2012年年底全线竣工。2014年8月25日，在甘肃省瓜州县腰占子村，“西气东输”三线瓜州站完成了最后一道焊口，这标志着工程全线贯通。目前，四线、五线工程正在施工，计划于“十三五”期间全线完工。

截至2018年9月18日，中石油“西气东输”管道公司运营管道已达1.23万千米，累计输气超过4200亿立方米，供气范围覆盖我国西北东部、中原、华东、华中、华南地区，并向华北、西南地区转供天然气。管网一次管输能力达1036亿方/年，为4亿多居民供气。到2020年，我国天然气占一次能源消费的比重将从5.9%提高到8.3%。仅以一、二线工程每年输送的天然气量计算，全国可以少烧燃煤12千万吨，减少二氧化碳排放2亿吨，减少二氧化硫排放226万吨。

“西气东输”工程与三峡工程、“南水北调”工程一起并称为21世纪中国“三大工程”。“西气东输”工程是我国管道建设史上距离最长、管径最大、管壁最厚、输送压力最高、技术最先进、施工条件最复杂的天然气管道工程，其建设规模和技术指标世界罕见，复杂程度堪称世界之最。

（3）固体料浆管道运输。用管道输送各种固体物料的基本措施是将待输送的固体物料破碎为粉粒状，与适量的液体配置成可泵送的浆液，先通过管道将这些浆液输送到目的地，再将固体物料从液体中分离出来。目前，固体料浆管道主要用于输送煤、铁矿石、磷矿石、铜矿石、铝钒土和石灰石等，配制浆液的主要载体是水，也有少数用燃料油或甲醇等液体作载体。

固体料浆管道的基本组成部分与输气、输油管道大致相同，但除此之外，还需要配置一些制浆和脱水干燥设备。以煤浆管道运输为例，整个系统包括煤水供应系统、制浆厂、干线管道、中间加压泵站、终点脱水与干燥装置。

### （二）管道物流运价与运费

#### 1. 管道物流运价

管道物流运价是指单位长度的管道或单位数量的货物的平均运输价格，是以货币形式表示的管道运输企业的运输产品价值。管道物流运价应为运输成本、各种税收和一定的利润之和，单位通常为元/吨·千米或元/立方米·千米。制定运价时要考虑油气性质、管道通过地区、管径及运输量等因素对输送成本的影响，不同地区不同管道的运价相差较大。

按第 15 届世界石油大会的数据，俄罗斯直径 1020 毫米的输油管道运价为 5.8 美元/千吨·千米，美国直径 760 毫米的输油管道运价为 4.65 美元/千吨·千米。目前，我国的管道物流运价由政府规定。

**延伸阅读**

### 我国天然气跨省管道运输价格

在《国家发展改革委关于核定天然气跨省管道运输价格的通知》（发改价格规〔2017〕1581 号）中，我国对跨省管道运输企业进行了定价成本监审，并核定了相关管道运输价格（见表 2-3），自 2017 年 9 月 1 日起执行。

表 2-3 天然气跨省管道运输价格

| 企业名称 | 经营的主要管道 | 主干管道管径 | 管道运输价格 | |
|---|---|---|---|---|
| | | 毫米 | 元/千立方米·千米 | 元/立方米 |
| 中石油北京天然气管道有限公司 | 包括陕京系统（陕西靖边、榆林—北京）等 | 1219/1016 | 0.2857 | |
| 中石油管道联合有限公司 | 包括西一线西段（新疆轮南—宁夏中卫），西二线西段（新疆霍尔果斯—宁夏中卫），涩宁兰线（青海涩北—甘肃兰州）等 | 1219 | 0.1442 | |
| 中石油西北联合管道有限责任公司 | 包括西三线（新疆霍尔果斯—福建福州，广东广州）等 | 1219 | 0.1224 | |
| 中石油东部管道有限公司 | 包括西一线东段（宁夏中卫—上海）、西二线东段（宁夏中卫—广东广州），忠武线（重庆忠县—湖北武汉），长宁线（陕西长庆—宁夏银川）等 | 1219/1016/711 | 0.2429 | |
| 中石油管道分公司 | 包括秦沈线（河北秦皇岛—辽宁沈阳）、大沈线（辽宁大连—沈阳），哈沈线（沈阳—长春），中沧线（河南濮阳—河北沧州）等 | 1016/711 | 0.4678 | |
| 中石油西南管道分公司 | 包括中贵线（宁夏中卫—贵州贵阳）、西二线广南支干线（广东广州—广西南宁）等 | 1016 | 0.3961 | |
| 中石油西南管道有限公司 | 中缅线（云南瑞丽—广西贵港） | 1016 | 0.4109 | |

续表

| | | | | |
|---|---|---|---|---|
| 中石油西南油气田分公司 | 西南油气田周边管网 | 914/813/711 | | 0.15 |
| 中石化川气东送天然气管道有限公司 | 川气东送管道（四川普光—上海） | 1016 | 0.3894 | |
| 中石化榆济管道有限责任公司 | 榆济线（陕西榆林—山东济南） | 711/610 | 0.4443 | |
| 内蒙古大唐国际克什克腾煤制天然气有限责任公司 | 内蒙古克什克腾旗至北京煤制气管道 | 914 | 0.9787 | |
| 山西通豫煤层气输配有限公司 | 山西沁水至河南博爱煤层气管道 | 559 | 3.5047 | |
| 张家口应张天然气有限公司 | 应张线（山西应县—河北张家口） | 508 | 2.0304 | |

**2. 管道物流运费**

管道物流运费是指企业直接支付的因管道运输而产生的全部费用，包括支付给管道运输承运方的输送费、装车装船费、储存保管费等。对承担管道物流运输的企业而言，管道物流运费是它们的业务收入，是对管道物流运输成本的补偿。与其他运输方式一样，管道物流运输成本也分固定成本和变动成本，所不同的是，管道的固定成本在总成本中所占的比例在所有运输方式中是最高的。高额的固定成本源于敷设运输管道、建设泵站和气泵设备等成本，变动成本主要包括运送产品的动力和与泵站经营相关的成本。

## （三）管道物流运输作业

管道物流运输作业是指管道运行过程中利用技术手段对管道运输实行统一的指挥和调度，以保证管道在最优化状态下长期安全而平稳的运行，从而获得最佳经济效益的过程。管道运输生产管理包括管道输送计划管理、管道输送技术管理、管道输送设备管理和管道线路管理等。

**1. 管道输送计划管理**

管道输送计划管理就是根据管道所承担的运输任务和管道的设备状况，编制合理的运行计划的过程。管道输送计划管理首先是编制管道输送的年度计划，然后根据年度计划安排管道输送的月计划、批次计划、周期计划等，并根据这些计划安排管道全线的运行计划，编制管道站、库的输入和输出计划以及分箱和配气计划。此外，还要根据输送任务和管道设备状况编制设备维护检修计划和辅助系统作业计划。

**2. 管道输送技术管理**

管道输送技术管理是指根据管道输送的货物特性，确定输送方式、工艺流程和管道运行的基本参数等，以实现管道生产最优化。管道输送技术管理的内容包括随时检测管道运行状况参数，分析输送条件的变化，采取各种适当的控制和调节措施调整运行参数，充分发挥输送设备的效能，尽可能地减少能耗。对输送过程中出现的技术问题，要随时予以解决或提进行研究。

管道输送技术管理和管道输送计划管理都是通过管道的日常调度工作来实现的，因此，这两者也合称“管道运行管理”。

**3. 管道输送设备管理**

管道输送设备管理是指对管道站、库的设备进行维护和修理，以保证管道的正常运行。管道输送设备管理的主要内容包括：对设备状况进行分级，并进行登记；记录各种设备的运行状况；制定设备日常维修和大修计划；改造和更新陈旧、低效能的设备；保养在线设备。

**4. 管道线路管理**

对管道线路进行管理的目的是防止线路受到自然灾害破坏或其他破坏。管道线路管理的主要内容包括：日常的巡线检查；线路构筑物和穿越、跨越工程设施的维修；管道防腐层的检漏和维修；管道的渗漏检查和维修；清管作业和管道沿线的放气、排液作业；管道线路设备的改造和更换；管道线路的抗震管理；管道紧急抢修工程的组织等。

## 三 特快专递

随着经济全球化的发展，各国经济的相互依赖程度不断提高，经贸往来日益频繁。为了适应世界经济的发展需求，特快专递业务应运而生并得到了迅猛的发展。

## （一）特快专递的定义与特征

特快专递是目前物流运输中最快捷的运输方式之一，通常由货运代理公司或者速递公司组织完成。它以追求时效性和服务性为特点，选用最快速有效的方式完成收寄、运输和投递整个传递过程，满足客户对运输时限的需求，极大地提高客户的工作效率。

### 1. 特快专递的定义

特快专递也称“快递”，是由专门经营该项业务的货运代理公司与运输公司、航空公司合作，派专人以最快的速度在发件人、货运中转站或机场、收件人之间递送急件的一种运输方式。由此可见，特快专递业务性质和运输方式与普通航空货运基本上是一致的，可以视为航空货运的延续。实际上，大多数航空货运代理公司都经营快递业务，即所谓的“空运普货‘门到门’服务”。许多专门从事快递业务的公司也是从航空货运代理公司派生出来的。

### 2. 特快专递的特征

特快专递作为一项专门业务而独立存在，具有其他运输形式所不能取代的业务范围和运输特点。与一般货物运输相比，快递业务在整个运输过程中货物有专人负责，在途货物始终在专人的监管之下，故比一般货物运输安全。其上门取货，送货上门，代办各种运输和报关手续，给发货人、收货人带来极大方便，同时又能及时提供货物运输交换信息，对货物的查询能做到及时答复，因此，运送速度快捷、服务安全可靠。具体来说，特快专递具有下列特点。

（1）以文件和小包裹为主。文件包括银行票据、贸易合同、贸易发票、商务信函、装船单据、货物提货单、小件资料等。小包裹包括机械小配件、贸易小样品、样衣、礼品、私人小行李等。也就是说，特快专递承揽的往往是重量较轻和体积较小的货物，另外，私人信函不能受理。

（2）运输单据特殊。特快专递使用一种特殊的运输单据——交付凭证。交付凭证是特快专递中最重要的单据，它一般为一式四联，也有五联、六联的。第一联作为出口报关的单据留存始发地；第二联贴在货物包装上随货同行，作为收件人核对货物的依据，并且在随货单据丢失时可以作为进口报关单据；第三联留存发货地速递公司作为结算运费和统计的依据；第四联交发件人作为发货凭证。

（3）运送速度快。特快专递由专业公司、专人负责运送，减少了内部交接环节，缩短了交接时间。

（4）业务办理一般都在内部完成。开展特快专递业务的绝大部分是跨国公司，只有极少数采取代理制，特快专递的整个业务过程基本是在公司内部完成的。

（5）服务质量高。通过特快专递运送的货物在整个运输过程中都处于监控之下，所有运送信息都及时录入电脑。一旦查询，立刻就能得到准确的回复。这种运输方式能让发货人感到安全、可靠。

**延伸阅读**

### 顺丰速运

1993 年 3 月 26 日，顺丰速运成立于广东顺德，是一家主要经营国际、国内快递业务的企业，是中国速递行业中投递速度最快的快递公司之一。2016 年 12 月 12 日，顺丰速运获准登陆 A 股市场，2017 年 2 月 24 日，正式更名为“顺丰控股”在深交所上市。

顺丰采用直营的经营模式，由总部对各分支机构实施统一经营、统一管理。经过多年发展，已初步具备为客户提供一体化综合物流解决方案的能力，为客户提供仓储管理、销售预测、大数据分析、金融管理等一揽子解决方案，并已形成拥有“天网+地网+信息网”合一、可覆盖国内外的综合物流服务网络。

2019 年上半年，顺丰控股实现营业收入 1121. 93 亿元，同比增长 23. 37%，归属于上市公司股东的净利润为 57. 97 亿元，较上年同期增长 27. 24%。

## （二）特快专递的分类

特快专递有不同的形式和分类方法。一般来说，特快专递可以按运输方式和服务方式两种不同的标准进行分类。

### 1. 按运输方式进行分类

按运输方式的不同，特快专递可以分为公路快件运输和航空快件运输等。特快专递的运输方式是立体式的，包括航空运输、铁路运输、公路运输、水路运输，其中公路运输和航空运输是主要部分。公路运输适合承担中、短距离的快件运输和对长距离的快件运输进行补充，航空运输适合远距离的快件运输。

（1）公路快件运输。公路运输机动、灵活、迅速，便于实现“门到门”运输。公路运输的送达速度快，对不同的自然条件适应性强，空间活动的灵活性大，特别是在短途或某些货物的中距离运输中有明显优势，其速度也最快。同时，公路运输可以直接深入中小城市和偏远地区，可以减少中间环节，加快货物的运送速度，提高货运质量。尤其是高速公路发展起来以后，公路货运的送达速度明显加快，在短距离货物快件运输方面具有其他运输方式无法比拟的优越性。

（2）航空快件运输。航空运输的主要特点在于托运货物的运输速度快，尤其在长距离货物运输方面，其运送速度是其他运输方式无法比拟的。通过航空运输，城市至城市的货物只需几个小时即可送达。随着社会经济的发展，航空快件运输在特快专递中所占的比例迅速提高。

航空运输的缺点是成本高，这大大限制了航空快件运输的发展。但随着航空运输技术的发展、大型喷气式飞机的开发，其运输能力大大增强，运输成本明显降低，航空货运越来越得到人们的重视。同时也应注意到，航空运输的快速可以降低物流运输的其他成本，如减少库存、减少损耗，还有助于保持竞争力和抢占市场份额等，因此，即使付出较高的成本也是可以接受的。

**2. 按服务方式分类**

按服务方式的不同，特快专递可以分为从车站（或机场）到车站（或机场）、专人送达和“门到门”服务等方式。

（1）从车站（或机场）到车站（或机场）。发货人在车站（或机场）交付货物并通知目的地的收货人到指定车站（或机场）取货。这种服务较为简单，收费也较低。

（2）专人送达。专人送达指由快递公司专人随车或随机送货。这种方式服务周到，但费用较高。

（3）“门到门”服务。发货人在发货前打电话给速递公司，公司立即派人到发货人单位取货，直接送到车站（或机场），交给承运人（运输公司或航空公司），然后给目的地的速递公司（或代理公司）发电传通知，以便其按时取货。货物到达目的地（车站或机场）后，在一定时间内将货物送到收货人手中。交货后，立即将有收货人签字的回执送回发货人。这种方式兼有上述两种服务方式的优点，大多数代理公司、快递公司均采用这种方式。

## (三) 特快专递的组织

特快专递以运输时间短、运送质量高而与其他运输方式有所不同，它的高效运转是建立在完善的网络基础之上的，且网络具有相当强的整合能力。

### 1. 特快专递的操作流程

特快专递的操作流程可以用图 2-2 来粗略表示。

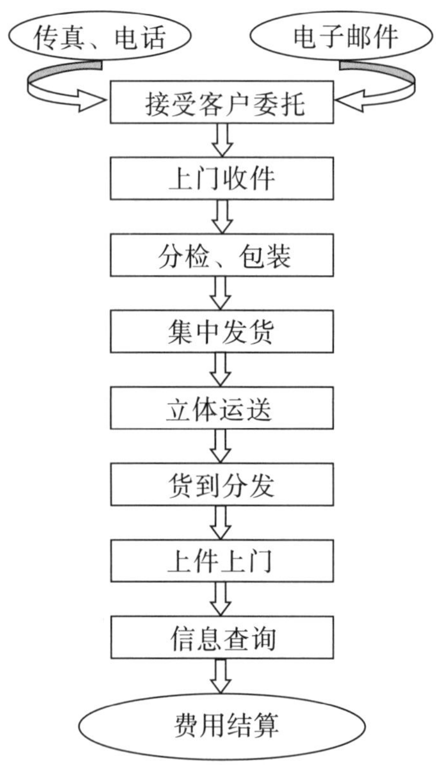


**图 2-2　特快专递的操作流程**

### 2. 特快专递对收件的限制

特快专递对收件有着比较严格的限制，既有重量和体积的要求，又有对交寄物品种类的限制。这也是特快专递与其他运输方式的不同之处。

(1) 对收件的重量和体积的限制。特快专递对收件的重量和体积的限制包括三个方面：每件包裹最大重量不得大于 30 千克、每件包裹最大长度不得大于 1.2 米、单件物品最大重量不得大于 70 千克等。

(2) 对交寄物品的限制。任何法律、法规和规章制度所禁运的全部商品和材料，包括易燃、易爆、易腐、有毒和放射性等危险品或液态类易泄露物品，淫秽物品及盗版知识产权物品（仿冒名牌产品等），古董，不明粉末状物品，化工产品，有价证券等我国海关明文规定禁止进出口的物品及进口国海关禁止进口的物品均为禁运物品。

**3. 特快专递的费用计收方法**

计费重量在包裹实际重量（毛重）和体积重量中取较大者。当体积重量大于实际重量时包裹的运费标准按照其体积重量予以收取。体积重量是根据国际航空运输协会的体积标准而确定的。具体计算公式为：长×宽×高÷6000=体积重量。

## 四 绿色物流运输

在物流运输过程中，燃油消耗和油料污染及运输活动产生的大量噪音等会造成环境污染。物流运输项目在其建设与运营过程中不可避免地消耗资源、占用土地、污染环境，对经济、社会和环境产生了深远的影响，加剧了人与生态环境之间的矛盾。这迫切需要人们自觉地改变传统观念，创新运输技术，探索一条人类社会经济活动与自然环境和谐共存、协调发展的道路，即可持续发展的道路。

### （一）绿色物流运输的含义

作为国民经济的支柱产业之一，物流运输与社会发展和生态环境之间存在着密切的联系。一方面，只有建立发达的运输网络才能有效推动市场经济发展；另一方面，随着经济的增长，运输量的扩大，物流运输的社会成本越来越高，给能源、环境带来的压力也越来越大，这已大大影响到人们的生活质量。

**1. 物流运输对环境的影响**

物流运输的可持续发展能力直接影响着经济持续稳定健康的发展。传统的运输业遵循粗放型的发展路径，具有明显的不可持续性，主要表现为运输系统的资源消耗与生态资源的供给之间的矛盾。

(1) 物流运输对环境的危害。物流运输对环境的危害一般包括汽车、火车、飞机、轮船等运输工具排气造成的大气污染，运输工具运行产生的噪声污染，船舶的排水和事故造成的水体污染，水陆运输线路和运输设施对环境造成的不利影响，等等。运输对环境的危害同自然灾害一样，能对一定范围内的人的健康和生活环境带来危害。

①大气污染。汽车、火车、飞机、轮船等运输工具向大气中排放的许多有害成分是大气污染的重要来源，特别是在城市，汽车尾气是大气污染的主要来源。有资料表明，美国的大气污染约50%来自运输工具，相比之下，只有约40%来自工业废气。

②噪声污染。运输过程中的噪声污染是由汽车、火车、飞机、轮船等运输工具产生的。城市运输中的噪声主要是由汽车产生的。汽车噪声由多个噪声源产生，包括发动机噪声、胎噪和喇叭声等。轮船和火车的汽笛会发出刺耳的噪声，火车行驶时车轮与铁轨的摩擦也会产生噪声，对人们生活产生影响的飞机噪声则主要是在起降时产生的。

③水体污染。水体污染的治理非常困难。运输产生的水体污染的污染源主要是船舶的排污、油轮的漏油、港区排到水域内的工业废水和生活污水。另外，疏浚航道、建造码头都会对水生物造成影响。

④振动。运输过程中的振动包括由路面交通工具运行而引起的地面振动和由空中交通工具飞行而引起的空气振动。运输产生的振动会让人感到痛苦。

（2）物流运输与能源。物流运输不可避免地要消耗能源。各种运输工具都需要消耗能源，运输部门历来是能源消耗的主要部门之一。物流运输耗能包括站场耗能、运输线路耗能和运输工具耗能等。

①站场耗能。站场耗能分为站场建设耗能和站场营运耗能。前者是指建设站场所消耗的能源，后者是指站场装卸设备（如吊车、铲车、传输带）的耗能和站场采暖、通风、照明、冷气及管理设施的耗能。

②线路耗能。线路耗能由三部分组成：线路建设耗能、线路维修耗能以及运输工具在线路上的能源超耗（当运输线路质量较差时，运输工具要消耗更多的能源）。

③运输工具耗能。运输工具耗能又可以分为两个部分：运输工具制造耗能和运输工具运行耗能。

物流运输与能源之间的上述矛盾已经威胁到人们的日常生活，因此，绿色物流运输日益受到人们的关注。

**2. 绿色物流运输**

绿色物流运输是指以节约能源、减少废气排放为特征的一种物流运输方式。随着人们环保意识的增强，加上近年来愈加激烈的能源供求矛盾，实施绿色运输的必要性日益凸显出来。

绿色物流运输就是在物流运输过程中，利用先进的物流运输技术、物流运输规划和管理，以降低物流运输对环境的污染，减少物流运输过程中的资源消耗。

可持续发展包括生态持续、经济持续和社会持续，并以生态可持续为基础、经济可持续为主导、社会可持续为根本。现代物流运输活动要从环境保护的角度，改变原来经济发展与物流之间的单向作用关系，形成一种与环境共生的综合物流系统，减少物流活动对环境造成的危害，形成一种能促进经济和生活健康发展的现代物流系统。

### （二）绿色物流运输的政策环境

1992 年，第 27 届联合国大会通过决议，将每年的 6 月 5 日定为世界环境日，以推动世界环境保护工作的发展。

随着经济全球化的发展，一些传统的关税和非关税壁垒逐渐淡化，环境壁垒逐渐兴起，如 ISO14000 成为众多企业进入国际市场的通行证。ISO14000 的基本思想是预防污染和持续改进，它要求企业建立环境管理体系，使其经营活动、产品和服务的每一个环节对环境的影响最小化。物流运输企业要进入国际市场，发展绿色物流运输是其理性选择。

早在 1991 年，德国就开始实施《避免包装废弃物法令》。该法令对销售包装、运输包装均有约束作用。法令规定：制造商有义务回收销售与运输包装物；规定主要产品和运输包装物的回收比例（牛奶 17%，饮料 72%，纸张、塑料 64%，运输包装 100%）；对进口包装物实行押金制度。日本在 2001 年出台的《新综合物流实施大纲》中，着重提出要减少大气污染排放，加强地球环境保护，对可利用的资源进行再生利用，实现资源、生态和社会经济良性循环，建立适应环保要求的新型物流体系。

随着我国经济深度融入世界经济，社会对资源节约和环境保护的重视程度也与日俱增。我国实施了一些法律并制定了一些优惠政策，鼓励企业绿色生产、绿色经营。制定和颁布的这些环保政策和法规，既可以成为企业的压力，又可以为企业提供发展的机会，物流企业经营者应进行分析研究，以明确方向，克服障碍，推动绿色物流的顺利发展。但在我国的政策和法规中，针对物流运输整体行业的规范并不多。另外，我国现阶段部分职能部门间的部分权力划分不清楚，多方管理容易造成物流运输行业发展混乱，同时地方政府在制定规划时一般只考虑当地利益而难以通盘考虑，只考虑短期利益而忽略长期效益，这导致物流运输企业无序发展，造成资源浪费，也给环境保护带来了不利影响。

**延伸阅读**

## 快递业温室气体排放测量方法

2014 年 5 月 8 日，国家邮政局局长办公会审议通过了《快递业温室气体排放测量方法》。《快递业温室气体排放测量方法》主要规定了快递业温室气体排放的测量原则、测量方法、排放指标等内容。

在确定的排放边界内，快递服务组织活动类型所含的温室气体排放源见表 2-4。其中，重点排放源应重点测量，非重点排放源因活动水平数据的不确定性大或实质贡献率小等可选择性测量。

**表 2-4　温室气体排放活动类型及排放源**

| 类别 | 活动类型 | 排放源 | 主要能源类型 | 温室气体种类 | | | 备注 |
|---|---|---|---|---|---|---|---|
| | | | | $CO_2$ | $CH_4$ | $N_2O$ | |
| 直接温室气体排放 | 自主收派和运输 | 交通工具 | 航空煤油、汽油、柴油 | √ | √ | √ | 重点 |
| | 后勤保障 | 锅炉 | 煤、天然气、柴油 | √ | √ | √ | 非重点 |
| | | 炉灶 | 液化石油气、天然气 | √ | √ | √ | 非重点 |
| 间接温室气体排放 | 自主收派和运输 | 电力机车和非机动车 | 外购电力 | √ | √ | √ | 重点 |
| | 综合管理 | 耗电设备 | 外购电力 | √ | √ | √ | 重点 |
| | | 取暖设备 | 外购热力 | √ | √ | √ | 非重点 |
| 其他间接温室气体排放 | 快速封装用品 | 生产设备 | 生产过程 | √ | √ | √ | 重点 |
| | 外包收派和运输 | 交通工具 | 航空煤油、电力、汽油、柴油 | √ | √ | √ | 重点 |

### （三）绿色物流运输的实施

如何实现绿色运输，保证运输与社会经济和资源环境之间的和谐发展，实现运输的可持续发展已成为各国物流业发展的重要内容。经过多年的实践，发达国家积累了一些成功的经验，可以为我国企业的物流运输绿色化提供借鉴。

绿色物流运输的实施途径主要包括：合理选择运输工具和运输路线，克服迂回运输和重复运输，以实现节能减排的目标；改进内燃机技术和使用清洁燃料，以提高能效；防止运输过程中的泄漏，以免对局部地区造成严重的环境危害。具体来说，主要有以下几个途径。

**1. 发展多式联运**

从美国运输企业实现绿色化的经验来看，大量采取多式联运是企业推行物流绿色化的有效途径。多式联运不是单纯的运输方式的转换，而是运输企业或运输承运人的自觉行动，以提高运输效率，减少对环境的影响。多式联运可以减少包装支出，降低运输过程中的货损、货差。多式联运的优势还表现在：一方面，它克服了单个运输方式固有的缺陷，通过运输线路的优化选择和运输方式的合理搭配，扬长避短，从而在整体上保证了运输过程的最优化和效率化，以此降低能源浪费和环境污染；另一方面，它有效地解决了因地理、气候、基础设施建设等差异而带来的商品在产销空间、时间上分离的问题，促进了产销之间紧密结合以及企业生产经营的有效运转。

**2. 发展共同配送**

共同配送是指由多个企业联合组织实施的配送活动，它可以有效解决因某一地区的客户所需要的物品数量较少而带来的车辆不满载、利用率不高等问题。共同配送可以最大限度地提高人员、货物、资金、时间等资源的利用效率，取得最大化的经济效益。同时，去除多余的交错运输，有助于缓解交通压力、保护环境。物流运输企业若要推行绿色物流运输就必须实行共同配送，以节约能源，防止环境污染。

**3. 建立信息网络**

当前经济形势使企业对多品种、小批量的物流需求增加，这就要求企业信息系统更加顺畅可靠。采用和建立库存管理信息系统、配送分销系统、用户信息系统、EDI/Internet 数据交换系统、GPS 系统以及决策支持系统、货物跟踪系统和车辆运行管理系统等，对提高物流系统的运行效率起着关键作用。同时要建立和运用企业间的信息平台，将分属不同所有者的物流资源通过网络系统连接起来进行统一管理和调配使用，将物流服务和货物集散空间放大，使物流资源得到充分利用。

**4. 合理布局，改进技术**

要实现绿色物流运输，首先，要对货运网点、配送中心的布局进行合理规划，通过缩短路线和降低空载率，实现节能减排的目标。其次，实施绿色物流运输要使用清洁燃料和改进内燃机技术，提高能效比。最后，实施绿色物流运输还应当防止在运输过程中出现燃料泄漏问题，以免对局部地区造成严重的环境危害。

# 第四节 联合物流运输

在物流运输过程中经常出现这样的情况：由于地理条件等的限制，货物不能直接送达目的地。传统的运输往往采取中途转运的方式，将货物重新装卸后再运往目的地。这种做法不但成本高，而且运输时间长、货损大，难以适应实际需要。联合物流运输就是在这种情况下发展起来的。

## 一 联合物流运输

联合运输综合利用多种运输方式、采用多方经营策略等，可以使货主享受优势，在现代物流运输中得到越来越多的应用。

### （一）联合物流运输概述

#### 1. 联合物流运输的定义

联合物流运输也称“货物联运”“联合运输”，它包含两种基本含义：一是各种运输方式在运输过程中遵照统一的规章或协议，使用同一运输凭证或通过代办中转业务，将各种运输方式紧密衔接起来，共同完成两程以上的运输工具的联运，如铁公联运、铁公水联运；二是由产、供、运、销各部门组成的运输协作，如路矿协作、路厂协作。联运的实质是把在物流的接力运输中，将货物从逐段重复办理托运改变为从起运点开始实行全程包运制。

由上述定义，我们知道，联合运输既包括多式联运，又包括多程运输、多经营人运输和多行业协作运输等。联合运输的种类及其相应的工作内容如表 2-5 所示。

表 2-5 联合运输的内容

| 运输种类 | 工作内容 |
| --- | --- |
| 多式联运 | 货物全程运输中使用两种或两种以上运输工具（方式）的运输衔接 |
| 多程运输 | 货物全程运输中使用同一种运输工具两程或两程以上运输的衔接 |
| 多经营人运输 | 货物全程运输中使用一种运输方式多家经营和多种运输方式联合经营的组织衔接 |
| 多行业协作运输 | 货物全程运输所涉及的货物生产、供应、运输、销售企业的运输协作组织 |

联合运输的产生打破了传统的不同运输方式、不同运输企业独立经营和组织运输的局面，把不同运输方式的运输线路、运输枢纽、各种运输企业及运输服务企业联成了一个不可分割的整体。它不仅要考虑每一种运输方式的特点，还要考虑各种运输方式整体功能和独特优势的利用。只有这样，才能扬长避短，相互协作，提供优质、高效的运输条件。

联合运输按地域划分有国际联运和国内联运两种，国内联运较为简单，国际联运是联合运输最高水平的体现。

**延伸阅读**

## 钦州港开启“铁水铁”联运模式

2018 年 11 月 11 日，满载着 25 个集装箱东北货物的 79748 次班列从钦州港东站顺利发出，前往重庆团结村，标志着该港口在国际陆海贸易新通道又迎来了新的联运模式——“铁水铁”联运，这将进一步加快东北地区与川渝地区的贸易往来，有效满足西南地区民生物资的需求。

“铁水铁”联运就是两头通过铁路运输、中间通过海上运输。这批货物从齐齐哈尔白山乡专用线发出，通过铁路于 48 小时内抵达营口上船，然后以水运的方式发往钦州港，最终以铁路运输至重庆团结村。班列按照东北内陆发出，营口上船，钦州上铁路，抵达重庆团结村的“铁水铁”运输路径，充分利用了“一带一路”框架下陆海相连的国际陆海贸易新通道这一快捷途径，开创了新的内贸物流模式。

为了确保班列的水铁无缝衔接，实现快速中转发运，广西沿海铁路公司加强与中远海运公司等单位的沟通协作，提前了解船期，根据货物数量、抵达钦州港的时间，优化运输组织方案，统筹调配车站的机械劳力，优先配车、装车、检车，确保货物抵达后以最快的方式组织上线，顺利发运。

此次专列成功开通后，广西海铁路公司将进一步优化和完善钦州港东站的装卸能力和配套设施，充分释放陆海衔接枢纽站的能力，满足东北至重庆“铁水铁”专列安全快捷发运的需求。

（资料来源：广西日报，作者有改动。）

### 2. 联合物流运输的特征

联合物流运输与传统的单一方式或单程运输有很大区别，其基本特征如下。

（1）组织运输的全程性。无论全程运输包含几个区段，使用几种运输方式，经过几次中转换装，均要对运输的全种负责。联运合同是从起运地到运输目的地的全程运输合同。

（2）运输凭证的通用性。联运中所使用的商务活动的模式与规则，所依据的法规、合同，所使用的单证文件等都必须具有通用性，使之能适应不同运输方式、不同企业及其衔接的工作需要。

（3）托运手续的简易性。联运实行“一次托运，一份合同，一次结算费用，一票到底”的全程负责制。与传统的分段运输相比，货主需要办理的手续简化了很多，大大节约了货主的人力与时间，从而提高了社会综合经济效益。

（4）运输业务的代理性。联合物流运输的代理性是指联运企业（联运经营人）全程运输组织工作主要是提供服务与组织衔接，这与运输代理企业的业务内容相似。但联运经营人在业务活动中的双重身份与纯代理人的身份性质是完全不同的。

（5）运输过程的协同性。搞好联合物流运输要依赖生产、供应、运输、销售、金融和通信等部门，在集、装、运、转、卸、疏等环节上紧密协作与配合，并在技术装备的协调发展、同步建设方面，使港、站、库、场、集疏运系统相互配套，实现运输设备和设施的协调性，这是联运发展的必要条件。

### 3. 联合物流运输的作用

中华人民共和国成立以来，联合运输的发展经历“四起三落”。在总结经验教训的基础上，近几年来，我国的联运事业有了新的发展，如江苏省正在向省、市、县三级联运服务网发展，吉林省吉林市组织了大联运，江苏省江都市和安徽省阜阳市实现了联运乡邮化，湖南省的长沙、岳阳等地也在联运服务上取得了好成绩。综合这些实践经验，归纳起来，联合运输发挥了以下几个方面的作用。

（1）促进渠道整合，推动经济发展。当前，随着市场经济的建立和完善，我国的经济结构也得到了一定的调整和优化。经济结构的变化促使经济交往日益频繁，各种形式的联合运输就是适应这种新形势而发展起来的，并为商品经济的发展提供了快速、经济、安全、方便的运输服务，使流通渠道得到整合。反过来，经济的发展又推动了联运事业的不断前进。两者在良性的循环中互相促进。

（2）沟通各种运输方式之间的横向联系。我国现行交通运输体制采取纵向垂直的方式进行管理。铁路、公路、水路、航空各成体系，相互之间缺乏横向的有机联系。联合运输能沟通各种运输方式之间的横向联系，如铁—水干线联运的开办把铁路网络中 4000 多个车站和水运干线网中 97 个港口联系在一起。众多的联运企业把公路、航运相互接通，组成大小不同的各种干、支联运网络。从这个意义讲，组织联运可在一定程度上改善现行交通运输体系的缺陷，更好地满足国民经济发展的需要。

（3）挖掘运输潜力，提高运输效率。以铁—水联运专线为例，铁路组织直达列车和成组运输，水路组织专用船舶定线、定期运输，港口确定专用码头进行装卸，彼此之间建立及时预报的情报体系，车、船、港紧密协调衔接起来，组成统一的作业体系，运输工具、设备潜力得到充分发挥，运输效率高，经济效益好。

再如干—支线联运，以干线的站（车站）港（港口）为依托，站、港货物得到及时、迅速、安全集散，货位周转速度加快，保证了站、港畅通。与此同时，由联运企业组织配载的车、船提高了装载率，运输效率也得到了提高。

（4）减少货物流通费用，提高社会经济效益。运输费用在商品流通费用中占很大比重，货物在途时间越长，占用的资金越多。若要减少货物流通费用，加速资金周转，减少在途资金，节约银行利息支出，就必须组织合理运输，采用联合运输的方式，实行水陆联运，缩短货物待运时间。

## （二）联合物流运输作业

在联合物流运输中，运输作业与其他运输方式中的运输作业虽没有本质的不同，但与传统的运输方式相比，联合物流运输的效率受运输结合部的影响较大。因此，本章只介绍联合物流运输作业中结合部的协调和组织管理。

**1. 联合物流运输结合部**

只要有两个以上的部门或组织共同参与某项作业或某项工作，就必然存在着结合部。运输的结合部是在运输生产经营活动中，为了共同的目的，由几个系统和系统的几个要素共同负责、共同管理形成相互交叉、相互依存的区域和环节。综合运输枢纽是联合物流运输中各种运输方式的结合部，是影响整个物流运输效率的重要环节。

（1）运输枢纽，又称“交通枢纽”。它是联合运输中的交叉与衔接点，是共同办理物流货物的中转、发送、到达所需的多种运输设施的综合体。运输枢纽是国家综合交通运输体系的重要组成部分，是协调运营、组织联合运输的结合部。运输枢纽是由复杂的物流运输设备与建筑组成的群体，一般由车站、港口、机场和各种线路以及为完成装卸、中转等技术作业所需的设备等组成。

（2）形成运输枢纽的条件与因素。一般包括自然条件与地理位置、运输技术条件、经济联系的方向与规模、交通网的原有基础与发展条件、枢纽所在城市的发展条件。大城市、工业中心及大型河流、海运港口往往会形成运输枢纽。

**2. 联合物流运输结合部的种类**

在联合运输系统中，主要有以下几类结合部。

（1）过程结合部。它指在运输过程中，由各工种协同完成某一特定功能的作业过程。在铁路物流运输中，这种结合部是最基本、最普遍的形态。

（2）空间结合部。它指不同运输方式基础设施的邻接部位，如铁路专用线与港口泊位的衔接部位。

（3）时间结合部。它指不同运输方式在进行切换时，货物换装在时间上的衔接配合，通常由在不同运输方式间安排统一的运输时刻表来体现。

（4）设备结合部。它指不同运输方式具体作业的配合部位，如不同运输方式联运换装站台。

（5）环境结合部。它指不同运输方式衔接的自然、人文和管理环境。

（6）职能结合部。它指不同运输方式在联合运输中服务及管理职能的衔接配合部位。

综合运输的各种结合部往往不是孤立的，而是相互联系、相互依存的。它分布于管理的各个层次，寓于生产的全过程，处于变化之中。这些结合部呈现的基本特征是多重作业、多元集合、多级传递、多种形态。

**3. 联合物流运输结合部的协调**

结合部在物流运输系统中处于不可忽视的地位，是物流各部门相互配合、共同完成物流功能的一个非常重要的环节，对于运输畅通起着极为重要的作用。它既可以是制约物流运输系统生产能力的瓶颈，又是提高物流运输经济效益的重要源泉，还是提高物流运输服务水平的关键。它体现了在物质资料的链式移动过程中各运输部门、环节之间相互制约、相互作用、相互依赖的关系。这种关系的和谐，即结合部各部门间的工作协调，将直接影响整个物流运输系统的性能与效益。

目前，我国运输枢纽的建设与管理还处于初级阶段，每年都有因部门与环节间的工作脱节而产生的较大损失的事故。因此，必须有效地协调各部门之间的相互矛盾，端正各部门在物流运输大系统中的位置，减少货物在整个流动过程中的阻力，提高物流运输系统的整体效益。

除此之外，必须摆脱以往重运输线路、轻运输枢纽、各种运输方式自成体系的传统观念和运作方式，重视和推进综合运输枢纽的布局与建设，使各种运输方式紧密对接，实现多式联运过程的“无缝化”；重视物流结合部的设施建设，除在沿海港口地区重点布局外，还应着力发展内陆集装箱货运枢纽，使运输、保管和装卸等项作业各理化、协调化，疏通城市交通，提高货物流通的效能。如美国为了促进各种运输方式的协调、发展联合运输，自 20 世纪 80 年代中期以来开发并投入使用公铁两用车辆和集装箱叠载列车等。

**4. 联合物流运输结合部的组织管理**

现代运输业，特别是联合运输的生产规模不断扩大，分工不断细化，集约化程度不断提高，综合管理与协调工作日趋复杂和重要，而综合管理与协调工作又大量集中在运输结合部上。因此，必须加强对联合物流运输结合部的理论研究和组织管理，特别是从物流运输生产实际出发，建立联合物流运输结合部优化模型，提高联合物流运输结合部特别是运输枢纽的管理决策水平，促进物流运输现代化建设。

综合运输结合部的组织管理工作主要包括以下三方面内容。

（1）建立结合部的有序状态。聚集在结合部的各系统或系统的各个要素，不少是处于无序状态的。调整好各系统或要素之间的相互关系，使之从无序转为有序，是进行协调的首要任务和基本内容。要从结构、排列、层次、程序上进行整体优化，确定各系统或要素的职责范围、运行方向和规划，做到各就各位，各司其职，按部就班，井井有条，紧密衔接，相互协调，从而形成整体能力，发挥有效功能。

（2）确定结合部的管理标准。为了使结合部的各要素处于有序状态，提高协调的效果，应当建立结合部的管理标准或控制标准，一般按照“5W1H”（why，when，what，where，who，how）的要求，明确规定：为什么做，何时做，做什么，在哪里做，谁去做，怎么做（包括意外情况下怎么做）。每个要素要在明确无误的标准下按规律运行，使结合部处于有效管理状态。

（3）把握结合部的分析方法。针对生产物流各环节中存在脱节、薄弱环节等问题，应在充分考虑各环节的交叉、互补、约束关系的基础上，认真细致地进行调研，运用相关学科和知识建立分析模型与方法并逐步加以完善。其目的是改进薄弱环节，加强环节间的相互促进与协调，提高生产物流的效率，反映不同情况下物流运输系统部门间的优化结合方式，为联合物流运输提供有力支持。比较有效的结合部分析方法主要有过程分析法、关联分析法、矩阵分析法、失效树分析、网络分析法、统计分析法，等等。

联合运输系统结合部的管理是个较新的课题，它的理论和方法已开始投入实践，并将在实践中不断发展和完善。

### （三）国际多式联运

国际多式联运简称“多式联运”，是在集装箱运输的基础上产生和发展起来的，适合水路、公路、铁路和航空等多种运输方式。在国际贸易中，85%~90%的货物是通过海运完成的，海运在国际多式联运中占据主导地位。

#### 1. 国际多式联运的定义

《联合国国际货物多式联运公约》对国际多式联运所下的定义是：按照多式联运合同，以至少两种不同的运输方式，由多式联运经营人把货物从一国境内接运货物的地点运至另一国境内指定交付货物的地点。《联合国国际货物多式联运公约》还明确规定：为履行单一方式货物合同所规定的货物接送业务，不应视为国际多式联运。

### 2. 国际多式联运的特征

从上述定义可以看出，国际多式联运具有以下几个特征。

（1）国际性。在国际多式联运中，多式联运经营人所接管和运输的货物必须是国际间的货物。

（2）有一个国际多式联运合同。国际多式联运合同是多式联运经营人与托运人之间就国际货物多式联运而订立的合同，这是区别多式联运和传统运输方式的重要依据。国际多式联运合同规定了多式联运经营人与托运人之间的权利、义务、责任、可以豁免的合同关系和多式联运的性质。

（3）全程性。多式联运经营人不仅是订立多式联运合同的当事人，还是多式联运单证的签发人。在多式联运经营人履行多式联运合同所规定的运输责任的同时，可将全部或部分运输委托他人（分承运人）完成，并订立分运合同。

（4）连贯性。国际货物多式联运是由两种以上运输方式结合而构成的整体运输方式，不同的运输方式有机地结合在一起，构成一个新的联合运输方式。

（5）与集装箱运输紧密相连。集装箱运输方式使货物的装卸和转运方便易行，在多式联运中是不可或缺的工具。

（6）法律环境特殊。因为国际货物多式联运通常要途经几个国家或几个地区，所以有可能出现这样的情况：对同一批货物，采用不同的运输方式要受不同的法律制约，如海运受《海牙规则》的制约，而空运则受《1929 年华沙公约》的制约。为改善国际货物多式联运的法律环境，必须建立关于国际货物多式联运的国际统一法制。目前，调整国际货物多式联运的法律是《联合国国际货物多式联运公约》。

**延伸阅读**

## 《联合国国际货物多式联运公约》简介

《联合国国际货物多式联运公约》于 1980 年 5 月 24 日通过生效，该公约分为总则、单据、联运人的赔偿责任、发货人的赔偿责任、索赔和诉讼、补充规定、海关事项和最后条款等 8 个部分。主要内容如下。

1. 多式联运合同双方当事人的法律地位。多式联运合同的双方当事人分别为联运人和发货人。根据公约第1条的规定，联运人是以“本人”的身份同发货人签订多式联运合同的当事人，他不是发货人的代理人或代表，也不是参与多式联运的承运人的代理人或代表。联运人负有履行整个联运合同的责任，并以“本人”的身份对联运的全过程负责。因此，在发货人将货物交由联运人收管后，不论货物在运输过程中的哪个运输阶段发生灭失或损坏，联运人均须以“本人”的身份直接赔偿责任。

2. 多式联运合同和多式联运单据。按照公约的有关规定，多式联运合同是指多式联运人凭以收取运费、负责完成或组织完成国际多式联运的合同。多式联运单据是指证明多式联运合同以及证明多式联运人接管货物并负责按照合同条款交付货物的单据。根据公约第五条的规定，联运人在接管货物时，应签发多式联运单据。依照发货人的选择，单据可以是可转让的，也可以是不可转让的。

3. 联运人的赔偿责任。联运人对多式联运单据项下货物的责任期间是从其接管该货物之时起至交付货物时为止。公约对联运人的赔偿责任采取了“推定过失原则”，即除非联运人能证明他和他的受雇或代理人为避免损害事故的发生及其后果已经采取了一切所能合理要求的措施，否则就推定联运人对事故的发生有过失，因而联运人应对货物在其掌管期间所发生的灭失、损坏或延迟交货负赔偿责任。

4. 发货人的赔偿责任。如果多式联运人遭受的损失是由发货人的过失或疏忽，或者他的受雇人或代理人在其受雇范围内行事时的过失或疏忽造成的，则由发货人对损失负赔偿责任。如果损失是由发货人的受雇人或代理人本身的过失或疏忽造成的，则由受雇人或代理人对损失负赔偿责任。

5. 索赔与诉讼。公约的第五部分是关于索赔和诉讼的规定。该部分规定的内容由灭失、损坏或延迟交货的通知，诉讼时效，管辖和仲裁等四个方面构成。

### 3. 国际多式联运的运输组织形式

国际多式联运有多种组织方式，大体可以分为如下几种。

（1）海陆联运。海陆联运是国际多式联运的主要组织形式，也是远东和欧洲多式联运的主要组织形式之一。它以航运公司为主体，签发联运提单，与航线两端的内陆运输部门开展联运业务。

（2）陆桥运输。陆桥运输就是指采用集装箱专用列车或汽车，把横贯大陆的铁路或公路作为中间“桥梁”，使大陆两端的集装箱海运航线与专用列车或汽车连接起来的一种连贯运输方式。西伯利亚大陆桥是目前世界上最长的一条陆桥运输线。

（3）海空联运。海空联运又称“空桥运输”，始于20世纪60年代，在20世纪80年代得到迅速发展。它充分利用海运的经济性与空运的快捷性，正成为一种具有广泛发展潜力的新的多式联运方式。

目前，国际海空联运线主要有远东—欧洲线、远东—中南美线、远东—中近东线、非洲线、澳洲线等。

**4. 国际多式联运的一般业务程序**

国际多式联运的一般业务程序主要包括以下环节：接受托运申请，订立多式联运合同；空箱的发放、提取；出口报关；货物装箱及交接；订舱及安排货物运送；办理货物运送保险；签发多式联运提单，组织完成货物的全程运输；货物运输过程中的海关业务；货物到达交付。

## 二 物流运输业务代理

运输代理是一种特殊的商务代理形式，是运输业分工深化的结果，它的形成进一步促进了运输的专业化和社会化。随着社会分工的不断深入和运输业的蓬勃发展，运输代理业与运输业相互促进、共同发展。

### （一）物流运输业务外包

物流运输业务外包是物流运输业务代理存在的前提。企业通过将物流运输业务，特别是将一些特殊的物流运输业务外包给专门的物流管理部门来承担，从而把时间和精力放在自己的核心业务上，提高管理和运作的效率。

**1. 物流运输业务外包的定义**

物流运输业务外包是商贸流通企业将自己的运输业务及相关人员、资产委托独立的外部物流运输公司进行经营和管理，在做好企业物流运输业务的同时，提高管理水平，降低运输成本。物流运输业务外包实质是商贸企业与物流服务商在利益一致的基础上结成战略联盟，双方的利益高度连接，共赢共损。

运输外包不同于传统意义上的“寻找运输企业来承接企业运输业务”，后者只是将物流运输业务委托给第三方物流企业经营，不存在管理风险，而运输外包则是承包方在做好物流运输业务基础上进行的一种管理输出，物流服务商需要派出专家团队进驻合作单位开展工作，全面管理合作单位的运输业务和运输人员。

**2. 物流运输业务外包的优势**

从理论上讲，企业将物流运输业务外包具有以下明显优势。

（1）降低成本。与企业自营物流运输业务相比，专业物流运输服务供应商一般在国内外都拥有良好的运输和分销网络，在组织企业的物流活动方面更有经验、更专业、运输业务外包能够有效地降低企业的物流运输成本。

（2）提高管理水平。运输外包意味着在不改变人事关系的前提下，物流服务商会派出管理专家进驻单位主持运输部门的工作，原运输部门的员工（如运输主管、调度、司机、送货员等）在专家指导下开展工作，能学到更多的先进理念和物流技能，这也有助于企业提高管理水平。

（3）提高企业的终端服务。物流运输公司在为运输外包企业提供服务时，可以利用其健全的物流网络、充足的车辆和人力资源，承担物流运输管理和货款回收任务，从而使运输外包企业的终端服务效率有明显提高。

（4）分担风险。企业通过外向资源配置，分散了政策、市场等风险。

**延伸阅读**

## 通用汽车公司运输业务外包

通用汽车公司通过采用业务外包策略，把零部件的运输和物流业务外包给理斯维物流公司。理斯维公司负责通用汽车公司的零部件到几个北美组装厂的运输工作，通用汽车公司则集中力量于其核心业务上——轿车和卡车制造。通用汽车与理斯维公司的这种外包合作关系始于1991年，帮助通用汽车节约了大约10%的运输成本，缩短了18%的运输时间，裁减了一些不必要的物流职能部门，减少了整条供应链上的库存，并且在供应链运作中保持了高效的反应能力。理斯维在Cleveland设有一个分销中心，处理交叉复杂的运输路线，通过电子技术排列它与各通用汽车公司的北美工厂的路线，从而可以动态地跟踪装运情况，并且根据实际需求实现JIT方式的运输。理斯维的卫星系统可以保证运输路线组合的灵活性。如果一个供应商的装运落后于计划，理斯维可以迅速地调整运输路线的组合。理斯维采用的“精细可视路线”技术保证了通用汽车公司生产线上的低库存水平。

## （二）物流运输代理

运输代理有着近200年的历史，随着社会分工的不断深化，它在扩展运输市场、改善运输服务质量、提高运输资源利用效益以及为运输企业开辟新的经济增长点等方面表现出了很大的优越性，同时它的专业优势也日益明显，并逐渐成为一个国际性行业。

### 1. 物流运输代理的定义

传统的物流运输中托运方和承运方是直接联系的。随着市场经济的日益发展，社会化生产规模的日益扩大和产、供、运、销分工的不断变化，这种方式越来越显示出其局限性。因此，一种承运方、托运方双方间接结合的运输经营方式就产生了，这就是运输代理。

（1）物流运输代理。物流运输代理是指以运输公司的名义，代理运输公司招揽货物，以供运输公司运输运送的代理行为。运输代理是一种特殊的代理形式，它是社会经济中运输业分工深化的结果，它的形成进一步促进了运输的专业化和社会化。

（2）物流运输代理制。物流运输代理制是指在整个物流运输经营过程中，货物所有者（货主）的实际托运人同拥有运输工具的实际承运人之间不直接接触，而以各种不同的形式，分别通过其代理人进行运输业务活动的经营方式。在运输代理制中，运输代理人既是托运方的代理人又是承运方的代理人，具有承托双方代理人的双重地位。运输代理人对于实际托运人而言，处于承运人的地位，享有和承担承运人的权利和义务；对于实际承运人而言，则处于托运人的地位，享有和承担托运人的权利和义务。

与传统运输业相比，物流运输代理既为企业带来商机，又给企业带来管理和客户服务质量两方面的巨大挑战：如何保证按时到货率？如何将物流信息反馈给客户？如何完成库存调配？对物流运输代理商、仓储物流中心而言，若无法提供面向全过程物流管理的服务，就根本不可能争取到任何大客户的物流业务。

我国是国际经济发展速度最快的国家之一，国际货物贸易的日益扩大对物流运输业提出了更高的要求，建立良好的物流运输系统显得越发迫切和必要。从事物流运输代理的企业，要努力提高国际物流运输服务业务操作的知识、能力和管理水平，建立有效的服务网络，改进技术服务手段，使物流运输服务更为科学、可靠、高效，更好地支持国民经济和对外贸易的发展。

**2. 物流运输代理的类型**

物流运输代理可以按照不同的方法进行分类，下面介绍两种常见的分类方法。

（1）从代理的服务对象来分，运输代理服务的具体经营方式有为货主代理和为运输企业代理两种形式。为货主代理包括：代办托运手续；代理货物包装，清点货物；集装箱货物的拼装和拆卸；货物的中转仓储、保管；代办报关和保险；上门取货等。货物运到目的地后，代货主提货，送货到家，代办财务结算，代货主催收和验收货物，提供货物的拆卸、搬运和安置等各项服务。有的联运企业还办理运销结合、代货主推销产品、代购原材料、介绍合营对象等业务。

为运输企业代理主要是组织和提供运输货源，代办承运手续，组织港、站的集疏运任务，帮助运输企业堆码货物和寻找货主催促提货，提供中转仓库和场地，以解决港站和厂矿企业设施不足的问题。

（2）按照主营业务的内容来分，物流运输代理可分为租船代理、船务代理、货运代理和运输咨询代理等。租船代理又称“租船经纪人”，是以船为商业活动对象而进行船舶租赁业务。其主要业务是为租船人寻找合适的船舶或为船东寻找货运对象。

船务代理指船务代理机构为船舶承运机构或货物收发机构代办有关船、货业务，如船舶进出港口，船舶海损处理，货物托运、中转、理赔等业务。船务代理机构是接受委托、代理业务的专门组织，是船、货、港的联络中心。

货运代理是指接受货主的委托，按照货主所提出的有关货物运输的要求，代表货主办理有关货物报关、交接、调拨、检验、包装、仓储、转运、定舱等业务的人。它是最普遍、最典型的运输代理。

运输咨询代理是指代理人应委托人的要求，提供有关运输方面的情报、资料、数据等信息，向委托人收取一定报酬的运输代理。

**3. 物流运输代理与物流运输系统**

（1）物流运输代理是物流运输系统的有机组成部分，并在其中发挥着重要的作用。

①运输代理是运输系统的输入部分。对于承运部门而言，运输代理代表托运人办理运输业务，是运输需求的提出者，是运输服务的消费者，是客户。它向运输企业提供运输加工的对象并支付运费，提供有关运输市场的需求信息。

②运输代理是运输系统的输出部分。对于托运人而言，运输代理是运输服务的提供者，在客户的眼中，它实际上是运输方，代替货主办理货物运输事宜，向托运人收取各项费用，有些还对货物的运输负最终责任。

③运输代理是运输系统各个子系统的联系人。运输代理贯穿于物流运输的始终，是运输系统与外部联系的纽带，也是运输系统内部各子系统之间联系的纽带。运输系统包括铁路、公路、水路、航空和管道等子系统，在各个子系统的衔接、协调中，在利用不同的运输方式运输货物的过程中，运输代理发挥着重要的作用。因此，运输代理是各种运输方式的联系人，在各种运输方式的衔接中扮演着不可替代的角色，这在多式联运中表现得尤为明显。

（2）物流运输代理在物流运输系统中的作用。物流运输代理的基本功能是为客户提供各种有关货物运输的服务，它在物流运输系统中的作用表现在以下几个方面。

①运输代理在运输系统中起到了优化系统资源配置的作用。推行运输代理制，对运输进行专业化经营管理，可以集中有限的人力、物力，专门从事运输生产；通过运输代理，对货物进行预先整理、包装、拼装箱等服务，这大大简化了运输企业的受理手续；代理的“门到门”服务功能，可以减少运输企业设立承运、交付办理点的数目，从而优化系统资源配置。

②运输代理能够强化运输系统的内部联系。根据运输需要选择适宜的运输工具并进行合理组织，加强对各种运输工具的综合利用，是运输代理的重要功能。

③运输代理能为运输系统提供信息动力。运输代理在运输系统的信息交流中起着非常重要的作用，它为托运人（货主）提供运输费用、运输方法、运输通道等信息，为承运人（物流运输企业）提供有关货物运量、货源分布等信息，方便企业决策。

④运输代理有助于促进先进技术的利用。运输代理业是高新技术应用较为广泛的行业，没有先进的信息技术、管理技术、运输组织技术等，运输代理企业不可能确立自己的优势地位，不可能承揽更多的货源和获得持续的发展。

**4. 物流运输企业向运输代理行业的转型**

（1）物流运输企业转型的可能性。从物流系统建设所需的基础条件看，物流运输企业要实现向物流运输代理企业的转化，具有以下几个优势。

①运输条件的基础性。目前，公路、水路运输业的发展已达到一定的规模和水平，为发展物流运输代理企业提供了必要的基础条件。

②业务的继承性。传统的物流运输企业以运输与装卸搬运为主要业务，拥有遍布全国的运输网络和揽货体系，积累了丰富的经验，在信息管理上也有一定的基础，这些有利因素在转化过程中将得以继承并不断发展。

③管理经验的可借鉴性。在长期发展过程中，物流运输企业形成了应用于运输组织、管理、技术、经济的基础理论和方法体系，积累了大量经验，这些经验在企业转型为物流运输代理企业之后，仍然可以发挥作用。

（2）物流运输企业转型的基本思路。通过上面的分析，我们可以知道，现有的物流运输企业通过改造、改组等方式转型成物流运输代理企业。转型的基本思路包括两个方面。一是改变经营方式，扩大经营规模。如物流运输企业可以实行专业化发展，成为具有独特核心能力的专业化、高效化、规模化的物流运输代理企业；实行多元化发展，由单一的运输企业向提供以运输为本的多元化服务方向发展，扩大经营规模。二是提高服务意识，缔结战略伙伴。在向物流运输代理企业转化的过程中，物流运输企业必须坚持以用户为中心，将满足用户的需求作为企业生存和发展的宗旨，并与用户结成战略伙伴关系，构成紧密的利益共同体。

### （三）国际货运代理

国际货运代理是物流运输代理中的一个分支，它既具有上述物流运输代理的一般特点，又有着自身的特点。

**1. 国际货运代理**

国际货运代理协会联合会对国际货运代理所下的定义是：根据客户的指示，为客户的利益而揽取货物运输的人，其本身不是承运人。国际货运代理也可以依据这些条件，从事与运输合同有关的活动，如储货（或寄存）、报关、验收等。

《中华人民共和国国际货物运输代理业管理规定》对其下的定义是：接受进出口货物收发货人的委托，以委托人或者以自己的名义，为委托人办理国际货物运输及相关业务并收取服务报酬的行业。

国际货运代理所具有的一些服务优势，使其成为整个国际货物运输的设计师和组织者。其服务优势主要有如下几点。

（1）能够为委托人办理国际货物运输中某个环节的业务或全程各个环节的业务，大大简化了委托人办理手续的过程。

（2）能够把小批量的货物集中成组并选择合适的运输工具进行运输，为货主取得优惠运价，为承运人节省时间、费用和带来比较稳定的货源。

（3）能够利用自身的信息优势，就运费、包装、单证等方面向进出口商提供咨询，并就国外市场和在国外市场销售的可能性提出建议。

（4）不仅能够组织和协调运输，还能够创造、开发新的运输方式、运输路线以及制定新的费率。

国际货运代理的上述优势使它在国际贸易竞争愈加激烈、社会分工越来越细的情况下，地位越发重要，作用越发明显。

**2. 国际货运代理企业**

根据现行有关法规和规章，国际货运代理企业是指接受进出口货物收发货人的委托，以委托人或者以自己的名义，为委托人办理国际货物运输及相关业务并收取服务报酬的法人企业。

在我国，从事国际货物运输代理业务的企业都应具备下列条件。

（1）必须是政企分开、自主经营的独立经济实体，在财务上实行独立核算，自负盈亏，具有法人资格，能够独立地承担民事责任。

（2）有完整的企业章程。

（3）有固定的营业场所和健全的组织机构、设施及与承办业务相适应的经营管理和专业技术人员。

（4）有与承办业务相适应的资金。海运代理的注册资本不应少于 500 万元人民币，航运代理的注册资本不应少于 300 万元人民币，其他运输代理的注册资本不应少于 200 万元人民币。

（5）具有中华人民共和国商务部核发的《中华人民共和国国际货物运输代理企业认可证书》。

**3. 国际货运代理业务流程**

国际货运代理业务流程可分为出口货物代理业务流程和进口货物代理业务流程。

（1）出口货物代理业务流程。不同的国际货物运输方式具有不同的出口货物代理业务流程，但大致包含以下步骤。

①接受委托。代理人对托运人进行报价，托运人接收报价并进行委托；托运人填写货运托运书，详细说明业务的相关内容，如托运人、收货人、始发站、目的地，保险金额等；代理人和托运人一起审核各种单证。

②运输方案制定。代理人汇总所接受的委托，选择适当的运输路线、方式和承运人；安排货物包装、储存、计重和计量；与选定的承运人缔结运输合同；安排货物报关、报检、报验；将货物运至出发地仓库，交给承运人，完成交接发运工作。

③运输过程监控。跟踪整个运输过程中的货物传递信息，及时向收货人及发货人传递货物动态信息。

④费用结算。支付运费、关税及其他费用。收取已签发的正本提单，并转交给发货人。

（2）进口货物代理业务流程。进口货物代理业务流程一般包含如下步骤。

①接收国外代理预报，交接相关单证和货物，理货与存储，报关、报检、报验。

②付费和发货。

③送货与安排内陆运输和仓储。

④向收货人支付货物。

## 本章小结

铁路、公路、水路、航空和管道运输是五种基本的物流运输方式。其中，公路和铁路运输构成了陆上物流运输方式；水路运输承担着大部分国际物流运输的任务；航空运输的最大优点是快速、高效；管道物流运输近年来日益受到关注，并将会发挥越来越重要的作用。它们都有各自的优点和不足，在物流运输管理工作中，要注意扬长避短。

运输系统的构成要素一般包括运输工具、运输节点（如车站、港口、机场、输气站等）和运输线路（如公路、轨道、航道、航线、管道等）。不同运输方式的操作程序有所不同，但一般来说都包括签订托运合同、进行货物的交接、确定事故的赔偿标准等。

与物流运输基本方式相比，现代物流运输形式有着很多不同。除了运输的工具有所不同之外，主要是企业的观念发生了较大的变化，如出现了联合运输与运输业务的外包；企业对物流运输的速度有了更高的要求，特快专递应运而生；运输对环境等的影响日益受到关注，出现了绿色物流运输等。随着经济和社会的发展，物流运输的高效化和绿色化将越来越占据重要的地位，这将进一步促进物流运输业的发展和变革。

国际物流运输是货物在国家与国家、国家与地区之间的运输，国际物流运输的形式主要有国际海上物流运输、国际航空物流运输和国际陆路物流运输等。伴随着运输单据的流转，在国际物流运输中所采用的运输形式不同，所使用的单证也不相同。国际物流运输是国际物流系统中的一个子系统，只有把整个国际物流系统有机联系起来，统筹考虑，全面规划，才能建立适应国际竞争要求的国际物流系统。

## ■案例分析■

# 英国食品零售业与运输企业第三方物流的发展

在英国的物流服务中，最有特色的也做得最成功的部分就是同食品零售商业结合在一起的货物配送。

20 世纪 70 年代以后，英国的食品零售业发生了很大的变化，形成了一大批超级市场，门店遍及全英各地。这些超级市场又分属几个有名的超市集团，如 Tesco、Sainsbury's、Safeway。每家超市集团下都有数百家超市门店。由这些超市集团提供的食品量占整个食品销售市场总量的很大比例（因此，争取到对这些食品的运输，即争取到很大的一块食品货运市场）。这些超市集团间的竞争十分激烈。自 20 世纪 80 年代以来，英国出现了对物流发展具有影响的两个趋势。

第一个发展趋势是各个超市为了增加盈利，千方百计扩大营业面积，减少库存面积。通过采用 JIT 管理法，由配送中心为本地区的若干家超市提供仓储和送货服务，大部分超市基本没有库存。特别应当指出的是，由于条形码技术、POS 技术等在商业中的应用，这些超市能够运用 JIT 管理法，最大限度地减少库存面积，甚至使库存为“零”成为可能。这些超市的基本运作方式是，每当顾客从货架上取走一件商品，在经过计价器时，售货员的扫描笔在商品的条形码上一划，即形成如下结果：其一，计价，包括单价、总价、付账及找零，并打印出单据；其二，在该超市的商品总量清单中自动减去一个该商品量。这里，特别要注意的是这第二个结果，正是由于这一功能，超市经营管理者不需要人工清点，在任何时候都能清楚地知道自己店里的货架上已经售出了多少货物，还有多少货物以及需要补充多少货物。于是，当晚上超市关门后，计算机系统显示并打印出所需补充的货物品种和数量清单。由于计算机是联网的，所需补充的货物清单立即被传到集团总部，并由总部下达给地区的货物配送中心，或者直接传给地区配送中心。当晚，配送中心按所需清单进行配送，第二天上午商店开门时，货架又被重新放满。因此，超市门店可以不要库存，直接依赖于地区的配送中心，而一个配送中心往往负责本地区内所有该超市集团门店的配送业务，各个超市门店都尽可能把原先库存面积改为门店营业面积，以增加营销额。库存面积的减小直接导致零售商对可靠的、高质量的运输的需求和依赖，从而产生了另外一个发展趋势。

第二个发展趋势是商家开始启用“第三方物流”（包括运输代理、仓储代理等）。在英国，如前所述，多数超市集团一开始是既自己经营商店业务，又拥有自己的车队、仓库。随着竞争的激烈和社会分工的细化，超市集团开始注意到他们自己并不是经营车队和库存管理的行家。为了把更多的力量集中在自己的主要业务上，同自己的主要对手开展竞争，一些商家开始把一些自己不十分在行的，诸如运输、仓储这样的业务交给“第三方”企业经营。当然，这些超市集团所选择的“第三方”企业都是十分有经验、有实力的专业运输和仓储企业，这些企业经营起来自然比商家自己经营要得心应手，服务质量更高，也比自己经营更经济合算。于是一小部分比较好的运输企业开始进入某些超市集团的物流链，从帮助商家经营运输做起，尔后，逐步开拓仓储经营、包装加工和配送等业务，成为这些商家的经营伙伴。在1990年初，在英国的货物配送领域，由“第三方物流”承担的营业额已占货物配送市场总份额的32%，而到1997年，由“第三方物流”承担的营业额已占货物配送市场总份额的70%。

Tesco现在是英国第一大食品超市集团，但在1995年前，它还排在名声显赫、独领风骚数十年的Sainsbury's之后。1991年，Tesco在全英有8个地区配送中心。过去库存管理、运输和配送全是由Tesco自己经营，自20世纪80年代末、90年代初以来，它逐渐把配送中心业务交给“Third Party”承担。全英最大的公路货运企业NFC所属的Excel Logistics就是一个专门承担物流服务的“第三方”。1991年，Excel Logistics承担了Tesco的两个地区配送中心的全部库存管理、运输和配送任务。其中一个设在英格兰和威尔士交界的Chepstow，紧靠高速公路，交通十分方便，它负责向英国西南地区的53个Tesco超级市场提供配送。这个配送中心每年要完成27004亿箱货物的存储和配送工作，扣除各种公共假期，平均每天要完成近10万箱货物的进货、储存、分装、转运、配送等工作。其工作场面紧张、繁忙，看似错综复杂、眼花缭乱，其实忙而不乱、错落有致、井然有序。在该中心存储和配送的货物主要分两类：一类货物在库内存放不超过24小时，当天白天进，当天晚上出，如蔬菜、水果等；另一类货物在库内存放超过24小时，如冷冻食品、罐头食品等。货物按常温、冷藏、冷冻三种条件进行存储和运输，在仓库按不同温度存放，运输采用专用车辆。

问题：

1. 英国食品零售业与运输企业第三方物流是如何发展的？本案例给你哪些启示？
2. 你认为我国现阶段运输企业该如何介入商业零售企业的物流服务？

## 复习思考题

1. 试比较各种运输方式的优缺点，并说明它们分别适用于哪些货物的运输。
2. 公路的等级对汽车物流运输有什么影响？
3. 试述世界管道物流运输的发展现状。
4. 什么是联合运输？简要说明我国联合运输业的发展现状。
5. 简述国际物流运输的主要作用及特点。
6. 国际物流运输与国内物流运输之间有什么不同和共同之处？
7. 什么是绿色物流运输？企业如何实施绿色物流运输？

## 实训题

请查阅资料，了解我国国际物流运输的现状，并就目前存在的问题提出自己的见解。

# 第三章

# 集装运输方式

## ◆学习目标◆

通过本章教学，学生要了解集装箱运输的产生、发展情况；掌握集装箱的定义、种类、结构和特点；理解集装箱运输的优点，掌握集装箱运输管理的基本内容；理解托盘运输和综合一贯制运输的基本概念、特点和分类；掌握综合一贯制运输的实施程序。

## 开篇案例

### 2019年全球十大集装箱港口排名出炉

2019年全球十大集装箱港口排名出炉：上海港蝉联第一，新加坡港和舟山港分列二、三位，排在第四至十位的港口分别是深圳港、广州港、釜山港、青岛港、香港港、天津港和迪拜港。

2019年，上海港完成集装箱吞吐量4330万TEU，同比增长3%；上港集团营业收入360.2亿元，归属于上市公司股东的净利润为90亿元。新加坡港作为世界第二繁忙的集装箱港口，2019年完成集装箱3720万TEU，同比增长1.6%，完成货物吞吐量6.262亿吨，创造历史新高。

2014年，舟山港集装箱吞吐量超越韩国釜山港，跃居全球第五位；2015年，舟山港集装箱吞吐量首破2000万TEU，全球排名再进一位；舟山港2016年和2017年的集装箱吞吐量增幅均保持在全球主要港口首位；2018年，舟山港集装箱吞吐量首超2600万TEU，并跻身世界港口前三强。2019年，舟山港的集装箱吞吐量达到2753万TEU，完成货物吞吐量11.19亿吨，成为目前全球唯一年货物吞吐量超11亿吨的超级大港，并连续11年位居全球港口第一。

深圳港2019年完成集装箱量2577万TEU，微增0.1%。其中，招商港口深圳西部母港完成集装箱量1081万TEU，盐田港完成1306.94万TEU。据了解，深圳港通过鼓励进口、驳船运输、海铁联运、内贸、国际中转等多种方式提升集装箱吞吐量。但是，2020 年 1 月 1 日，香港特别行政区海事处正式实施新修订的《领港条例》后，挂靠盐田港必须“双重引航”，一旦港方落实这一次政策，预计每年为船公司带来额外开支达 4 亿元，这将导致船公司或放弃挂靠香港及深圳盐田港，对区内航运及港口服务造成冲击。

广州市港务局于 2019 年 12 月 26 日公布，广州港 2019 年集装箱将突破 2300 万 TEU。另据釜山港湾公社数据，2019 年全年集装箱总吞吐量将达 2195.5 万 TEU，同比增长 1.3%。2019 年，青岛港仅用了 11 个月时间，就超过了 2018 年全年集装箱吞吐量 1932 万 TEU，全年突破了 2100 万 TEU，实现历史性跨越，成功跻身全球港口集装箱吞吐量 2000 万 TEU“梯队”。根据香港海运港口局的数据，2019 年，香港港完成集装箱吞吐量 1836 万 TEU，同比下跌 6.3%。天津港 2019 年完成集装箱吞吐量 1730 万标准箱，同比增长 8.1%。迪拜港继续位居全球集装箱港口第十位。

（资料来源：中国港口网，作者有删改。）

随着物流业在国民经济中的地位越来越突出，传统的运输方式已经很难满足经济和社会发展对物流业的要求，一些现代化的物流运输方式，如集装箱运输、托盘运输以及综合一贯制运输等应运而生。

## 第一节　集装箱运输

集装箱运输是对传统的以单件货物方式进行装卸运输的一次革命，它凭借大运量、高效益、适用于多式联运的特点，迅速成长为联系世界贸易的主要纽带，并形成了一个以国际远洋运输为主，以铁路运输、公路运输、航空运输为辅的成熟体系。

随着经济社会的发展，集装箱运输还将快速增长。据预测，全球各港口的集装箱吞吐量将保持长期增长趋势，我国集装箱吞吐量增长率会高于全球增长率，未来我国将成为世界最大的集装箱运输中心。

## 一 集装箱运输概述

集装箱运输是一种先进的现代化运输方式，是物流运输现代化的产物和重要标志，也是件杂货运输的发展方向及运输领域的重要变革。集装箱运输的核心工具是集装箱。

### （一）集装箱概述

集装箱在我国台湾、香港等地称为“货柜”，它是一种载货容器。经过特别设计，它能适应多种特殊要求，专门用来在不同运输方式中搬运货物。

**1. 集装箱的定义**

集装箱是一种大型的、标准化的、能反复使用的载货容器，也是一种综合性的运输工具，具有一定容积、强度、刚度和规格，适合于在不同的运输方式中转运。一般意义上的集装箱不包括车辆和一般包装。

为了保证集装箱在装卸、堆放和运输过程中的安全，国际标准化组织（ISO，International Organization for Standardization）在货物集装箱的定义中，提出了作为一种运输工具的货物集装箱的基本条件：具有足够的强度，能长期反复使用；途中转运不须移动箱内货物，可以直接换装；有适当装置，可以进行快速装卸，并可以从一种运输工具直接方便地换装到另一种运输工具；便于货物存放、取出；具有1立方米以上的容积。

为了在运输过程中快速识别和管理集装箱，编制集装箱运输文件，便于集装箱运输信息的传输和处理，一般要在集装箱的箱体上标打清晰、耐久、易辨认的标记。国际标准化组织规定的标记主要有必备标记和自选标记两类，每一类标记中又分为识别标记和作业标记。

（1）必备标记。必备标记是指集装箱必须标打的标记，包括识别标记和作业标记两部分。

①识别标记。识别标记包括箱主代号、顺序号和校对数。箱主代号是表示集装箱所有人的代号，用四个大写字母表示（我国国内使用的集装箱用汉语拼音表示），前三位由箱主自己规定，第四个字母一律规定为“U”。顺序号是集装箱的箱号，由6位阿拉伯数字组成，如有效数字不足6位，则在数字前用“0”补足6位，如

“012345”。校对数位于集装箱箱号以后，是核对箱主代号和顺序号在传输或记录时是否准确的字段，用1个带方框的数字表示，如“3”。

例如：“COSU001234 2”中的箱主代号是“COSU”，前三位“COS”是中国远洋运输公司代号，“001234”是集装箱在该公司的顺序号，“2”表明校对数是2。

②作业标记。作业标记包括总重和自重标记、空陆水联运集装箱标记、登箱顶触电警告标记三个内容。集装箱总重指集装箱的自重与所装运货物的最大容许重量之和，用“MAXGROSS：×××××千克（或磅）”表示。集装箱自重指包括永久性附件在内的集装箱本身的重量，用“TARE：××××千克（或磅）”表示。空陆水联运集装箱仅能堆码两层，国际标准化组织对该集装箱规定了特殊的标志，即空陆水联运集装箱标记。该标记为黑色，位于侧壁和端壁的左上角。登箱顶触电警告标记一般设在罐式集装箱和位于登箱顶的扶梯处。

（2）自选标记。除以上规定标志外，船公司还可以标上自选标记，自选标记也包括识别标记和作业标记两部分。

①识别标记。自选标记中的识别标记包括国家和地区代号、尺寸和类型代号（箱型代码）。在ISO6346-1984标准中，国家和地区代号用两个字母表示，用以说明集装箱的登记国，如“CN”即表示登记国为中华人民共和国。尺寸代号用2位数字表示，用以说明集装箱的尺寸情况，如“20”即为20ft（ft：feet，英尺）长、8ft高的集装箱，尺寸代号可查表得到。类型代号用2位阿拉伯数字表示，用以说明集装箱的类型，如“30”即为冷冻集装箱，类型代号也可查表得到。

## 延伸阅读

### 企业巧用识别标记的方法

在实际使用中，必备标记中的箱号（即顺序号）很少能达到六位数，有的船公司就利用前1位或2位阿拉伯数字（俗称“字头”）来表示集装箱的类型或尺寸，以便于识别，从而省略了标打自选标记中的识别标记这一麻烦。如上海远洋公司规定“5”字头（即5×××××）表示20ft型集装箱；“4”字头（即4×××××）表示40ft型集装箱。

②作业标记。自选标记中的作业标记包括超高标记和通行标记等。凡高度超过 2.6 米的集装箱应贴上超高标记。为在运输过程中能顺利通过或进入他国国境，集装箱上必须贴有规定的各种通行标志，否则要办理繁琐的证明手续，将延长集装箱的周转时间。这些通行标记主要有安全合格牌照、集装箱批准牌照、防虫处理标记、检验合格标记等。

**2. 集装箱的特点**

（1）集装箱的优点。作为一种载货容器，集装箱具有如下优点。

①箱体强度高，保护货物的能力强，因而货损较小。

②集装箱本身是一个小型储存库，使用集装箱装载货物可以不再配置仓库。

③集装箱的尺寸、形状有一定的规定，便于统一装卸、运输，简化了装卸工艺，通用性、互换性强。

（2）集装箱的缺点。集装箱也有自身的缺点，从而限制了集装箱在更广的范围内使用。其缺点主要表现在以下三个方面。

①集装箱的自重大，因而在物流运输过程中的无效装卸和无效运输所占的比重也大，增加了货物的运费。

②集装箱的造价高，因而每次物流运输的分摊成本较高。

③返空成本高，如果集装箱空箱返回，造成的浪费则很大。

**3. 集装箱的一般构造**

集装箱的构成因其制造材料及使用目的不同而有多种形式，本书只介绍一些通用集装箱的主要结构和部件。

（1）集装箱的结构和构件。集装箱的结构是由不同部件组成的，如角结构、箱顶结构、箱底结构和端壁结构等，集装箱的外部负荷主要是由四根角柱承受。集装箱构件也可称为“集装箱构件”，通俗地讲，就是组成一个集装箱的“零件”。集装箱的主要构件有角件、角柱、上端梁、下端梁、上侧梁、下侧梁、顶板、顶梁、箱顶、底板、底梁、箱底、叉槽、侧壁、端壁、门楣、门槛、门绞链、门把手、门锁装置，等等。见图 3-1，3-2。

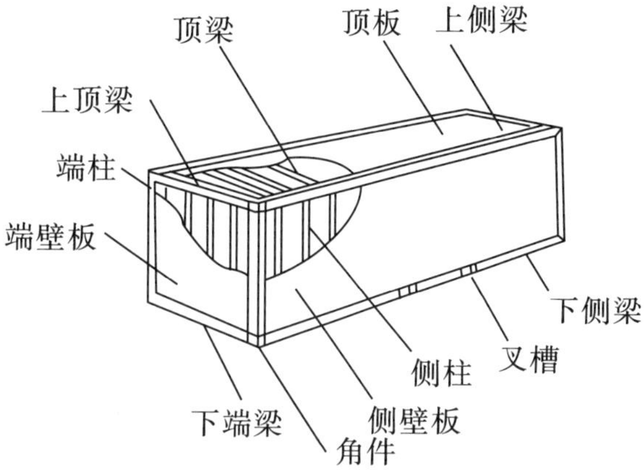


**图 3-1 集装箱的构件（正面图）**

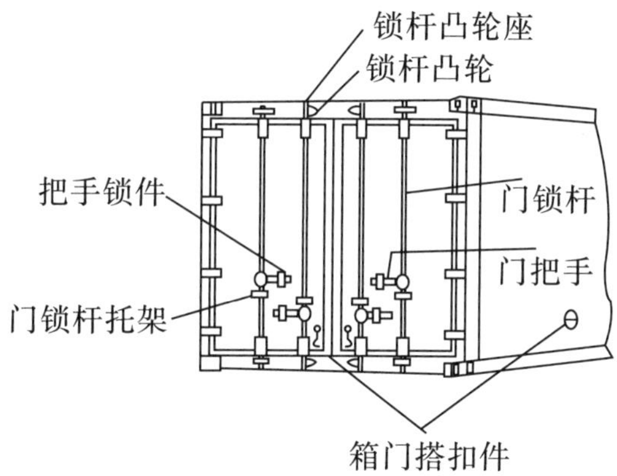


**图 3-2 集装箱的构件（侧面图）**

（2）角件。在集装箱的所有构件中，角件的地位非常重要。集装箱的角件是一个集装箱的必备部件，它三面有孔，孔的尺寸与装卸设备上的扭锁相配合，如图 3-3 所示。根据 ISO 的规定，不论集装箱的尺寸大小，都使用同一尺寸的角件，另外，ISO 对角件的形状和强度也有详细的规定。在集装箱装卸和运输过程中，角件是主要受力构件，其强度关系到作业中的安全，故一般用焊接性好的铸钢制成。角件分顶角件和底角件两种，顶角件与底角件的外形相同而结构略有不同。图 3-3 中的上面是顶角件，下面是底角件。

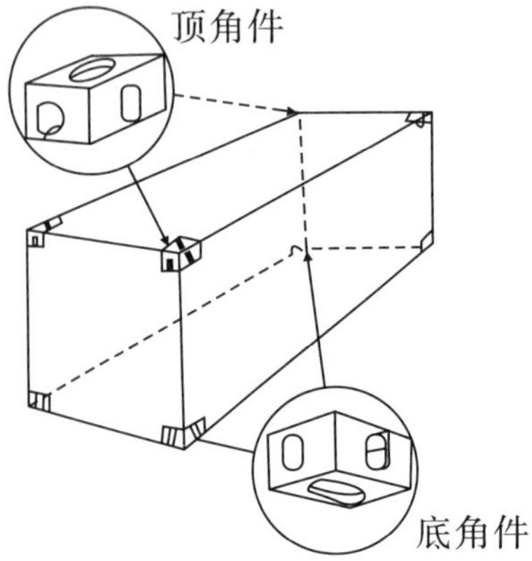


**图 3-3 集装箱的角件**

角件的使用在整个集装箱运输生产中起着很大的作用，如保证了集装箱的安全操作，方便了起重机械的装卸作业和运输车辆的运输，与专门的集装箱吊具相配合，有利于提高装卸效率，等等。

### 4. 集装箱的种类

随着运输条件的改善和制造技术的更新，出现了大量功能齐全、用途广泛的不同类型的集装箱。集装箱的分类方法很多，下面简单介绍集装箱常见的分类方式。

（1）按用途分类，集装箱可以分为通用型集装箱、保温集装箱、特种集装箱等。

①通用型集装箱。通用型集装箱又称为“杂货集装箱”“干货集装箱”，用于装载除冷冻货、活动物、植物以外，不需要调节温度，且尺寸、质量等均适用于集装箱运输的所有货物。在集装箱门类中，这种集装箱所占比重最大，国际标准化组织建议的标准集装箱指的就是这种集装箱。

②保温集装箱。保温集装箱是一种箱壁采用导热率低的材料制作，用于需要冷藏和保温货物运输的集装箱。保温集装箱又可根据保温要求不同分为冷藏集装箱、隔热集装箱和通风集装箱等三种。

③特种集装箱。特种集装箱适用于装运特种货物，可以细分为散货集装箱、框架集装箱、开顶集装箱、罐式集装箱、牲畜集装箱、兽皮集装箱、平台集装箱、台架式集装箱等。

（2）按制箱材料分类，集装箱可分为铝合金集装箱、钢板集装箱、玻璃钢集装箱、不锈钢集装箱、纤维板集装箱等。

①铝合金集装箱。铝合金集装箱是目前国际集装箱运输中采用较多的一种集装

箱。它的自重轻，加工方便，外形美观，具有较好的弹性和较高的防腐蚀能力，但造价高，焊接性能差。

②钢板集装箱。钢板集装箱是海上集装箱运输中采用较为普遍的一种集装箱，它的强度大，结构牢，价格低，焊接性和水密性好，易于反复使用，价格较为便宜，但自重大，易腐蚀，维修、保养费用较高。

③玻璃钢集装箱。玻璃钢是用玻璃纤维、合成树脂和胶合板混合制成的一种材料。玻璃钢集装箱的强度大，刚性好，能隔热、防腐、不生锈，能保护箱内货物不受湿损，维修简单，但自重大，材料老化后强度降低，造价较高。

④不锈钢集装箱。不锈钢集装箱的强度大，耐腐蚀，在使用期限内基本不需保养，但价格高，材料紧缺。

⑤纤维板集装箱。纤维板集装箱美观、成本低，但不坚固，易损坏。

（3）按集装箱的结构分类，集装箱可分为整体式集装箱、框架式集装箱、罐体式集装箱、折叠式集装箱、软式集装箱等。

①整体式集装箱。此类集装箱为整体的刚性结构，一般具有完整的箱壁、箱顶和箱底，如通用集装箱、通风集装箱、保温集装箱、干散货集装箱等是整体式集装箱。

②框架式集装箱。它一般呈框架结构，没有壁板和顶板，如某些台架式集装箱。有的框架式集装箱甚至没有底板，如汽车集装箱。

③罐体式集装箱。罐体式集装箱的外部为刚性框架，以便堆放，内有罐体，适于装运液体、气体及部分颗粒体货物。

④折叠式集装箱。其主要部件（指侧壁、端壁和箱项）能够折叠或分解，在回空和保管时能缩小集装箱的体积，有效减少保管费用。但其主要部件是铰接的，强度受到一定影响。

⑤软式集装箱。软式集装箱通常是用橡胶或其他复合材料制成的有弹性的集装箱。其优点是结构简单，空箱状态下体积不大，自重系数较小。

另外，按大小进行分类，集装箱可分为大型箱（装载量在 20 吨以上）、小型箱（装载量在 5 吨以下）和中型箱（装载量在 5 吨~20 吨之间）等；按箱主分类，集装箱有铁路集装箱、国际海运集装箱、自备集装箱等。

**5. 集装箱的标准**

集装箱的标准对其自身的发展具有非常重要的作用，在整个物流系统中，集装箱标准也是十分重要的一环。集装箱的标准与运输设备、装卸机具，甚至与车站、码头、仓库的设施都有关，建立统一的集装箱标准有助于物流各环节之间的衔接。

集装箱的标准主要有两部分：一部分是硬件标准，另一部分是软件标准。硬件标准包括集装箱的外部尺寸、集装箱的重量、集装箱的结构和强度、集装箱的角件和门搭扣件等的标准。软件标准包括统一的名称术语、作业规则、使用方法、装运方法、代码标志等。

目前我国的集装箱国家标准目录如表 3-1 所示，GB1413-85 中的集装箱规格如表 3-2 所示，国际标准集装箱规格系列如表 3-3 所示。

**表 3-1　集装箱国标目录**

| 代　号 | 名　称 |
|---|---|
| GB1413-85 | 集装箱外部尺寸和额定重量 |
| GB1834-80 | 通用集装箱最小尺寸 |
| GB1835-85 | 集装箱角件的技术条件 |
| GB1836-85 | 集装箱标记代号 |
| GB1992-85 | 集装箱名词术语 |
| GB3218-82 | 5D 型通用集装箱的技术条件和试验方法 |
| GB3219-82 | 1CC 型通用集装箱的技术条件和试验方法 |
| GB3220-82 | 集装箱吊具的尺寸和重量系列 |
| GB3817-83 | 集装箱门搭扣件固货栓和施封护罩的技术要求 |
| GB5338-85 | 1AA、1A 和 1AX 型通用集装箱的技术条件和试验方法 |
| GB7392-87 | 保温集装箱的技术条件和试验方法 |
| GB11601-89 | 集装箱港站检查口装卸作业安全规程 |
| GB4290-84 | 集装箱运输状态代码 |
| GB11602-89 | 集装箱港口装卸作业安全规程 |
| GB/T12418-90 | 钢质通用集装箱修理技术条件 |
| GB/T12419-90 | 集装箱公路中转站站级划分及设备配备 |

**表 3-2　GB1413-85 集装箱规格**

| 型号 | 高度（毫米） | | 宽度（毫米） | | 长度（毫米） | | 额定重量/最大总重量（千克） |
|---|---|---|---|---|---|---|---|
| | 尺寸 | 极限偏差 | 尺寸 | 极限偏差 | 尺寸 | 极限偏差 | |
| 1AA | 2591 | 0<br>−5 | 2438 | 0<br>−5 | 12192 | 0<br>−10 | 30480 |
| 1A | 2438 | 0<br>−5 | 2438 | 0<br>−5 | 12192 | 0<br>−10 | 30480 |
| 1AX | <2438 | 0<br>−5 | 2438 | 0<br>−5 | 12192 | 0<br>−10 | 30480 |
| 1CC | 2591 | 0<br>−5 | 2438 | 0<br>−5 | 6058 | 0<br>−6 | 20320 |
| 1C | 2438 | 0<br>−5 | 2438 | 0<br>−5 | 6058 | 0<br>−6 | 20320 |
| 1CX | <2438 | | 2438 | 0<br>−5 | 6058 | 0<br>−6 | 20320 |
| 10D | 2591 | 0<br>−5 | 2438 | 0<br>−5 | 4012 | 0<br>−5 | 10000 |
| 5D | 2438 | 0<br>−5 | 2438 | 0<br>−5 | 1968 | 0<br>−5 | 5000 |

**表 3-3　国际标准集装箱规格系列**

| 箱型 | 长（毫米） | 宽（毫米） | 高（毫米） | 总重量（千克） |
|---|---|---|---|---|
| 1AA | 12192 | 2438 | 2591 | 30480 |
| 1A | 12192 | 2438 | 2438 | 30480 |
| 1AX | 12192 | 2438 | <2438 | 30480 |
| 1BB | 9125 | 2438 | 2591 | 25400 |
| 1B | 9125 | 2438 | 2438 | 25400 |
| 1BX | 9125 | 2438 | <2438 | 25400 |
| 1CC | 6058 | 2438 | 2591 | 24000 |

续表

| 1C | 6058 | 2438 | 2438 | 24000 |
|---|---|---|---|---|
| 1CX | 6058 | 2438 | <2438 | 24000 |
| 1D | 2991 | 2438 | 2438 | 10160 |
| 1DX | 2991 | 2438 | 2438 | 10160 |
| 1AAA | 12192 | 2438 | 2896 | 30480 |
| 1BBB | 9125 | 2438 | 2996 | 25400 |

## （二）集装箱运输

集装箱运输是一种先进的运输方式，目前已成为国际货物运输中一种重要方式。它以集装箱为单元积载设备（货运单位），在海陆空运输中都可以使用。

### 1. 集装箱运输的定义

集装箱运输就是将货物装在集装箱内，以集装箱作为一个货物集合（成组）单元，进行装卸、运输（包括船舶运输、铁路运输、公路运输、航空运输以及这几种运输方式的联合运输）的一种方式。

### 2. 开展集装箱运输的基本条件

要开展集装箱运输，必须具备一些条件，其中最主要的两个基本条件如下。

（1）要有稳定而大量的集装箱适箱货源。国际集装箱运输大部分采用定期班轮运输，开航日期、时间、停靠港口的时间是固定的，如果货源不足，就可能造成运营亏损。

（2）集装箱运输要有良好的基础设施。开展国际集装箱运输的基础设施除了集装箱船舶、集装箱外，还要有快速装卸集装箱的大型现代化集装箱港口或码头以及发达的内陆运输系统，以保证进出口集装箱的及时集散，这就要求国家的公路、铁路、内河运输能满足集装箱运输的要求。

### 3. 集装箱运输的优点

集装箱运输使货物流通过程各个环节发生了重大改变，因此被称为“20 世纪的运输革命”。与传统的运输相比，集装箱运输将单件杂货集中成组装入箱内，采用大型装卸机械，发挥多式联运的系统化的长处，实现“门到门”的运输，使船主和货主两方受益。

（1）运输效率高。集装箱运输采用了标准箱，实现了货件的标准化，简化了货物的运输环节，为采用计算机等先进的管理手段提供了可能，提高了整个运输过程的生产效率，降低了工人的劳动强度。

（2）运输质量好。采用单件杂货运输方式时，在运输和保管过程中货物较难保护，货损、货差情况严重，特别在运输环节多、品种复杂的情况下，中途搬运使货物破损和被盗事故屡屡发生。由于集装箱具有坚固、密封的特点，是一种高强度的外包装，采用集装箱运输，尽可能地减少了货损、货差，提高了货运质量，简化了货物包装，节省了包装费用。此外，集装箱在发货人处签封，一单到底，途中不拆箱，降低了货物丢失的概率。

（3）成本低，效益好。货物的集装箱化给港口和场站的装卸、堆码工作的机械化和自动化创造了条件，大大提高了运载效率，加快了车船周转速度，节省了时间和费用。另外，减少了运输中转环节和收发货的交接手续，加快了检验速度，降低了验收费用。

（4）便于多式联运。由于各种运输工具各自独立发展，传统的运输方式装载容积不统一，因而给货物的换装带来了困难。随着集装箱的出现，各种运输工具之间的换装衔接变得十分便捷，从而有利于实现多式联运。

（5）系统性。集装箱运输需要接触几乎所有的运输部门和运输服务部分，并使它们成为有机整体，协调运作，以充分发挥集装箱运输的特点和优势。否则，这种优势就只是局部的、不牢固的。

## 二 集装箱的管理

若要完成集装箱运输，就必须要在集装箱运输的全过程对集装箱进行有效管理，包括集装箱的箱务管理和租赁业务管理。

### （一）集装箱的箱务管理

做好集装箱箱务管理对降低集装箱运输总成本、减少置箱投资、加快集装箱的周转、提高企业经济效益具有重要意义。集装箱箱务管理是一项复杂的系统工程，主要内容包括集装箱的调运、备用、保管、交接、发放、检修以及灭失处理等，涉及诸多部门。

**1. 集装箱的调运**

货源不平衡及各航线货物流向不平衡等会造成各港的空箱数量的不平衡，因此，必须将某港的剩余空箱调运到空箱不足的港口以供使用。空箱的调运涉及船公司、场站、中转站、港口等部门。

通常，集装箱运输总公司下设箱管部，统一管理整个公司的集装箱，并与各航线经营人密切配合，合理调配集装箱。箱管部下设箱管分部，负责检查所管辖地区内的港口集装箱保有量，制定区域内港口间集装箱平衡及调运计划，并报箱管部统筹调度解决。箱管分部根据开放港口（允许提、还箱的港口）的进出口箱量，确定开放港口的集装箱合理保有量，并根据市场变化及时调整。

箱管部根据港口及地区的集装箱保有量，制定周、月度空箱调运计划，并与航线经营人联系落实该计划，向航线经营人发送集装箱调运计划通知书，经认可后，向代理发布调箱指令，同时抄报箱管分部和航线经营人。对于开放港口，航线经营人应根据箱管分部的集装箱调运计划通知书和箱管分部发布的调箱指令，检查落实装船；对于封闭港口（不允许提箱、还箱的港口），航线经营人应与地区箱管分部和港口箱管代理共同协商，做好封闭区域港口间的集装箱平衡工作，并根据封闭区内的集装箱合理保有量，积极做好进、出封闭区的集装箱调运工作。港口箱管代理应做好集装箱现场管理工作，落实空箱调运计划，发现问题及时向有关各方反映，以便及时解决问题。对于计划外用箱，应提出计划外用箱申请，交有关箱管分部，在分部内可解决的就由分部内协调解决，如在分部内解决有困难的，则由箱管分部报箱管部予以解决。如果港口或地区的集装箱空箱总量超过合理保有量的一定比例，并已堆存了一定时间，则可以认为该港口或地区集装箱积压。对积压在封闭港口内的空箱，有关箱管分部应建议航线经营人积极组织回空，必要时应通报箱管部采取有效措施予以解决。

空箱的调运有下面几种情况：港到港的调运，又包括国际调运和国内调运；港到堆场、货运站间调运；堆场、货运站之间调运；临时租用箱调运；还箱调运；其他调运。拆空的集装箱一般由货方（或其代理）、内陆承运人负责还箱，运输和集装箱在修理、清洗、改装、熏蒸、检验后，箱管部门应做好调运计划，联系运输公司将集装箱运至指定地点，以使集装箱满足载货要求，加快集装箱的周转速度。

**2. 集装箱的分配及使用**

集装箱的分配及使用一般应遵循以下原则：当港口集装箱充裕时，按船舶开离时间顺序分配用箱；当港口集装箱不足时，应先保证本月调进空箱量大的航线经营人所属船舶用箱，再考虑运距长的货物用箱；对去往集装箱严重积压的港口的货物要控制放箱；要保证有重要运输协议、特殊运输时限要求的货物的用箱；要保证特种货物和特种用箱的需求。

**3. 集装箱的堆存与保管**

集装箱进入场站后，场站应按双方协议规定，按照不同的海上承运人将空箱和重箱分别堆放。空箱按完好箱和破损箱、污箱、自有箱和租箱分别堆放。场站应对掌管期限内的集装箱和集装箱内的货物负责，如有损坏或灭失由场站承担责任，未经海上承运人同意，场站不得以任何理由将其堆存的集装箱占用、改装或出租，否则应承担经济责任。场站应根据中转箱发送的不同目的地，按船、按票将中转箱集中堆放，并严格按海上承运人的中转计划安排中转。

**4. 集装箱的发放和交接**

集装箱的发放和交接应依据《进口提货单》《出口订舱单》《场站收据》以及这些文件内列明的集装箱交付条款，实行《集装箱设备交接单》制度。从事集装箱业务的单位必须凭集装箱代理人签发的《集装箱设备交接单》办理集装箱的提箱（发箱）、交箱（还箱）、进场（港）、出场（港）等手续。托运人、收货人、内陆承运人或从事集装箱业务的有关单位，不得将集装箱用于设备交接单规定外的用途，必须按规定的时间、地点交箱、还箱。集装箱提离场站后，严禁随意套箱、换箱。凡需要套箱、换箱，必须事先征得集装箱所有人同意，否则套箱、换箱者应承担由此引起的责任和损失。

**5. 集装箱的修理及维护保养**

集装箱在运输、装卸、搬运、堆存过程中造成损坏，由箱管部及箱管分部的技术管理部门对集装箱的维修作出统筹计划和组织实施。港口箱管代理可在授权范围内按照报修程序组织修理。

**6. 集装箱灭失、损坏的处理**

海上国际集装箱运输的各区段承运人，港口、内陆集装箱中转站，集装箱货运站对其所管辖的集装箱和集装箱货物的灭失、损坏负责，并按照交接前由交方承担，交接后由接方承担划分责任。但在交接后 180 天内，接方能提出证据证明交接后的集装箱货物的灭失、损坏是由交方造成的，交方应按有关规定负赔偿责任。

除法律另有规定外，承运人与托运人应根据集装箱货物交接方式按下列规定对集装箱货物的灭失或损坏负责。

（1）由承运人负责装箱、拆箱的货物，从承运人收到货物后至运达目的地交付收货人之前的期间内，箱内货物的灭失或损坏由承运人负责。

（2）由托运人负责装箱的货物，从装箱托运交付后至交付收货人之前的期间内，如箱体完好，封志完整无误，箱内货物的灭失或损坏由托运人负责；如箱体损坏或封志破损，箱内货物灭失或损坏由承运人负责。

（3）托运人对集装箱货物申报不实或集装箱货物包装不当造成人员伤亡，并使运输工具、货物自身或其他货物集装箱损坏的，由托运人负责。

（4）装箱人或拆箱人的过失造成人员伤亡并使运输工具、集装箱、集装箱货物损坏的，由装箱人或拆箱人负责。

**7. 箱务管理现代化**

目前，集装箱运输发展已进入成熟阶段，计算机得到广泛运用，信息管理日趋现代化。箱务管理具有跨行业、跨地区、跨国界的特点。大范围、多机种、远距离连接的计算机网络管理系统，使企业内部的单机管理系统与各相关部门的网络管理系统组成了综合信息管理网络系统，实现了信息自动交换和自动处理，使每个集装箱的状态和位置都能自动、实时地反馈到各有关部门，从而大大提高了生产效率，实现了箱务管理现代化，充分发挥了集装箱运输的优势。

### （二）集装箱租赁业务管理

集装箱租赁是指集装箱租赁公司与承租人（一般为海运班轮公司、铁路、公路运输公司等），通过双方签订租赁合同，用长期或短期的方式把合格的空集装箱租赁给承租人，在协议执行期间，箱体由承租人管理使用，承租人负责对箱体进行维修保养，确保避免灭失。在协议期满后，承租人将集装箱还至租箱公司指定堆场。堆场对损坏的箱体按协议中规定的技术标准修复，修理费用由承租人承担。承租人按照协议向租箱公司承付提还箱费及租金。国际上有多种不同的集装箱租赁方式，总括起来有程租、期租、活期租用和航区内租赁等几种。

对于班轮公司而言，与自行采购集装箱相比，租赁集装箱具有下列优点：避免巨额资金的即时投入，便于提取和归还集装箱，集装箱需求可以得到保障，避免单程空箱所造成的损失等。

集装箱租赁人在租赁集装箱之前，应与租赁公司签署集装箱租赁合同。集装箱租赁合同是规定租箱人与租箱公司双方权利、义务和费用的协议和合同文本，其主要条款包括交箱条款、还箱条款、损害修理责任条款、租金及费用支付条款和设备标志更改条款等。

**1. 交箱条款**

交箱条款是制约租箱公司的条款，它是指租箱公司应在合同规定的时间和地点将符合合同规定条件的集装箱交给租箱人。

**2. 还箱条款**

还箱条款是制约租箱人的条款，它是指租箱人应在租用期满后，按合同规定的时间、地点将状况良好的箱子还给租箱公司。

**3. 损害修理责任条款**

租箱人在还箱时，应按设备交接单上记载的状况还箱，如有损坏，则应负责将箱子修理好后还箱或承担修理费用。

**4. 租金及费用支付条款**

租款人应按时支付合同中规定承担的各种费用及租金，这是自由使用集装箱、享有某些权利和减少责任的前提。

**5. 设备标志更改条款**

租箱人可以在租赁的集装箱箱体外表贴上自己的标志。但未经租箱公司同意，不得更改原有标志。

除上述条款外，租箱合同一般还包括租箱责任、义务、保险和转租等条款。

## 三 集装箱运输的分类

集装箱运输包括公路集装箱运输、铁路集装箱运输、海上国际集装箱运输和航空集装箱运输等不同的形式。

### （一）公路集装箱运输

公路运输以其机动灵活、快速直达的优势，在集装箱内陆运输系统和海陆联运中占有重要的地位。公路集装箱运输能将铁路运输、海运、空运有效地连接起来，实现

"门到门"运输。它还能把小批量的零星货物，通过汽车运输加以集中和组织，转为集装箱运输。目前，在一些工业发达国家中，汽车运输不但承担了铁路运输、海运、空运接送业务，而且承担了中、短途的内陆集装箱运输。开展公路集装箱运输能够简化货物流通环节，提高运输效率，节约包装材料，减少货损货差，降低流通成本，改善运输质量。

公路集装箱运输的运送路线一般都是连接几个固定的货运站、堆场，更容易实现机械化和程序化，为开展集装箱码头堆场、货运站直至仓库之间的拖车运输打下良好的基础，这对提高集装箱运输效率有着重要的意义。另外，整箱货物是由发货人或其代理人装箱，拼箱货物是由集装箱货运站负责装箱，这同传统的杂件货装卸有很大的区别。由货主或货运站装箱、拆箱便于实现操作的专业化、熟练化。

公路集装箱运输要得以正常进行，必须符合三个方面的要求。

**1. 对公路等级的要求**

对于20ft、40ft的集装箱的运输，公路必须满足车道宽度最小3米，坡度最大10%的要求。如果要使所有符合国际标准规格的集装箱都能通行，公路就必须能承受至少13吨的车重，所需车道条件视货运量而定，且公路桥梁的负载能力也必须与之相适应。

**2. 对运输汽车的要求**

运输集装箱的汽车是根据集装箱的箱型、种类、规格尺寸和使用条件来确定的，一般分为货运汽车和拖挂车两种。货运汽车一般适用于小型集装箱作短途运输，拖挂车适用于大型集装箱的长途运输。

**3. 对装卸机械设备的要求**

汽车集装箱运输虽然不像铁路货场、港口码头那样进行大量的集装箱装卸作业，但是为了满足某些货主的要求及汽车集装箱货场作业要求，也需要配备一定数量的集装箱装卸机械设备。

### （二）铁路集装箱运输

在多式联运中，铁路集装箱运输主要承担陆地干线运输的责任，经过货源组织、计划配装、装车、中转、卸车、交付等一系列运输过程。与传统的零担运输和整车运输不同，铁路集装箱运输有其相应的组织方法和管理手段。

虽然一般铁路货车都可以装运集装箱，但是集装箱的尺寸受铁路货车尺寸的制约，且普通铁路干板货车虽可装运集装箱，但自重量大，无效运输严重，车辆构造也不适用于快速装卸及大量运输。除了一般混装运输以外，专门进行集装箱运输的线路及定期集装直达列车一般采用集装箱专用车。

### （三）海上国际集装箱运输

海上国际集装箱运输是指集装箱船经由海上从一个国家或地区运至另一个国家或地区的国际运输，这是水路集装箱运输的主要形式。海上国际集装箱运输一般为班轮运输，集装箱航线一般为班轮航线。集装箱班轮运输是集装箱运输船按照预先公布的船期表，在固定的航线上和规定的挂靠中途港的顺序，往返航行于航线各港口间的一种营运组织方式。它开航日期固定，开航时刻固定，停靠港口固定，运价相对固定。

目前，世界上的主要班轮运输航线有：远东—北美太平洋集装箱航线，远东—欧洲集装箱航线，欧洲—北美大西洋集装箱航线等。

### （四）航空集装箱运输

航空集装箱运输是一种现代化的运输方式，其特点是运送速度快，安全性能高，货物破损少，节省包装费、保险费和储存费，航行便利，不受地面条件的限制，可通往世界各地，将货物运送至收货人的所在地。

航空集装箱产品一般包括航空集装箱运输使用的各种类型的集装箱、集装板（网）和其他有关辅助器材。国际航空协会将用于航空运输的集装箱称之为“成组器”，它又分为航空用成组器和非航空用成组器两种。航空用成组器是指装载在飞机内与固定装置直接接触，不用辅助器就能固定的装置，它可以看作飞机的一部分。非航空用成组器是指未满足上述航空用成组器条件的成组器。它可用叉式装卸车进行装卸，是按照航空用成组器或飞机货舱的形状实现标准化了的航空用成组器，必须根据国际航空运输协会规定的标准规格制造。

## 四 集装箱运输的关系人与单证

### （一）集装箱运输的关系人

集装箱运输的关系人包括经营集装箱货物运输的实际承运人、无船承运人、集装箱租赁公司、联运保赔协会、集装箱码头（堆场）经营人、集装箱货运站、货主等。

**1. 经营集装箱物流运输的实际承运人**

实际承运人即掌握运输工具，经营集装箱运输的承运人。如经营集装箱运输的船公司、联营公司、公路集装箱运输公司、航空集装箱运输公司等。他们通常拥有大量的集装箱，这有利于集装箱的周转、调拨、管理以及集装箱与车、船等的衔接。

**2. 无船承运人**

无船承运人是指在集装箱运输中，从事集装箱货运的揽货、装箱、拆箱、内陆运输及经营中转站或内陆站业务的专业机构，它可以具备实际运输工具，也可以不具备。他们在承运人与托运人之间起着中间桥梁作用。

**3. 集装箱租赁公司**

集装箱租赁公司专门经营集装箱的出租业务，随集装箱运输发展而兴起。集装箱租赁对象主要是一些较小的运输公司、无船承运人以及少数货主。

**4. 联运保赔协会**

联运保赔协会是一种由船公司互保的保险组织，对集装箱运输中可能遭受的一切损害进行全面统一的保险。它是在集装箱运输发展后产生的新的保险组织。

**5. 集装箱码头（堆场）经营人**

集装箱码头（堆场）是办理集装箱重箱或空箱装卸、转运、保管、交接的场所。集装箱码头（堆场）经营人是具体办理集装箱在码头的装卸、交接、保管的部门，受托运人（或其代理人）及承运人（或其代理人）的委托提供各种集装箱运输服务。

**6. 集装箱货运站**

集装箱货运站是在内陆交通比较便利的大中城市设立的提供集装箱交接、中转或其他运输服务的专门场所。在货运站内办理拼箱货的交接、配箱积载后，集装箱将被送往堆场，并接受堆场交来的进口货箱，进行拆箱、理货、保管，最后拨交给各收货人。集装箱货运站也可按承运人的委托进行铅封和签发场站收据等业务。

**7. 货主**

集装箱运输的货主包括托运人和收货人。

### （二）集装箱运输单证

集装箱运输过程需要缮制的单证很多，其中集装箱运输的“三大单证”是集装箱运输中最主要的几种单证。

**1. 集装箱运输的主要单证**

集装箱运输的主要单证包括“设备交接单”“场站收据”“交接记录”，即所谓的集装箱运输的“三大单证”。

（1）设备交接单。设备交接单也称“设备收据”，是集装箱所有人或租用人委托集装箱装卸区、货运站或内陆中转站与货方（即用箱人或其代表）交接集装箱及其他机械设备交接的凭证，由借方和出借方共同签字。

（2）场站收据。场站收据也称“码头收据”，是海上承运人委托集装箱装卸区货运站或内陆中转站在收到整箱货或拼箱货后签发的国际集装箱运输专用出口单证。它一般由发货人或其代理人根据船公司或其他运输经营人制定的格式进行填制，并跟随货物一起运至集装箱码头堆场或集装箱货运站，由接受货物的一方在收据上签字后交还给发货人，证明托运的货物已收到。

（3）交货记录。交货记录是集装箱堆场和集装箱货运站向收货人或其代理人交货的凭证，是证明船公司责任终止的单证。

**2. 集装箱运输的其他单证**

除上述三种主要的单证外，集装箱运输通常还包括以下 10 种单证。

（1）订舱单。订舱单是船公司或其他承运人在接受发货人（或托运人）的订舱时，根据发货人的口头或书面申请货物托运的情况，用以安排集装箱货物运输而制作的单证。订舱单的主要内容有货名、件数、包装式样、标记、重量、尺码、目的港、装运期限、结汇期限等。

（2）订舱清单。订舱清单是船公司或其代理根据订舱单所记载的内容绘制的不同货物的交接地、装卸地一览表。

（3）装箱单。装箱单是详细记载每一个集装箱内所装货物的名称、数量及箱内货物积载情况的唯一单证。在以集装箱为单位进行运输时，集装箱装箱单是一张极其重要的单证，它是货物申报、交接等的依据，单证上所记载的货物和集装箱的重量是计算船舶吃水差和稳性的基本数据。当发生货损、货差时，它是处理事故索赔的原始依据之一。

（4）批注清单。集装箱码头堆场或集装箱货运站在接收货物时，如发现货物有异状，则应先将这一异状的内容、程度记在场站收据的备注栏内，然后根据这些内容编制成一份单证，这份单证就叫作“批注清单”。

（5）装货单。装货单是由承运人或其代理人签章的单证，它既是货物办理托运的凭证，又是通知船上接受承运货物装船的凭证。

（6）装货清单。装货清单是由承运人或其代理人根据本航次所托运的货物，按先后到港次序把性质相近的货物加以归类后制成的一张装货单的汇总清单。

（7）提单。提单是由集装箱运输经营人或其代理人在收到或接管货物后签发给发货人或托运人的一种凭证，证明运输物品已被接收或装船，并待进行海上运输后，在指定港口把货物交给正当的提单持有人的一种有价证券。它也是运输公司和货主间的一种运输合同，体现了所记载的货物方面的权利，通常通过背书的方式流通，是押汇票据的主要的附属单据，分为装货提单和收货待运提单。现行的集装箱提单中都有表面条款（即正面条款），用来说明货物在使用集装箱运输时所签发的提单性质和作用，该条款由确认条款、承诺条款、签署条款组成。

（8）空箱交接单。空箱交接单是货主使用船公司的集装箱时填写的单证，船公司依此指示集装箱保管人将空箱交给此单证的持有人。

（9）保函。集装箱在运输过程中，承运人的责任是从接收货物时起，对货物接收前已发生的货物损害和集装箱损害均详细地记载在场站收据上，继而将这一记载转移至提单，从而在事实上构成不清洁提单。对于批注提单，银行不接受结汇，发货人欲向银行结汇，习惯做法是消除这一批注内容，或由发货人提出由发货人负责赔偿因提单上的不诚实记载而使承运人遭受损失为内容的证书，这一证书就是保函。也就是说，保函是承运人签发与事实不符的提单时，主张不得以此种不实的记载而对善意的提单持有人享有免责。

（10）货物托运单。集装箱货物托运单是指由托运人（发货人或货运代理人）根据买卖合同和信用证上有关条款规定，向承运人或其代理人办理货物运输的书面凭证。

**3. 集装箱运输的电子单证**

在集装箱运输过程中，集装箱的验收、提取、装卸、堆存、拆箱、收费、“一关三检”等活动产生许多需要处理的信息和单证。在传统方式下，信息和单证都先被记录在纸页上，再由人工键入电脑，产生装船、卸船计划。对近洋航线，船图、舱单都随船携带，只有在船舶停靠锚地后才能取下，录入电脑；对远洋航线，一般采用传真方式，将船图、舱单传到港口，但传真的图单往往模糊不清，需要较长的时间校对。

这种做法不但效率低下，而且费工费时，延长了船舶的在港时间。因此，提高装、卸船的信息处理效率，对缩短船舶在港时间，具有重要意义。

电子数据交换系统（EDI，Electronic Data Interchange）是一个比较先进的系统，它利用网络技术，可以实现集装箱运输信息、单证的电子化处理以及船期、船舶抵港等动态信息的电子传送，港口、航船都可以通过 EDI 方便获取所需信息，从而大大提高港口调度的工作效率和集装箱的运输效率。

## 五 集装箱运费

集装箱运费是对集装箱运输过程中发生的各种成本支出的补偿。集装箱的运输成本及其构成与传统运输有很大区别，计费方式也有很大的变化。随着集装箱运输的发展，集装箱运费体系尚在不断完善之中。

### （一）集装箱运费概述

为补偿集装箱运输过程中的各项支出以及获得一定的利润，集装箱运输经营人应向集装箱货物托运人收取一定的运输费用，该费用称为“集装箱运费”。集装箱运费的单位价格即集装箱运价。集装箱运价，特别是国际集装箱运价不是一个简单的价格标准，而是包括费率标准、计收办法、承托双方责任、费用、风险划分等的一个综合价格体系。

**1. 集装箱运费的基本结构**

传统的件杂货运价是分方式、分段计算的，承担绝大部分国际运输的海运段运价是建立在“港到港”交接基础上的，仅包括货物的海上运费、装船费用和卸船费用，这三项费用一般称为“海运运费”。集装箱运费不但包括集装箱海运运费，而且包括发货地集运费、装港港区服务费、海运运费、卸港港区服务费、收货地疏运费等。

（1）海运运费。集装箱海运运费是指海上运输区段的费用，包括基本海运运费及各类海运附加费，它是集装箱运费收入最主要的部分。

（2）港区服务费。港区服务费包括集装箱堆场服务费和货运站服务费。堆场服务费也称“码头服务费”，是集装箱运费中必不可少的部分，也是集装箱运输与传统件杂货运输费用计收因承运人责任的扩大而产生的主要区别。货运站服务费是指拼箱货物经由货运站作业时的各种操作费用。

（3）集疏运费。集疏运费包括发货地集运费和收货地疏运费，它指由发货地运往集装箱码头堆场或由集装箱码头堆场运往收货地的费用。

**2. 集装箱不同交接方式下的运费构成**

在集装箱运输中，不同交接方式的运费构成是不同的，拼箱货与整箱货的运费构成也不相同。按交接方式计算的集装箱运费结构如表 3-4 所示。

**表 3-4　集装箱不同交接方式下的运费结构**

| 交接方式 | 费用结构 | | | | | | |
|---|---|---|---|---|---|---|---|
| | 发货地集运费 | 装港货运站服务费 | 装港堆场服务费 | 海运运费 | 卸港堆场服务费 | 卸港货运站服务费 | 收货地疏运费 |
| 门到门 | √ | | √ | √ | √ | | √ |
| 门到场 | √ | | √ | √ | √ | | |
| 门到站 | √ | | √ | √ | √ | √ | |
| 场到门 | | | √ | √ | √ | | √ |
| 场到场 | | | √ | √ | √ | | |
| 场到站 | | | √ | √ | √ | √ | |
| 站到门 | | √ | √ | √ | √ | | √ |
| 站到场 | | √ | √ | √ | √ | | |
| 站到站 | | √ | √ | √ | √ | √ | |

**3. 集装箱运价的按箱计费**

传统的件杂货运价一般是以吨·千米来表示的，在集装箱运输中，尽管有些国家在公路和铁路运输中仍沿用这种运价，但是大多数国家对整箱运输采用箱·千米运价。在拼箱运输中，各国和地区采用的运价有区别，有的采用传统件杂货运价加上附加费形式，有的采用以货物重量或体积为计费标准（即 W/M 费率）的运价。拼箱货运价一般包含货物的装箱、拆箱及集装箱货运站费用。

（1）整箱货物运费的计收方法。对整箱货物运费的计收，除包箱费率外，当装箱积载达到或超过起码运费最低限额时，根据集装箱班轮公司运价本上的运价表的费率和规定，按箱内实装货物的重量或尺码计收；当装箱积载达不到最低限额时，按装箱积载最低限额计收或加收亏箱运费。

（2）拼箱货物运费的计收方法。拼箱货物海运运费的计收与班轮杂货运费的计收办法基本相同，不同的是，拼箱货物加收同集装箱有关的费用，如拼装箱服务费等，码头不再收取杂货费。拼箱货物运费和有关费用都是根据集装箱班轮公司运价表的规定，按每件货物的实际毛重或尺码计收。不过，在计算拼装箱服务费时，根据货物的重量或尺码按其中计费高者计收。拼装箱货物是一箱多票，不能选港分卸，集装箱班轮公司不会接受货方提出选港和变更目的港的卸货要求，也没有关于拼箱货物选卸货港附加费和变更卸货港附加费的规定。此外，拼箱货物的起码运费是按每张提单规定计收的。

## （二）集装箱海运运费计算

国际集装箱运输多采用海运方式，它的计费方法分为两大类：一是用件杂货运费来计算，即以每运费吨为单位计算运费（俗称“散货价”）；二是以每个集装箱为计费单位计算运费（俗称“包箱价”）。按照国际通用标准，国际集装箱海上运输有几种不同的运价形式，其中主要包括均一费率、包箱费率以及运量折扣率等。

### 1. 集装箱海运运价的确定原则

传统的“港—港”或称“钩—钩”交接方式的海运运价的确定，通常基于成本原则、价值原则和承受能力原则三个基本原则。在具体的定价过程中，以运输服务的成本为基础，考虑运输服务的价值水平及运输承受能力，综合运用这些定价原则。

（1）运输服务成本原则。班轮经营人为保证班轮运输服务得以连续、有规则地进行，以运输服务所消耗的所有费用及一定的合理利润为基准确定班轮运价。根据这一原则确定的班轮运价可以确保班轮运费收入不致低于实际的运输服务成本。该原则被广泛应用于国际航运运价的制定。

（2）运输服务价值原则。运输服务价值原则是指从需求者的角度出发，依据运输服务所创造的价值进行定价。它是货主根据运输服务能为其创造的价值水平而愿意支付的价格。运输服务的价值水平反映了货主对运价的承受能力。

（3）运输承受能力原则。运输承受能力原则是过去普遍采用的一个原则。考虑到航运市场供求关系对班轮运输的巨大影响，运输承受能力原则采用的定价方法是以高价商品的高费率补偿低价商品的低费率，从而达到稳定货源的目的。按照这一定价原则，承运人运输低价货物可能会亏本，但是，这种损失可以通过对高价货物收取高费率所获得的盈利加以补偿。

2. 集装箱海运运费的计费标准

与其他集装箱运费一样，集装箱海运运费也由基本运费和海运附加费两部分组成。

海运基本运费因所运货物的不同，计收方法也有所区别，通常有以下计收方式。

（1）按重量吨计收，称为“重量吨”，表内列明“W”，以每公吨或每长吨为计算单位。

（2）按货物体积计收，称为“体积吨”，表内列明“M”，一般以 1 立方米或 40 立方英尺为每体积吨计算单位。

（3）按商品的离岸价格按一定百分比（通常为 1%～5%）计收，称为“从价运费”，表内列明为“Ad Val 或 A. V.”。货物的离岸价格是指船上交货价格。

（4）按体积或重量，由船方选择某种方式计收，表内列为“W/M”。

（5）按混合标准计收，如“W/M plus A. V.”等，即按重量吨或体积吨再加从价运费。

此外，还有一些商品是按件（如车辆）或头（如牲畜）计收的，也可以按承运人和托运人双方约定的方式和费率计收运费。

集装箱海运附加费包括港口拥挤附加费、燃油附加费、货币贬值附加费、转船附加费、直航附加费、超重超长超大附加费、变更卸货港附加费等。

## （三）集装箱内陆运费计算

集装箱内陆运费计算包括公路集装箱运费计算、铁路集装箱运费计算以及航空集装箱运费计算等三种情况。

1. 公路集装箱运费计算

公路集装箱运费由基本运价、箱次费和其他收费构成。其计算公式如下。

重箱运费=重箱运价×计费箱数×计费里程+箱次费×计费箱数+货物运输其他费用

空箱运费=空箱运价×计费箱数×计费里程+箱次费×计费箱数+货物运输其他费用

（1）基本运价。公路集装箱基本运价是指种类标准集装箱重箱在等级公路上运输的每箱·千米运价。非标准集装箱按照不同规格的箱型，在标准集装箱基本运价的基础上加成计算；特种箱运价在标准箱型基本运价的基础上，按所装载货物的不同加成幅度加成计算。

（2）箱次费。箱次费按不同箱型分别确定。

（3）其他收费。根据集装箱货物运输的具体情况，承运人可征收相应的费用，如调车费、装箱落空损失费、车辆通行费、车辆处置费等。

**2. 铁路集装箱运费计算**

铁路集装箱运费有两种计算方法，一是常规计算法，由运费、杂费、装卸作业费和铁道部规定的其他费用组成，二是为适应集装箱需要而制定的集装箱一口价计算方法。

（1）常规计算法。集装箱运费由基本运费、铁路集装箱货物装卸作业费用、集装箱货物运杂费和其他费用所组成。其中集装箱货物运杂费包括过秤费、取送车费、铁路集装箱使用费和延期使用费、自备集装箱管理费、地方铁路集装箱使用费、货物暂存费等。

（2）集装箱运费一口价。为增加铁路运输价格透明度，规范收费行为，满足货主需要，开拓铁路集装箱运输市场，铁道部制定了集装箱运费一口价这种新的运费征收办法。集装箱运费一口价是指铁路对集装箱货物自进发站货场到出到站货场，按铁路运输全过程各项费用的总和，一次计收集装箱运输费用的方式。但集装箱运费一口价不包括下列费用：要求保价运输的保价费用；快运费；委托铁路装掏箱的综合作业费；专用线装卸作业的费用；集装箱在到站超过免费暂存期产生的费用；由于托运人或收货人的责任而发生的费用。

**3. 航空集装箱运费计算**

目前，航空集装箱运费的计算方法有两种，一是常规运价计费法，二是新型运价计费法。

（1）常规运价计算法。常规运价计算法即采用普通航空货物运费的计算方法，首先对两个机场城市间的航线制定出经营航班的运价，航空公司根据货物的重量或体积计算出应收的运费。此种运价需提交国际航空协会和有关政府，只有通过协会和政府批准才能生效。按照常规运价计算法计算航空集装箱货物运费时要确定三个因素：货物计费数量、运价种类和货物的声明价值。

（2）新型运价计算法。新型运价计算法是为适应航空集装箱运输的快速发展而使用的一种运价计算法，它不区分货物的种类、等级，只要将货物装在集装箱或成组器中运输，就可以将装在飞机货舱里的集装箱或成组器作为计价单位来计算运费。

# 第二节　托盘运输

早在太平洋战争时期，澳大利亚就成立了托盘联营公司。20 世纪 50—60 年代，美、英、法、德等国开始在码头、货运站等运输枢纽建立托盘租赁和回收站点，后来又建立了欧洲托盘联营组织和欧洲托盘协会。我国自 1965 年开始在北京和上海之间开展对口托盘联运。2006 年，我国市场上流通的托盘总量已达 1.5 亿个。

## 一　托盘

托盘最初出现在装卸领域，后来也用作储存设施，并成为一个运输单位。作为综合一贯制运输的主要载体及重要装备机具，托盘对综合一贯制的形成与建立发挥了巨大的作用。

### （一）托盘的定义和特点

**1. 托盘的定义**

托盘是一种用于机械化装卸、搬运和堆放货物的集装工具，具有一定的规格和强度，便于集中载货和机械操作。从构造上看，托盘由两层铺板中间夹以纵梁（或垫块）或单层铺板下设纵梁（或垫块、支腿）所组成；从制作材料看，目前使用的托盘主要由木质、塑料、金属等材料制成。

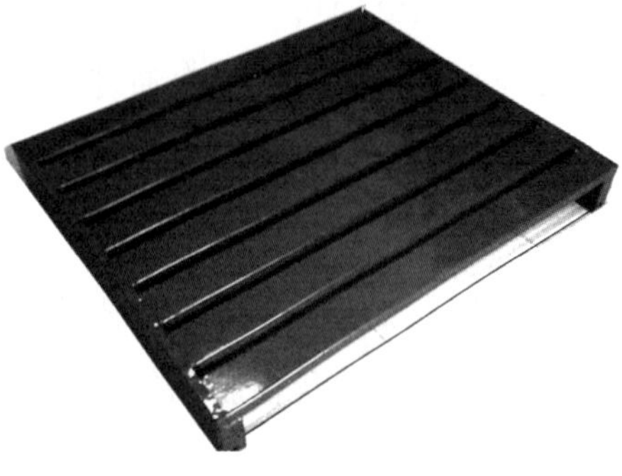

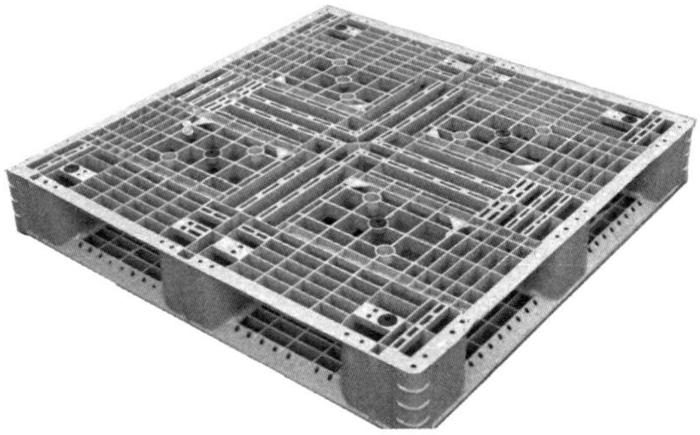

### 2. 托盘的特点

托盘作为一种集装化运输的工具，具有以下优点。

（1）自重量小。托盘的自重量小，在装卸、运输中用于搬运托盘所消耗的无效劳动较少，可以节省劳动力，减轻劳动强度，还可以缩短装卸时间。

（2）装盘容易。利用托盘运输货物，只需将货物捆扎、紧包在托盘上即可，从而使流通作业标准化，促进装卸机械化。

（3）容易返空。托盘在返空时占用运力少，容易返空。另外，托盘造价不高，容易互相替代，托盘在运输之后甚至可以不返还，而用对方的托盘互相抵补。

（4）运量大。虽然单个托盘的装载量比集装箱小，但是集中一定数量并进行合理堆码后，托盘的装载量要比一般包装的装载量大得多。

（5）可多层堆码。托盘能够进行多层堆码，有效地利用了储存空间。

托盘的主要缺点是货物的保护性比集装箱差，露天存放困难，需要有仓库和较宽的通道等配套设施。

## （二）托盘的类型及规格

### 1. 托盘的类型

根据托盘的形状不同，托般可以分为平托盘、柱式托盘、箱式托盘、轮式托盘和特种专用托盘等类型。其中，前四种托盘具有较强的通用性，适合装运多种中小件及杂、散、包装货物。

（1）平板托盘。平板托盘也称“平托盘”。一般所说的托盘主要指平板托盘，平托盘几乎是托盘的代名词。平托盘使用范围最广，利用数量最大，通用性最好。

平托盘又可以进一步分类如下。

①根据承托货物台面不同，平板托盘分成单面型、单面使用型、双面使用型和翼

型四种。单面型托盘只有一面有铺板，结构强度较小，适用于轻载荷或小型托盘，单面型托盘一般不能堆垛。单面使用型托盘的两面均有铺板，但只有一面可以载货，这种托盘比较常见。双面使用型托盘的两面均有铺板，并且都是载货面，强度也大，可以放在滚筒输送机上运送，也可以堆垛，多用于运输行业中。翼型托盘又分为单翼型和双翼型两种。它们的作用基本相同，单翼型上铺板的两端突出纵梁侧面，在用起重机搬运时供吊挂之用；双翼型上、下铺板的两端都突出纵梁侧面。

②根据叉车叉入方式不同，平板托盘可以分为单向叉入型、双向叉入型、四向叉入型三种。单向叉入型的托盘只有一个插口。双向叉入型的托盘在面对的两个方向有插口，结构强度大，使用也较多。四向叉入型的托盘四个侧面都有插口，在铁路货车、载重汽车和仓库内部需要变换托盘方向来堆垛作业时多采用这种托盘。

（2）柱式托盘。柱式托盘的基本结构是托盘的四个角有固定式或拆卸式的立柱，这种托盘的进一步发展又可从对角的柱子上端用横梁连结成门型框架。柱式托盘的柱子用钢材制成，按柱子固定与否分为固定柱式和可卸柱式两种。柱式托盘的立柱主要有两个作用：一是防止托盘上所置的货物在运输、装卸等过程中发生塌垛；二是利用立柱支撑承重，将托盘货载堆高叠放，而不用担心压坏下面托盘上的货物。

（3）箱式托盘。箱式托盘在工件等零散货物的存放或铁路、载重汽车等的杂货运输等方面使用最多。其基本结构是沿托盘的四个边由板式、栅式、网式等各种平面组成箱体，有些箱体上有顶板，有些箱体上没有顶板，箱板有固定式、折叠式和拆卸式三种。箱式托盘的主要特点有两个：一是防护能力强，可有效防止塌垛，防止货损；二是四周有护板、护栏，托盘的装运范围较大，不但能装运那些可整齐码垛的包装货物，而且可以装运各种异型、不能稳定堆码的物品。

（4）轮式托盘。轮式托盘的基本结构是在柱式、箱式托盘下部装有小型轮子。这种托盘不但具有一般柱式、箱式托盘的优点，而且可利用轮子做短距离移动，从而不用搬运工具即可实现搬运；也可利用轮子做滚上滚下的装卸，有利于将货物装入车内、船舶以后灵活移动。轮式托盘有很强的搬运性。此外，轮式托盘在生产物流系统中还可以兼做作业车辆。

（5）特种专用托盘。托盘制作简单，造价较低。某些货物可以采用装载效率高、装运方便、适用于有特殊要求的专用托盘运输。目前各国采用的专用托盘种类很多，在某些特殊领域发挥着重要的作用。如航空货运或行李托运使用的航空托盘、平板玻璃集装托盘、油桶专用托盘、货架式托盘、长尺寸物托盘、轮胎专用托盘等。

我们还可以根据制造材料不同，将托盘分为木制托盘、金属托盘、塑料托盘及胶合板托盘等。木制托盘的制造、维修都很方便，自重也较轻，装载的货物不打滑，价格也比较便宜。木制托盘是目前使用最广泛的一种托盘。金属托盘的最大特点是强度大，寿命长，不易损坏和变形，维修工作量较小，但它造价高，自重大，货物容易打滑，人力搬运较为困难。塑料托盘的主要特点是自重轻，耐腐蚀性强，还可以制成不同颜色以示区分。塑料托盘可以一次成型，表面光滑，不会划伤货物。但塑料承载能力不如金属和木制托盘，且造价高，容易打滑。纸制托盘又称“滑片”，通常由厚实的纸片制成，成本低，一般供一次性使用，且需与专用叉车配合作业。从目前的情况看，木质托盘因其结实、价格便宜而使用广泛，但随着制造工艺的进步，塑料托盘正在慢慢地取代木质托盘。

**2. 托盘的规格**

托盘的规格，特别是其平面尺寸，应以适合于各种运输车辆、集装箱的装货台面为标准。另外，在选择托盘包装单元尺寸时，也要充分考虑下列条件。

（1）表面利用率。表面利用率是指包装货物占有面积与托盘使用面积之比。

（2）稳定性。托盘的优点之一是可以多层堆码，因此，托盘尺寸的选择要有利于提高托盘堆垛货物的稳定性。

（3）托盘尺寸的选择应尽量考虑运输工具空间的充分利用。

国际标准化机构制定的通用托盘尺寸有1200毫米×1000毫米、1200毫米×800毫米、1140毫米×440毫米和1219毫米×1016毫米四种，而各国可以根据本国的具体情况，制定国内通用的托盘尺寸标准。

**延伸阅读**

## 我国现行的托盘规格

由于没有统一的强制性标准，企业往往根据自身需要向生产商定制托盘，这导致我国流通的托盘规格混乱。2002年，中国物流与采购联合会托盘委员会对我国托盘的使用现状进行了首次全面调查，数据显示，流通中的托盘规格多达几十种。常见的规格包括：2000毫米×1000毫米、1500毫米×1100毫米、1500毫米×1000毫米、1400

毫米×1200毫米、1300毫米×1000毫米、1200毫米×1000毫米、1200毫米×800毫米、1200毫米×1100毫米、1100毫米×1000毫米、1100毫米×1100毫米、1100毫米×900毫米、1000毫米×1000毫米、1000毫米×800毫米、1200毫米×1200毫米、1300毫米×1600毫米、1300毫米×1100毫米。中国ECR（Efficient Consumer Response，高效消费者响应）委员会对一些企业使用托盘情况的调查表明，除不同企业使用的托盘规格不同外，即使在同一个企业内部，托盘规格也不统一。

## 二 托盘运输

托盘运输可以提高企业的工作效率，实现搬运作业标准化、机械化，减少劳动力投入，降低物流成本。

### （一）托盘运输的定义

托盘运输又称“一贯托盘运输”，是将货物按要求装载在一个标准托盘上，组合成为一个运输单位，便于利用铲车或托盘升降机进行装卸、托运和堆存的一种运输方式。

当以托盘为装运工具，在物流过程中，托盘及其中的货物将作为一个整体运输，而不只是对单件货物进行运输，这可以有效减少货物装卸次数，节省运输费用，减少事故和货损，加快物流速度。

### （二）托盘运输的特点

托盘运输在现代物流系统中起着不可替代的作用，它具有以下优点。

**1. 装卸效率高**

托盘装卸效率高源于以下几个因素。

（1）托盘运输采用机械一次性装卸较多数量的货物，这可以缩短作业时间和节省劳动力，提高运输效率。

（2）托盘的自重量小，在货物的装卸、运输中托盘所消耗的劳动较少，无效运输及装卸与集装箱相比，相对较小。

（3）利用叉车使高层堆垛方便迅速，可以有效利用空间。

### 2. 实现作业标准化

以托盘为集装工具，将品种、形状不一的货物统一集装，这可以实现标准化作业，提高作业效率，实现搬运自动化。

### 3. 搬运灵活

在货物需要换装时，托盘运输可以将货物连同托盘直接从一个运输工具转移到另一个运输工具。显然，相对于传统的单件货物运输，托盘运输要灵活得多，这也节省了运输工具的等待时间。

### 4. 有利于保护货物

托盘运输是将托盘一次搬运，码放在托盘上的货物不需搬动，从而防止货物出现破损、污损、丢失、混装等现象。这种优点对出入库作业频繁及保管货物品种多的中转仓库来说，尤为重要。

### 5. 可以节约包装费用

码放在托盘上的单件货物包装可以简化，甚至不用包装就可以直接装运，这样更加节约包装费用。

### 6. 适宜国际运输发展的需要

托盘运输较好地适应了“第三世界”港口的现状，码头、仓库无须新建或改进，即可提高工效，缓解当前的港口拥挤状况。

托盘运输的局限性包括不适宜装运体积较大、形状不一的家具、机械以及散装、裸装、冷藏的货物，也不像集装箱那样可以密封地越过国境并快速转换于各种运输方式，无法完全适应国际多式联运的发展。

## （三）托盘运输的影响因素

虽然托盘运输有种种优势，但是许多国家还仅限在啤酒、日用杂货和化工产品等少数产品中使用，其他产品没能实现一贯制托盘运输。

延伸阅读

## 国内企业实行托盘运输中的问题

根据2002年中国物流与采购联合会托盘委员会的调研资料，我国现阶段托盘使用中主要存在如下问题。

1. 使用方式落后，不能完全发挥托盘的优点。主要表现在托盘的规格不统一，很多托盘仅局限于企业内部流通，不能在物流作业链中一贯使用。

2. 受托盘周转方式的制约，企业产品在流通过程中运输成本提高。绝大多数企业的托盘只限于企业内部周转，企业间的货物运输仍然要经过多次人工搬运和装卸，托盘运输的优势没有完全发挥出来。

3. 难以与国际接轨。由于规格、标准不统一，我国的托盘不能与国际运输工具（如集装箱）相匹配。企业不得不订购与内部使用的托盘规格不一致的托盘，从而增加了企业的出口成本，降低了产品的国际竞争力。

从现实情况看，下列因素制约着托盘运输的发展。

**1. 托盘规格不统一**

托盘规格不统一是制约托盘使用的最主要原因。因为规格不统一，所以通用托盘系统没能建立进来，运输车辆规格也无法与托盘规格相一致，这导致托盘运输更加难以推广。

**2. 无效运输导致运费增加**

在托盘运输方式下，货物必须连同托盘装卸，托盘本身占有一定的重量和体积，对托盘的运输是一种无效运输，这会导致运费增加。

**3. 运输途中货物容易散落、倒塌**

使用托盘运输可以实现多层堆码，这是托盘运输的一个优点，但同时，多层堆码使货物发生散落、倒塌的可能性大大增加。运输途中因货物散落、倒塌而造成的货物破损将给企业带来不必要的损失，为防止货物散落而采取的措施则会增加货物的运输成本。

**4. 回收率低**

当货物运达目的地以后，托盘往往不能及时返还，造成回收率较低，这增加了企业购置托盘的支出。

**5. 体制不完善**

没有建立完善的推进托盘运输发展的体制是托盘运输不能得到普及的又一重要原因。如缺乏统一托盘规格的强制性标准，对实施托盘运输的企业缺乏必要的鼓励措施，等等。

**6. 利益分配不够合理**

托盘不但在制造过程中需要大量投资，而且损耗较大、回收率低，这导致发货单位负担过重，投资者不一定能得到合理的回报，而收货单位则相对获利，即托盘运输的利益分配不合理使得运输企业缺少积极性。

### （四）托盘运输的管理

**1. 托盘联营**

托盘经营的合理化是提高托盘流通性的关键因素，托盘的标准化、系列化是提高托盘流通性的基础。为了实现运输托盘化，还需要建立一套托盘共用和交换的系统，即托盘联营制度。

托盘联营的目的是使参加联营的成员保有最低需要量的托盘，以便企业进行托盘运输。当实行托盘联营时，首先需将托盘的规格统一化，使之具有相互交流和及时交换的基本条件，然后要订立统一管理和交换托盘的制度。

**延伸阅读**

## 托盘联营

早在1940年，美国就已出现了托盘联营的概念。先是在耐火砖行业、肉食罐头行业，随后在钢铁行业都实现了托盘联营。

最早实行国内托盘联营的是瑞典（1947年），接着是瑞士（1951年）。国内托盘联营的成功产生了积极的影响，欧洲国家纷纷组织各自的国内托盘联营系统。随后，欧洲各国之间的国际托盘联营体系成立。

通过托盘联营，生产企业减少了自有托盘的保有量，省下了购置托盘的费用，避免了资金的占用。对运输企业来说，省去了搬运空托盘的作业流程，对需多程运输的货物，则减少了装卸次数，从而降低了企业的生产成本，运输的效率大幅提高，货物的破损率大大降低。对于用户来说，产品装卸次数的减少将降低货物的破损率，压缩货物的运输费用，提高产品的竞争力。可见，托盘联营使物流的参与者都获得了显著的收益。

托盘联营的实质是实现企业之间的托盘共用，通常有以下几种方式。

(1) 对口交流方式。有关企业之间签订协议，各企业的托盘可在签订协议的企业之间流通，共同接收和回送，定期清算。

(2) 即时交换方式。对由承运人和发货人组成的系统，当发货人发出一批托盘后，承运人给予发货人同等数量的托盘。这种方式在欧盟成员国之间应用比较广泛。

(3) 租赁方式。托盘公司拥有全部托盘并负责调配、维修和更新托盘，货主和承运人都不自备托盘。托盘公司在各地设立营业点，当货主或承运人需要使用托盘时可就近向各营业点租用，运输结束后空盘就近归还租赁公司。这是一种社会化很强的托盘管理形式。

(4) 租赁、交换并用方式。如承运人与货主之间采用交换方式，而与托盘公司之间则采用租赁方式。

(5) 结算交换方式。结算交换方式与即时交换方式程序基本相同，只是不必在现场交换托盘，而是通过传票，要求对方在约定的日间内返还空托盘。对不能按期返还的或造成丢失的要支付赔偿金。该方式对托盘回收、返还的责任等有明确规定，比即时交换方式要好。

**2. 实施托盘运输的要点**

为使托盘运输取得成功，发货单位、收货单位、物流业者和托盘租赁业者必须齐心协力，共同努力，主要包括以下要点。

(1) 公正地分配有关投资费用和收益。行业内部托盘共同投资利用，所得收益公正分配。

（2）改变捆包方法。如不要把货物沿水平方向向外延伸，防止货物散落等。

（3）设立共同回收机构。使用押金制度等办法回收托盘，提高托盘的回收率和使用效率，在行业内部设立共同回收机构。

（4）提高装载率。如使用标准托盘、缩短装卸时间，提高托盘的装载效率。

（5）采用标准托盘。收发地之间使用同一种规格托盘，以使收发双方托盘可以交换使用而不需回收。如有可能，还应在更大范围内统一托盘标准。

（6）普及叉车。普及叉车有助于提高收货单位的作业效率，对于订货单位，则可以要求他们使用托盘单元订货。

（7）促进运输车辆改变型号。在统一托盘标准之后，还可以改变运输车辆型号，从而适应托盘运输的要求。

（8）统一物流机器设备规格。除促进运输车辆改变型号之外，还应确立购进机器设备的检验体制，促进机具之间的相互配套，以进一步改善托盘运输的系统环境。

# 第三节　综合一贯制运输

在物流运输过程中，对环境影响最大的是运输工具，特别是由公路运输带来的废气排放、噪音和交通堵塞等。因此，改变运输方式，将公路运输方式转变为铁路运输或海上运输方式以及实行综合一贯制运输，可削减总行车量，有效减少物流运输对环境的污染。

## 一　综合一贯制运输的含义

综合一贯制运输是物流运输现代化的主要形式之一，它以杂货为对象，以单元装载系统为媒介，充分利用汽车、火车、船舶和飞机等运输工具的各自特点，把其中两种以上运输工具组合起来，从发货方到收货方始终保持单元货物状态。

### （一）综合一贯制运输的定义

综合一贯制运输是以集装箱、托盘为连接各种运输工具的通用媒介，充分发挥铁路、公路、海运及空运等运输方式的优势，把两种以上方式有机地结合起来，实行多环节、多区段、多工具相互衔接，进行货物运输的一种方式。

### （二）综合一贯制运输的构成要件

一般来讲，构成综合一贯制运输应具备以下几个主要条件，如：有一个多式联运合同，明确规定多式联运经营人（承运人）和托运人之间的权利、义务、责任、豁免的合同关系和多式联运的性质；运输过程至少要使用两种不同的运输方式，且是连续运输；使用全程单一费率；有一个联运经营人对货物的运输全程负责，由联运经营人去寻找分承运人，实现分段运输；使用一份全程联运单据（多式联运提单、多式联运运单）。

## 二 综合一贯制运输的特点

与传统的单一方式、单程运输相比，综合一贯制运输可以把汽车的机动灵活和铁路、海运的成本低廉以及飞机的快速特点结合起来，通过优势互补，提高运输效率，降低运输成本，完成"门到门"的运输。

综合一贯制运输的主要特点有以下几点。

### （一）手续简便

综合一贯制运输实行"一次托运，一份合同，一次结算费用，一票到底"。在综合运输中发货单位在发货时，只要发货方在起始地一次办理好运输手续，收货方在指定到达站即可提取运达的商品。

### （二）实现"门到门"运输

综合一贯制运输综合使用多种运输方式，能很便利地实现"门到门"运输，这对于保证供应链管理和产、销、物结合管理目标的实现具有重要的推动作用。

### （三）运费低廉

交通运输部门规定，凡交通部门直属运输企业，对综合运输的运费一律核减15%；当地方经营船舶运输时，运费一律核减10%。此外，我国还规定凡是交通运输部门能办联运的一律不办中转业务。

### （四）通用性

通用性是指运输过程中的商务活动规则能适应不同的运输方式、企业。

### （五）协同性

运输组织与运输设备的协调是综合一贯制运输的必要条件。

## 三 综合一贯制运输的优势

综合一贯制运输在社会效益和经济效益方面有如下作用和优势。

### （一）有利于发挥综合运输的优势

通过联运公司开办、代办业务，合理组织各种运输方式的衔接和配合，企业可以选择最佳运输方式和运输路线，充分发挥综合运输的整体功能。

### （二）有利于提高经济效益和社会效益

联运公司既为货主、旅客服务，又为运输企业服务。通过代办、代理运输，企业可以简化货主自办托运的手续，减少中间环节，提高运输效率，取得良好的经济效益和社会效益。从物流渠道看，它有效地解决了由于地理、气候、基础设施建设等各种市场环境差异造成的商品在产销空间、时间上的分离，促进了产销之间紧密结合以及企业生产经营的有效运转。

### （三）有利于挖掘运输潜力，加速货物周转，提高运输效率

全程运输组成了统一的作业体系，克服了单个运输方式固有的缺陷，从而在整体上保证了运输过程的最优化和效率化，大大地提高运输效率。

### （四）有利于形成以城市为中心、港站为枢纽的综合运输网络

城市是交通运输的枢纽，港站是联运网络的集结点，是客货集散的中转地。许多联运公司是以中心城市和港站为依托建立起来的。通过联运，发展联运企业之间、联运企业与运输、仓储企业之间的横向联合，发展跨地区的联营与协作，这有利于搞活流通，发展经济，为逐步形成互相适应的综合运输体系创造条件。

### （五）有利于无港站的县、市办理客货运输业务以及运输管理体制的改革

多式联运是物流运输企业横向经济联合的基本形式之一。随着联营联运的发展，多式联运必将成为运输管理体制改革的重大突破口，并向纵深发展。

## 四 综合一贯制运输的方式

我国目前实现的综合一贯制运输可分为两大类：一类是运输部门之间的联运；另一类是产、供、销之间的运输联合。前一类是由两种以上的运输方式或是同一运输方式在不同区段的联运，其常见形式有水陆联运、水上联运、陆陆联运、陆空联运等；后一类联运目前已发展为所谓的“一条龙运输”。

### （一）运输部门之间的联运

#### 1. 水陆联运

水陆联运是指船舶运输与铁路运输相衔接的一种运输形式。按距离划分，其可以划分为以下几种：两段联运，如陆路—水路（陆水）、水路—陆路（水陆）；三段联运，如水路—陆路—水路（水陆水）、陆路—水路—水路（陆水水）；四段联运，如水路—陆路—水路—陆路（水陆水陆）等。

#### 2. 水上联运

水上联运是指同一水系的不同路线，或同一水运路线不同类型船舶之间的接力运输形式。具体形式有江海联运、江河联运、河海联运、海江河联运等。

#### 3. 陆陆联运

陆陆联运即铁路与公路相互衔接的运输形式。

#### 4. 陆空联运

陆空联运即公路与飞机相互衔接的运输形式，一般为“汽车—飞机—汽车”。

### （二）“一条龙运输”

“一条龙运输”是产、供、销互相协作的运输形式，参加的部门有路、港、船、货等各方。它打破了一切路界、港界、厂界，把产、供、销多种运输方式及运输企业各环节之间全面贯穿起来，体现了产、供、销之间的新型合作关系。“一条龙运输”采用了“四定”（定船、定运量、定周转期、定泊位）原则，充分利用了水运优势，有利于最大限度地挖掘运输潜力，及时满足市场需求，还可以有效节约运输费用。

## 五 综合一贯制运输的实施条件

为了更好地实现汽车与火车、货船的联合运输，应采取如下推进措施。

### （一）提高铁路运输能力

由于现有铁路设备的限制，大幅度增加车次难以做到，但我们可以采取下列方式提高铁路运输能力，如加长集装箱列车编组，实行公路、铁路集装箱联运和 SVS（敞式、半敞式、封闭式运输系统）运输，研制开发牵引力强的货运机车，延长货车的错车线路以及扩大货运车站等等。

### （二）提高海上运输能力

为适应集装箱运输和小批量杂货运输的要求，应改善内航滚装船（可以直接开上开下的船）、汽车直接装卸船和内航集装箱船设备，灵活运用内航船的货舱调整制度，为渡船运货开辟新航线提供方便，并从中长期发展考虑研究开发先进的超大型班船。另外，还要改善内航集装箱船、滚装船、汽车专用船和长距离渡船等运输条件，做好码头建设。

### （三）充分发挥汽车运输的作用，协同开展一贯制运输

在开展综合一贯制运输的过程中，应提倡中小汽车运输企业展开合作，以汽车运输为中心，推行综合一贯制运输。

### （四）推动工商业界的观念革新

通过举行座谈会等形式，货主应提高认识，积极推进综合一贯制运输。另外，公路、铁路、海路和货主等各方也应该建立起新型的战略互助关系。

### （五）给予税收的优惠措施

在推进综合一贯制运输的过程中，政府也应发挥积极作用，如对使用集装箱运输的企业在税收上给予优惠等。

## ◆本章小结◆

集装箱既是载货容器，又是运输工具，它是现代物流运输的重要组成部分。集装箱运输是物流运输现代化的产物和重要标志，它具有很多优点。为了开展集装箱运输，必须具备两个基本条件，即有稳定而大量的适箱货源和良好的基础设施。集装箱管理主要包括集装箱的箱务管理、租赁业务管理等。

托盘是一种集装工具，它便于集中载货和机械操作，具有自重量小、容易返空、装盘容易、可高层堆码等特点。利用托盘进行运输，可以提高装卸效率、有利于保护货物、节约包装费用。当前，托盘运输尚未普及，其原因包括托盘规格不统一，回收困难等。因此，实行托盘联营是一种有效方式，可以克服托盘运输的上述缺陷。

综合一贯制运输可以充分发挥铁路、公路、海运及空运等运输方式的优势，具有手续简便、实现“门到门”运输、运费低廉、通用性、协同性等特点。其形式有水陆联运、水上联运、陆陆联运、陆空联运等。

## ■案例分析■

### 集装箱运输在粮食物流中的应用

我国现有粮食加工企业近2.1万家，年生产能力约1.88亿吨。近几年，由于对农业生产的结构性调整，我国的粮食生产逐渐向优势产区集中，品种和质量也呈多元化发展趋势。相应地，粮食流通也出现了一些新的特点，对出有的粮食流通体系提出了新的要求。因此，建立现代化的粮食物流体系已经成为我国粮食发展的必然要求。其中，粮食集装箱运输是一个重要的方面。

粮食集装箱运输就是以集装箱作为包装物和运输工具所进行的粮食运输。其作法是将粮食直接装入集装箱封好，然后将集装箱运到火车站或集装箱码头，运往全国各地的用户手中或国外的买主手中。

与通常的集装箱运输一样，粮食集装箱运输具有许多优点，如：使用机械化作业，减轻了工人的劳动强度；节约人力，装效率大大提高；手续简化，减少了运输环节上的理货交接程序；利用集装箱多式联运，缩短在途时间，保证市场供应；等等。

由于粮食集装箱运输本身就是集装箱运输的一个子系统，其可以充分利用现有的通用集装箱装卸设备，而不必另建专用的粮食流通设施，大大减少基本建设投资。正因为如此，虽然与粮食运输的其他方式相比（如散粮运输），集装箱运输的成本要略高一些，但是它节约了设备投资，粮食的集装箱运输还能减少不少的资金投入。

现代信息系统推动了粮食集装箱运输的发展。比如：用集装箱分别装运不同质量等级的小麦，面粉制造厂就能根据每个集装箱上条形码标明的小麦品种和品质特征分别取出搭配进行面粉加工，节省了冗余的中间环节和费用。

粮食集装箱运输在降低整个粮食物流系统的成本方面更具有优势。据有关专家估计，采用集装箱运输粮食的周转时间要比散装缩短近70%。周转时间的缩短为买方带来的是缩短订货周期，大量减少库存，降低生产成本，提高农产品的竞争能力，同时，卖方能够尽快收回资金，加快资金流通速度。另外，集装箱可以用于临时储粮。集装箱储粮的灵活性强，在收购季节库存不足的时候，其可用于临时储粮。在收购淡季仓容有余，集装箱则可以投入运输。集装箱临时储粮还可以减少环境污染，改善作业条件，降低劳动强度，节省劳动消耗量；按照品种、质量、等级进行粮食保管，能满足用户多品种小批量的需求。

（资料来源：铁道物资科学管理，作者有删改。）

## 问题讨论

1. 请结合案例，说明集装箱运输对于其他运输的优点。
2. 粮食集装箱在运输过程中要注意哪些问题？

## 复习思考题

1. 集装箱的定义是什么？它有哪些类型？
2. 开展集装箱运输需要具备哪些基本条件？
3. 试说明集装箱运输管理的内容和流程。
4. 简述集装箱交接的主要方式。

5. 简述集装箱运输与托盘运输的区别与联系。

6. 多式联运和综合一贯制运输有什么不同？

7. 试结合我国实际，谈谈为了加快综合一贯制运输的发展，应采取哪些措施。

## 实训题

深入运输生产企业，实地了解集装箱运输的流程及其管理。

# 第四章

# 运输决策

## ◆学习目标◆

通过本章教学，学生要理解运输网络的定义并能够根据实际问题画出相应的运输网络；了解最佳运输量和运输路线选择问题的含义和种类；掌握确定最佳运输量的图上作业法和表上作业法；掌握运输路线选择分析及其优化决策的标签法和表上作业法。

## 开篇案例

### 2020年物流成本可降低约1300亿元

2020年5月19日，国新办举行发布会，交通运输部部长李小鹏，副部长戴东昌、刘小明出席发布会，向大家介绍加快建设交通强国、推动交通运输行业高质量发展的有关情况，并回答记者提问。

在发布会上，李小鹏介绍，2019年在我国交通运输发展历史上是具有里程碑意义的一年。2019年，完成交通固定资产投资32451亿元，新增铁路营业里程8000千米，铁路通车总里程13.9万千米，其中高速铁路达到3.5万千米；新改（扩）建公路32万千米，公路总里程超过500万千米，其中高速公路14.96万千米；新增及改善内河三级及以上航道478千米，北京大兴国际机场、京张高铁等世界级工程投入运营。他表示，预计到2020年底，全国铁路营业总里程将达到14.6万千米，覆盖大约99%的20万人口及以上的城市。其中，高铁（含城际铁路）大约3.9万千米，继续领跑世界。公路总里程将达到510万千米左右，其中高速公路建成里程将达15.5万千米左右，连通超过99.8%的20万人口及以上的城市。内河航道大约12.7万千米，其中高等级航道里程1.65万千米以上。全国港口万吨级以上泊位将达到2530个，民用运输机场将达到243个。

对于降低交通物流成本，交通运输部副部长戴东昌表示，通过降低公路、港口等收费，发展多式联运，推进无车承运人发展，提升城市配送发展水平以及推动货车“三检合一”等各种方式，2019年公路水路领域可量化措施降低物流成本大约804亿元。戴东昌介绍，在降成本方面，将优化政务办事流程，深入推进交通运输物流简证减费、提质增效，进一步减轻实体经济企业的负担，2020年物流成本可降低约1300亿元。

当前，新冠肺炎疫情防控已经进入常态化防控阶段。在此情况下，李小鹏表示，要做好外防输入、内防反弹、当好先行、落实政策、保通保畅等五方面工作。具体而言，比如，做好“外防输入”各项工作方面：一是继续坚持公路和水运口岸“货开客关”的原则，坚持民航“五个一”的政策，狠抓关键环节、重点人员的防控工作；二是继续精准做好国际道路货运驾驶员、国际航行船舶船员，还有国际货运客运机组人员的疫情防控工作；三是加强与卫生健康、海关、移民等部门的信息共享，强化入境口岸检疫、移民管理、运输服务保障、目的地接管的闭环等各项工作机制，把牢疫情境外输入关；四是做好国际航行中国籍船员换班工作以及口岸入境人员“点对点”转运工作。

（资料来源：央广网，作者有删改。）

物流运输的管理与作业水平直接影响和决定着整个物流系统的运营成本、效率和客户满意度，而提高物流运输的管理与作业水平的一个重要手段就是科学、准确的运输决策。因此，运输决策在整个物流运输过程中占有十分重要的地位。

货物的合理化运输，除了要选择合理的运输方式外，还需要确定合适的运输量和最佳运输路线，从而使运输量最大，运输距离最短，运输成本最小。前面几章对运输方式及其选择已作了介绍，本章只讨论运输量和运输路线的问题。

## 第一节　最佳运输量决策

在实际运输中，我们经常遇到多个供应商给多个超市供应货物，或是把不同工厂生产的同一产品分配给不同客户的问题。这些问题的起点和终点都不唯一，即它们都是多起讫点问题。这时的运输决策就需要合理安排供应商（或工厂）与超市（或客户）之间的运输量，并给出一种既满足客户需求又使总成本最小的运输策略。

## 一 最佳运输量问题描述

由于实际问题的千差万别，为了便于作出运输决策，我们通常先将具体的运输问题抽象为一个运输网络，再利用一定的模型或方法求解。

### （一）运输网络

运输网络一般由节点和弧线（包括直线）组成，节点表示工厂、仓库或客户等的地理位置，连接两节点的弧线表示节点之间可供选择的运输路线，网络中的任何一个节点都可以作为网络的始发点或终到点。在弧线上（或旁）通常会有一些数字，它代表该弧线两端的节点之间的距离、运行时间或运输成本。

例如：将一定数量的货物从 A 地运送到 B、C 两地，就可以用如图 4-1 所示的运输网络表示，其中连结 A、B 两点的弧线上的数字表示两地之间的距离为或运输该批货物的单位路程运输费用。

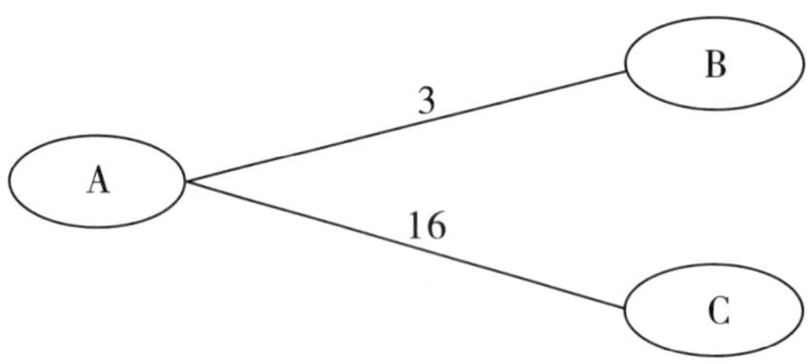


图 4-1 运输网络示意图

延伸阅读

### “宅急便”配送网络图

日本的大和运输株式会社成立于 1919 年，是日本历史上第二个货车运输公司。1976 年 2 月，大和运输开办了“宅急便”业务。“宅急便”类似目前的快递业务，但其服务的内容更广。其在运送货物时，讲究三个“S”，即速度（Speed），安全（Safety）、服务（Service）。

“宅急便”有一个保证翌日送达的运输系统。在受理店截止接受货物的时间之后，大和运输分区派出小型货车到区内各处将货物集中运往被称为“集货中心”的营业所，再迅速转送到被称为“基地”的地点，进行寄往全国各地货物分拣工作。然后，将经过分拣的货物发往不同的地区。“宅急便”由于采用了统一规格的小型货箱和不同吨级的货车，从而大大提高了运送效率，降低了物流成本。日本“宅急便”配送网络如图 4-2 所示。

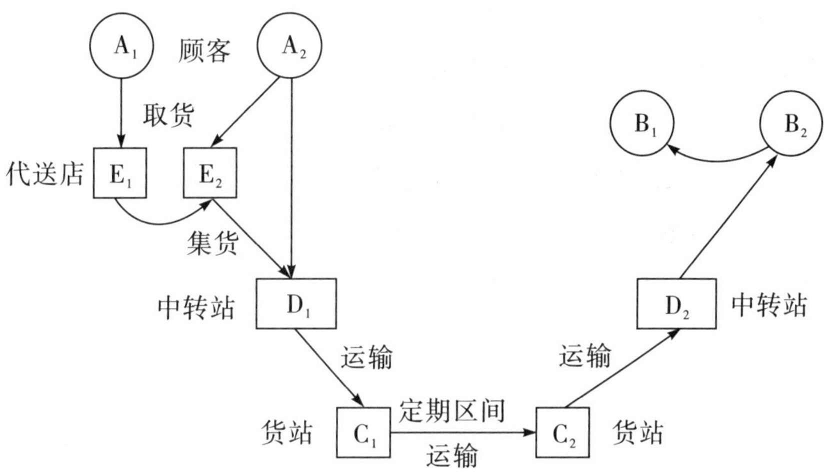


**图 4-2　日本“宅急便”配送网络图**

有了运输网络图，我们就可以通过构建数学模型、运用数学方法来求解复杂的实际问题了。下面利用网络图，介绍前述两个问题，即最佳运输量和最短运输线路问题的解决办法。

## （二）基于运输网络的最佳运输量问题

运用运输网络来分析最佳运输量问题，可以将各种各样的实际问题抽象为少数几种模型，从而利用特定的方法求解。

### 1. 问题定义

一般情况下，前面提到的多起讫点的运输问题都需要已知以下两个基本条件（如图 4-3 所示）。

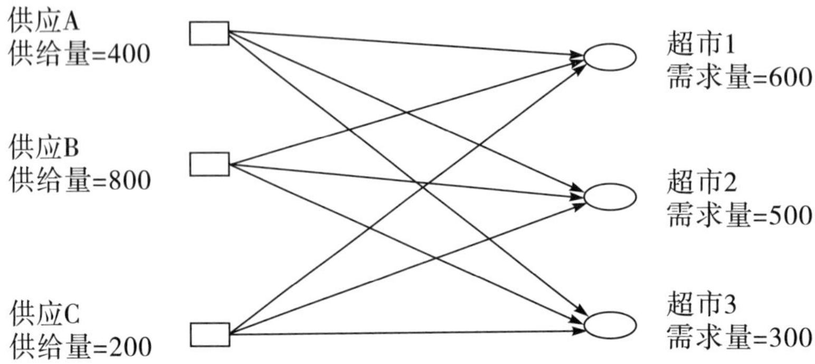


**图 4-3　多起讫点的运输问题**

（1）供应商的有关信息，如供应商的个数与每一个供应商的供应量。

（2）需求方的有关信息，如需求者的个数与每一位需求者的需求量。

另外，如果要考虑在满足客户需求量的基础上，使总运费最小，还需要知道任意一个起点和一个终点之间的距离（或运行时间、运输费用等）。

在最佳运输量问题中，所有供给方的供应量之和可能大于、小于或等于所有需求方的需求量之和。为便于讲解，本书只介绍供应量之和等于需求量之和的情形（图 4-3 中三个供应商的供应量之和就恰好等于三个超市的需求量之和）。这时，最佳运输量决策就是在满足需求的基础上，确定各供应商与超市之间的运输量，使总的运输距离最短或总的运输费用最少。供应量与需求量不等的情形，留给读者日后进一步学习和求解。

**2. 问题分类**

根据各起讫点之间运输距离是否相等以及解决问题方法的不同，最佳运输量问题可以分为以下几种情形。

（1）任意两个起讫点之间的运输距离（或费用）均相同或误差可以忽略不计的最佳运输量决策问题。这时的运输网络也称作“交通图”。

按图中是否存在封闭的回路，交通图又可分为不含圈的交通图和含圈的交通图（见图 4-4）。

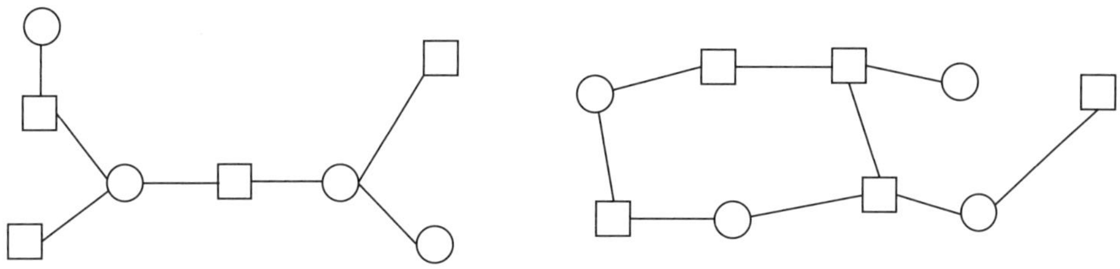

（a）不含圈的交通图　　（b）含圈的交通图

**图 4-4　交通图**

（2）某两个起讫点之间的运输费用与其他两个起讫点之间的运输距离（或费用）有明显不同的最佳运输量问题。

## 二　最佳运输量决策方法

最佳运输量的常用决策方法有图上作业法和表上作业法两种。利用图上作业法可找出最短运输线路，运力最省的运输方案，有助于避免出现对流运输和迂回运输等不合理现象。

### （一）图上作业法

图上作业法是我国货物流通部门在实际工作中创造出来的一种货物运输规划方法，它对不含圈的交通图和含圈的交通图都适用，且对产销地点的数量没有严格限制。

下面分别对不含圈的交通图和含圈的交通图介绍最优运输量决策的图上作业法。

**1. 运输线路不成圈的图上作业法**

运输线路不成圈就是不构成回路的树形线路，线路中可能包括直线、丁字线、交叉线、分支线等。对于运输线路不成圈的流向图，方案中只要不出现对流现象，就是最优调运方案。因此，运输线路不成圈的图上作业法较简单，就是从各端点开始，按“各站供需就近调拨”的原则进行调配。

下面举例说明运输线路不成圈的图上作业法的步骤。

**例 1**　某地区的货物供应情况如图 4-5 所示，其中○表示起运站，□表示目的地。起运站 $A_1$、$A_2$、$A_3$，$A_4$ 的供应量分别为 7、8、6、4（在图中分别以+7、+8、+6、+4 表示），目的地 $B_1$、$B_2$、$B_3$、$B_4$ 的需求量分别为 2、8、7、8（在图中分别以-2、

-8、-7、-8 表示）。请运用图上作业法得到货物调运的最优方案。

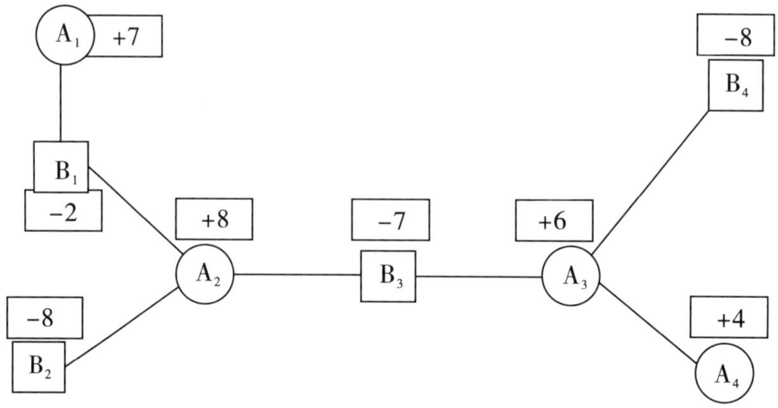


**图 4-5　某地区货物供应图**

**解**　在图 4-5 中，画一些带箭头的线段，用箭头方向表示货物的运输方向，旁边的数字表示运输量，得到图 4-6。从起运站 $A_1$ 开始，把 7 个单位的货物供应给 $B_1$，在满足 $B_1$ 的需求量后，剩余的 5 个单位货物再调运给 $A_2$；起运站 $A_2$ 的 8 个单位的货物供应给 $B_2$，从 $A_1$ 调运过来的 5 个单位的货物供应给 $B_3$，这时，$B_3$ 尚缺 2 个单位的货物；$A_4$ 站 4 个单位的货物调运给 $A_3$，连同 $A_3$ 原有的 6 个单位共 10 个单位，供应 8 个单位给 $B_4$，另 2 个单位供应给 $B_3$，填补 $B_3$ 所缺的 2 个单位的货物。具体步骤简述如下。

$A_1 \to B_1$（运输量为 7，剩余量为 5），$A_2 \to B_2$（运输量为 8，供求平衡），$B_1 \to A_2 \to B_3$（调运量为 5），$A_4 \to A_3 \to B_4$（调运量为 8），$A_3 \to B_3$（调运量为 2），如图 4-6 所示。

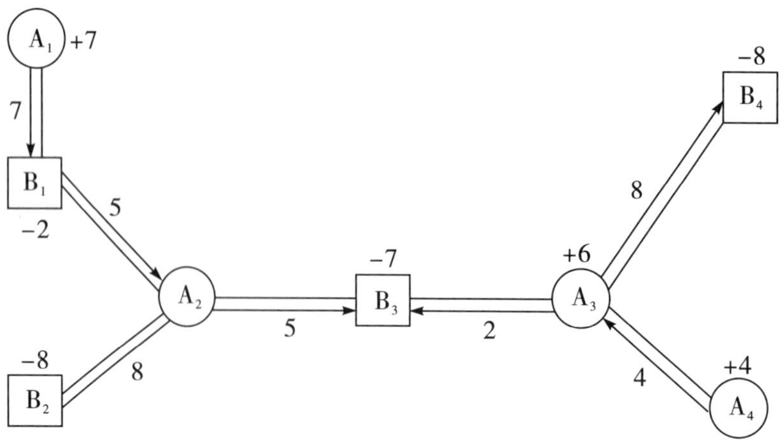


**图 4-6　不成圈交通图中的最优运输量**

由于图 4-6 中没有出现对流现象，图中的各调运量就是最佳运输量，对应的方案即为最优调运方案。

**2. 运输线路成圈的图上作业法**

运输线路成圈就是全部或部分运输线路形成闭合回路的环形路线（如三角形、四边形、多边形），可能包含一个或两个以上（含两个）圈。成圈的线路流向图要满足既无对流现象，又无迂回现象的要求，只有这样才是最优流向图。

对于成圈运输线路的图上作业法，可重复下述三个步骤，直到找出最佳调运方案。

（1）去段破圈，确定初始运输方案。去段破圈就是在成圈的线路中，先假设某两点间的线路“不通”，去掉这段线路，把成圈线路转化为不成圈的线路，即破圈，再按照运输线路不成圈的图上作业法，得到一个初始运输方案。

（2）检查有无迂回现象。因为流向箭头都统一画在线路右边，所以圈内圈外都画有一些流向。分别检查每个小圈，如果每个小圈的圈内和圈外流向的总长度都不超过全圈总长度的 1/2，那么全圈就没有迂回现象了，这个线路流向图就是最优的，对应的就是最优运输方案。否则转向第三步。

（3）重新去段破圈，调整流向。在超过全圈总长 1/2 的里圈（或外圈）各段流向线上减去最小运量，相应地，在相反方向的外圈（或里圈）流向线上和原来没有流向线的各段上，加上减去的最小运量，这样可以得到一个新的线路流向圈，然后转到第二步检查有无迂回现象。如此反复，直到得到最优线路流向图为止。

如果交通图中存在两个以上（含两个）的圈，则需分别对各个圈是否存在迂回线路进行检查，只有当各圈的里、外圈都不超过全圈总线长的 1/2 时，才可以认为该交通图中不存在迂回现象，此方案为最优运输方案。

**例 2** 某地区货物供应情况如图 4-7 所示，其中○表示起运站，□表示目的地，线路间括号中的数字表示起运站与目的地之间的距离（单位：千米）。现要求货物调运最优方案。

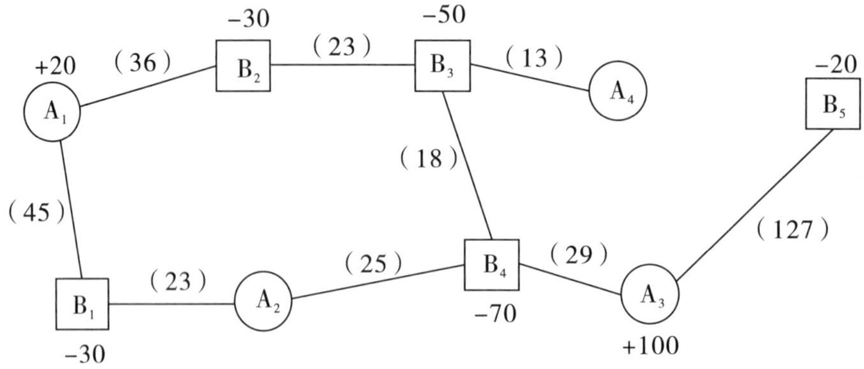


图 4-7 某地区货物供应交通图

**解** 在图 4-7 中，有 4 个起运站；$A_1$、$A_2$、$A_3$、$A_4$，供应量分别为 20、60、100 和 20（在图中分别以+20、+60、+100、+20 表示）；另有 5 个目的地 $B_1$、$B_2$、$B_3$、$B_4$、$B_5$，需求量分别为 30，30、50、70 和 20（在图中分别以-30，-30、-50、-70、-20 表示）。图中有一个圈，由 $A_1$、$B_1$、$A_2$、$B_4$，$B_3$、$B_2$ 构成。

下面按照前述方法来求货物调运的最优方案。

第一步，去段破圈，确定初始运输方案。先去掉从 $A_1$ 到 $B_2$ 的线路，然后根据“各站供需就近调拨”的原则进行调运，即可得到初始运输流向线路图，如图 4-8 所示，图中箭头上的数字即为运输量（或调运量）。

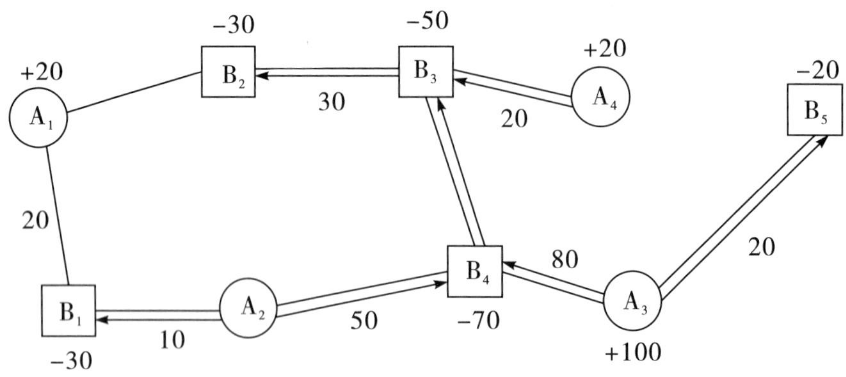


图 4-8 初始调运方案

第二步，检查有无迂回现象。由图 4-8 可看出不存在对流现象，但要检查里、外圈流向线长，看是否超过全圈（封闭回路线）总长的 1/2。

在本例中：

全圈总长为 45+23+25+18+23+36=170（千米）；半圈长为 170/2=85（千米）；

外圈流向总长为 45+25+18+23=111（千米）；里圈流向总长为 23（千米）。

外圈流向总长超过了全圈总长的 1/2，可以断定，初始运输线路存在迂回现象，所对应的运输方案不是最优方案。因此，必须对其进行调整。

第三步，重新去段破圈，调整流向。初始方案的里圈符合要求，外圈流向总长超过全圈总长的一半，故需缩小外圈。因为外圈流向线路中运量最小的是 $A_1$—$B_1$ 的“20”，所以去掉从 $A_1$ 到 $B_1$ 的线路，并在外圈各段流向线上减去“20”的运量，同时在里圈各流向线上以及原来没有流向线的 $A_1$—$B_2$ 线上各加上“20”的运量，这样可得到新的运输线路流向图，如图 4-9 所示。

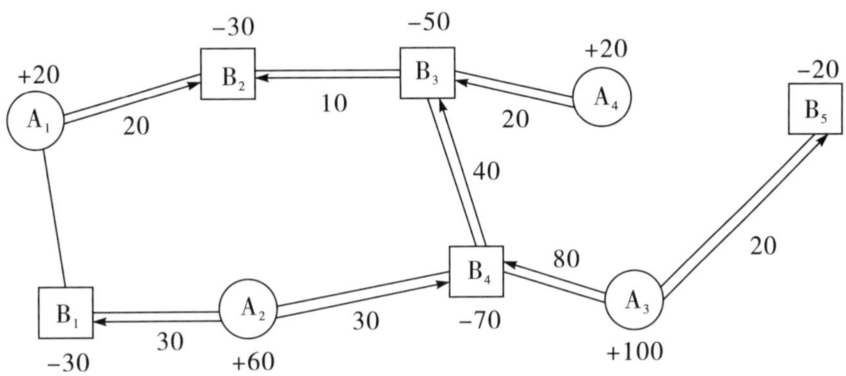


**图 4-9 调整后的调运方案**

检查新运输线路图的里圈、外圈流向线长，看是否超过全圈（封闭回路线）总长的 1/2。在本例中，新线路外圈流向总长为 25+18+23=66（千米）；

里圈流向总长为 23+36=59（千米）。

两者均没有超过全圈总长的 1/2（即 85 千米），因此调整后的新线路流向图所对应的方案为最优运输方案。

此时，按调整后的新方案组织运输，运力消耗如下。

20×36+10×23+20×13+30×23+30×25+40×18+80×29+20×127=8230（吨·千米）

按初始方案组织运输的运力消耗如下。

20×45+10×23+50×25+80×29+20×127+20×13+30×23+60×18=9270（吨·千米）

由此可知，调整后的运输方案比初始运输方案节约运力 1040 吨·千米。

## (二)表上作业法

### 1. 表上作业法的理论阐述

表上作业法是利用表格进行简单运算来探求运输问题最优方案的一种方法，它可以用来解决多起讫点运输中的最佳运输量问题。

表上作业法的基本步骤如下。

(1)列出供需平衡表。

(2)在表上求出初始方案，一般可采用最小元素法或左上角元素法，本书只介绍最小元素法。

(3)检查初始方案是否为最优方案，通常采用闭回路法。

(4)调整初始方案得到最优解，调整的方法通常可采用闭回路调整法。

### 2. 表上作业法应用举例

下面通过一个例子来说明表上作业法的具体步骤。

**例 3** 开源公司生产和销售某种产品。已知该公司下设 3 个加工厂，各加工厂每天的产量分别是：$A_1$—7 吨，$A_2$—4 吨，$A_3$—9 吨。该公司把这些产品分别运往 4 个销售点，各销售点每天的销量分别为：$B_1$—3 吨，$B_2$—6 吨，$B_3$—5 吨，$B_4$—6 吨。已知从各工厂到各销售点的单位产品的运价如表 4-1 所示。问在满足各销点的需求量的前提下，该公司应如何调运产品，从而使总运费为最少。

**表 4-1　单位运价表**

| 加工厂＼销地 | $B_1$ | $B_2$ | $B_3$ | $B_4$ |
|---|---|---|---|---|
| $A_1$ | 3 | 11 | 3 | 10 |
| $A_2$ | 1 | 9 | 2 | 8 |
| $A_3$ | 7 | 4 | 10 | 5 |

**解** （1）先画出产销平衡表，如表 4-2。

**表 4-2 产销平衡表**

| 销地<br>加工厂 | $B_1$ | $B_2$ | $B_3$ | $B_4$ | 产量 |
|---|---|---|---|---|---|
| $A_1$ | | | | | 7 |
| $A_2$ | | | | | 4 |
| $A_3$ | | | | | 9 |
| 销量 | 3 | 6 | 5 | 6 | 20 |

（2）用最小元素法求出初始方案。

第一步：从表 4-1 中找出最小运价为 1，这表示应先将加工厂 $A_2$ 的产品供应给销售点 $B_1$，由于 $A_2$ 的产量大于 $B_1$ 的销量，在表 4-2 的（$A_2$，$B_1$）的交叉格处填上 3，得表 4-3，并将表 4-1 的 $B_1$ 列划去，得表 4-4。此时，$A_2$ 处还多余 1 吨产品。

**表 4-3**

| 销地<br>加工厂 | $B_1$ | $B_2$ | $B_3$ | $B_4$ | 产量 |
|---|---|---|---|---|---|
| $A_1$ | | | | | 7 |
| $A_2$ | | | | | 4 |
| $A_3$ | | | | | 9 |
| 销量 | 3 | 6 | 5 | 6 | 20 |

**表 4-4**

| 销地<br>加工厂 | $B_1$ | $B_2$ | $B_3$ | $B_4$ |
|---|---|---|---|---|
| $A_1$ | 3 | 11 | 3 | 10 |
| $A_2$ | 1 | 9 | 2 | 8 |
| $A_3$ | 7 | 4 | 10 | 55 |

第二步：在表 4-4 未划去的元素中再找出最小运价 2，确定 $A_2$ 多余的 1 吨产品供应 $B_3$，在 $A_2$ 与 $B_3$ 的交叉处填上 1，得表 4-5。由于此时 $A_2$ 的产品已全部调运给 $B_1$ 和 $B_3$，划去 $A_2$ 所在的行，得表 4-6。

**表 4-5**

| 销地<br>加工厂 | $B_1$ | $B_2$ | $B_3$ | $B_4$ | 产量 |
|---|---|---|---|---|---|
| $A_1$ | | | | | 7 |
| $A_2$ | 3 | | 1 | | 4 |
| $A_3$ | | | | | 9 |
| 销量 | 3 | 6 | 5 | 6 | 20 |

**表 4-6**

| 销地<br>加工厂 | $B_1$ | $B_2$ | $B_3$ | $B_4$ |
|---|---|---|---|---|
| $A_1$ | 3 | 11 | 3 | 10 |
| $A_2$ | 1 | 9 | 2 | 8 |
| $A_3$ | 7 | 4 | 10 | 5 |

第三步：在表 4-6 未划去的元素中再找出最小运价 3，这样一步步地进行下去，直到单位运价表上的所有元素都划去为止，最后在产销平衡表上得到一个调运方案，称为初始调运方案，见表 4-7。这个方案的总运费为 86 元。

（3）检查初始方案是否为最优方案。

判别初始方案是否为最优方案通常可以采用闭回路法。下面以本题为例来说明闭回路法的操作步骤。

表 4-7

| 加工厂＼销地 | $B_1$ | $B_2$ | $B_3$ | $B_4$ | 产量 |
|---|---|---|---|---|---|
| $A_1$ | | | 4 | 3 | 7 |
| $A_2$ | 3 | | 1 | | 4 |
| $A_3$ | | 6 | | 3 | 9 |
| 销量 | 3 | 6 | 5 | 6 | 20 |

在已给出初始解的表 4-7 中，从任一空格，如（$A_1$，$B_1$）出发，若让 $A_1$ 的产品调运 1 吨给 $B_1$，为了保持产销平衡，就要依次作出调整：在（$A_1$，$B_3$）处减少 1 吨，（$A_2$，$B_3$）处增加 1 吨，（$A_2$，$B_1$）处减少 1 吨，即构成了一个以（$A_1$，$B_1$）空格为起点，其他为数字格的闭回路。如表 4-8 所示。

表 4-8

| 加工厂＼销地 | $B_1$ | $B_2$ | $B_3$ | $B_4$ | 产量 |
|---|---|---|---|---|---|
| $A_1$ | （+1） | | 4（−1） | 3 | 7 |
| $A_2$ | 3（−1） | | 1（+1） | | 4 |
| $A_3$ | | 6 | | 3 | 9 |
| 销量 | 3 | 6 | 5 | 6 | 20 |

这次方案的调整使运费增加：（+1）×3+（−1）×3+（+1）×2+（−1）×1 = 1（元）。我们称“空格（$A_1$，$B_1$）的检验数为 1”。同样可以求得其他各空格的检验数，见表 4-9。

表 4-9

| 加工厂＼销地 | $B_1$ | $B_2$ | $B_3$ | $B_4$ |
|---|---|---|---|---|
| $A_1$ | 1 | 2 | | |
| $A_2$ | | 1 | | −1 |
| $A_3$ | 10 | | 12 | |

在上表中，（$A_2$，$B_4$）的检验数为负，说明通过调整可以使总运费降低。因此，原方案不是最优方案，需要改进。

（4）调整初始方案得到最优解。

当表中空格的检验数出现负数时，就说明原方案并非最优解，可以用闭回路调整法对原方案进行调整。如果有两个以上的负检验数时，一般选其中最小的负检验数，以它对应的的空格为调入格。

下面仍以本题为例进行说明。

由上，我们可以确定（$A_2$，$B_4$）为调入格，即增加 $A_2$ 对 $B_4$ 的调运。调运量为检验数-1 所在行和列的数字格中的最小值，即调运量 $\theta=\min(1, 3, 3, 3)=1$。按闭回路上的正负号，在闭回路各顶点上的数字依次加上或减去此值（见表 4-10），即得到一个调整方案，如表 4-11 所示。

**表 4-10**

| 销地<br>加工厂 | $B_1$ | $B_2$ | $B_3$ | $B_4$ | 产量 |
|---|---|---|---|---|---|
| $A_1$ | | | 4（+1） | 3（-1） | 7 |
| $A_2$ | 3 | | 1（-1） | （+1） | 4 |
| $A_3$ | | 6 | | 3 | 9 |
| 销量 | 3 | 6 | 5 | 6 | 20 |

**表 4-11**

| 销地<br>加工厂 | $B_1$ | $B_2$ | $B_3$ | $B_4$ | 产量 |
|---|---|---|---|---|---|
| $A_1$ | | | | 2 | 7 |
| $A_2$ | 3 | | 5 | 1 | 4 |
| $A_3$ | | 6 | | 3 | 9 |
| 销量 | 3 | 6 | 5 | 6 | 20 |

对表 4-11 给出的解，再用闭回路法求各空格的检验数，见表 4-12。表中的所有检验数都非负。这说明此时任何调整都不会使总运费减少，即表中的解为最优解。这

时总运费最小，为 85 元。

表 4-12

| 加工厂＼销地 | $B_1$ | $B_2$ | $B_3$ | $B_4$ |
|---|---|---|---|---|
| $A_1$ | 0 | 2 | | |
| $A_2$ | | 2 | 1 | |
| $A_3$ | 9 | | 12 | |

另外，如果工厂的产量与客户的需求量之间存在不平衡，如供过于求或供不应求，则可以对前述方法进行修正，以便能用运输表求出调运方案。对供过于求的情况，可以假定存在一个虚拟的客户，其需求量恰好为（总产量-总需求量）的值；对供不应求的情况，可以假定存在一个虚拟的工厂，其产量恰好为（总需求量-总产量）的值。通过虚拟一个客户或工厂，上述问题就可以利用前面的方法加以解决了。限于篇幅，本书不作详细说明，有兴趣的读者可以查阅相关书籍。

## 第二节　最短运输路线决策

在物流运输决策中，还有一种常见的情况，就是将货物由起运地运送到目的地时，有许多路线可供选择，沿不同路线运送货物，其运费往往不同，即确定合理的运输路线可以有效降低运输成本。

实际上，如何选择运输路线使运费最低，这是物流运输管理中经常遇到的问题。

### 一　最短运输路线问题描述

最短运输路线就是指货物由始发地到目的地距离最短或运费最低的路线。在一个运输网络中，最短运输路线问题可以描述为：对给定的起点 A 和终点 B，求 A 到 B 的一条路线，使路线长度最短或运费最低。

运输路线选择问题种类繁多，但依据解决问题方法的不同，可以将其归纳为以下四种类型。

### （一）起讫点不同的单一问题

起讫点不同的单一问题是指物流运输的始发点和终点不是同一节点，且任何两个节点或运输路线之间互不影响。它虽是一种最简单的情形，但它可以为解决其他问题提供参考。

### （二）多起讫点问题

如果有多个货源地可以服务于多个目的地，那么我们面临的问题是要指定为各目的地服务的供货地，同时要找到供货地与目的地之间的最佳路径。这类问题就是多起讫点问题。

货物调运是一种典型的多起讫点问题，它是单一货物品种的供需分配。在供需点和供需量既定的条件下，货物调运要求运输耗费最小或运输距离最短。

### （三）起讫点重合的问题

物流管理人员经常遇到的一个路线选择问题是始发点就是终点，即起讫点重合的路线选择问题。这类问题通常在运输工具是同一部门所有的情况下发生，例如，运输车辆从仓库送货至若干个零售点，然后返回仓库重新装货，邮递员的送信路线也属于起讫点重合的问题。

起讫点重合的路线选择问题通常又被称为“旅行推销员”问题。解决这类问题的目标是寻求访问各节点的次序，以求运行时间或距离最小化。

### （四）带有限制条件的运输路线选择问题

在实际运输过程中，常常会存在一些客观的限制，从而使问题变得更加复杂。比如：某个节点既有货物要送又有货物要取；部分或全部线路的开放时间有所限制（如市区道路在部分时段对某些车辆禁止通行）；部分企业要求优先送货；等等。

有了这些限制，运输路线计划和进度计划就很难找到最佳方案。在实际操作中通常采用简化模型的方法，将上述带有限制条件的问题转化为前面三种常见类型，从而求得可行方案。

## 二 最短运输路线决策方法

合理的运输路线可以缩短运输时间和运输距离，从而降低运输成本，提高对客户的运输服务水平。在货物种类和批量都已经确定的情况下，运费主要由运输距离和运输时间决定。运输时间往往受诸多因素，如交通量的影响，由于两点之间的运输距离则是确定的，在进行运输决策时，如果交通量的变化不大，可以依据每一路段的长度或平均运送时间进行决策。

最短运输路线的选择方法因问题类型的不同而异，下面分别加以介绍。

### （一）起讫点不同的单一问题的解决方法

对起讫点不同的单一问题，最短运输路线的决策通常使用标签法。

**1. 标签法的理论阐述**

标签法是在一个具体的网络中，给节点标上“已解点”或“未解点”，然后从某个已解点（如起始点就是一个已解点）出发寻找与已解点最近的未解点进行求解，直到所有节点都标上“已解点”为止。所有的“已解点”均表示从起点到已知点的最短距离。

标签法的具体操作步骤如下。

（1）先确定一个已解点，通常将起始点看成一个已解点，其他点是未解点。

（2）对每一个已解点，寻找一个最近的未解点，将这两个点连接起来，并计算最小的全部距离（起点到已解点的距离+已解点到最近的未解点的距离）。

（3）使具有最小全部距离的未解点成为一个已解点。

（4）重复步骤（2）（3），直到终点是一个已解点。

（5）从终点开始，找出与之距离最近的点，一直到出发点为止，并画出最短路径。

**2. 标签法应用举例**

**例 4** 图 4-10 是一张高速公路运输网的示意图，其中 A 是始发点，J 是终点，B、C、D、E、F、G、H、I 是网络中的节点，路线上的数字表明两个节点之间的距离，以车辆的运行时间（单位：分钟）表示。要求确定一条从始发点 A 到终点 J 的最短运输路线。

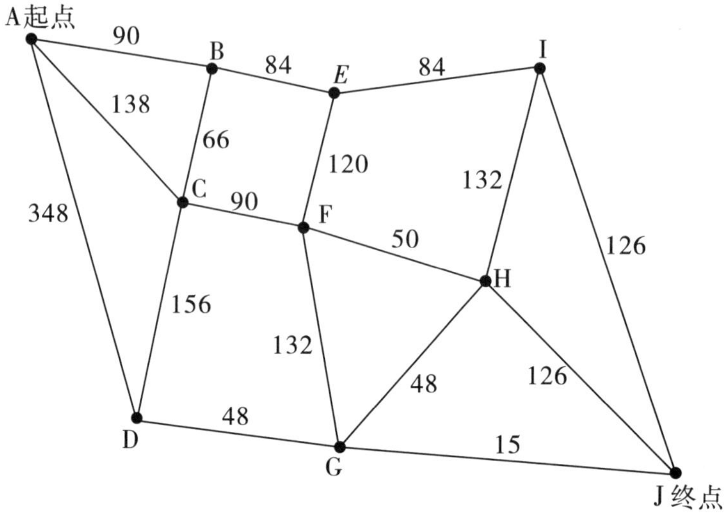


**图 4-10　某地区公路运输示意图**

**解**：为了解题方便，我们不妨画出一张表格（见表 4-13），所有运算都将在表中进行。

（1）起始点 A 是一个已解点，直接与 A 点连接的节点有 B、C 和 D 点。我们可以确定 B 点是与 A 点距离最近的节点，将 B 标记为“已解点”，并记 A、B 之间的连接为“AB”。

（2）找出距 A 点和 B 点最近的未解点。距各个已解点最近的连接点有 A—C，B—C。从起始点通过已解点到某一节点所需的时间应该等于到达这个已解点的最短时间加上已解点与未解点之间的时间。也就是说，从 A 点经过 B 点到达 C 的时间为：AB+BC=156（分钟）。而从 A 直达 C 的时间为 138 分钟，现在 C 也成了已解点。

**表 4-13　起讫点不同的单一问题求解表**

| 步骤 | 已解点 | 与已解点直接连接的未解点 | 总时间 | 下一个最近节点 | 最短时间 | 最新连接 |
|---|---|---|---|---|---|---|
| 1 | A | B | 90 | B | 90 | AB* |
| 2 | A<br>B | C<br>C | 138<br>156 | C | 138 | AC |
| 3 | A<br>B | D<br>E | 348<br>174 | E | 174 | BE* |

续表

| | | | | | | |
|---|---|---|---|---|---|---|
| 4 | A<br>C<br>E | D<br>F<br>I | 348<br>228<br>258 | F | 228 | CF |
| 5 | A<br>C<br>E<br>F | D<br>D<br>I<br>H | 348<br>294<br>258<br>288 | I | 258 | EI* |
| 6 | S<br>C<br>F<br>I | D<br>D<br>H<br>J | 348<br>294<br>288<br>384 | H | 288 | FH |
| 7 | A<br>C<br>F<br>H<br>I | D<br>D<br>G<br>G<br>J | 348<br>294<br>360<br>336<br>384 | D | 294 | CD |
| 8 | H<br>J | J<br>J | 414<br>384 | J | 384 | IJ* |

（3）第三次迭代要找到与各已解点直接连接的最近的未解点，如表 4-13 所示，有三个候选点 D、E、F，从起点到这三个候选点所需的时间相应为 348 分钟、174 分钟和 228 分钟，其中连接 BE 的时间最短，为 174 分钟，因此 E 点就是第三次迭代的结果，即 E 也成了已解点。

（4）重复步述过程直到到达终点 J，即第八步。最小的路线时间是 384 分钟，最优路线为 A—B—E—I—J。连线方法在表中以“*”号标出。

## （二）多起讫点问题的解决方法

对多起讫点问题，最短运输路线的决策通常使用表上作业法。

**例 5** 在例 3 中，假定以下条件。

（1）每个加工厂生产的产品不一定直接发运到销售点，可以将其中几个加工厂的产品集中到一起，再运送到其他销售点。

（2）运往各销售点的产品可以先运给其中几个销地，再转运给其他销售点。

（3）除加工厂、销售点之外，中间还可以有几个转运站，在加工厂之间、销售点之间或加工厂与销售点之间转运。已知各加工厂、销售点、中间转运站及相互之间每吨产品的运价如表 4-14 所示（表中“—”表示相应的两点之间不能进行运输），在考虑到产销地之间直接运输和非直接运输的各种可能方案的情况下，如何将三个加工厂每天生产的产品运往销售地，并使总的运费最少。

**表 4-14 各产地、销售点及中间转运站之间的产品运价**

| 项目 | | 产地 | | | 中间转运站 | | | | 销售点 | | | |
|---|---|---|---|---|---|---|---|---|---|---|---|---|
| | | $A_1$ | $A_2$ | $A_3$ | $T_1$ | $T_2$ | $T_3$ | $T_4$ | $B_1$ | $B_2$ | $B_3$ | $B_4$ |
| 产地 | $A_1$ | | 1 | 3 | 2 | 1 | 4 | 3 | 3 | 11 | 3 | 10 |
| | $A_2$ | 1 | | — | 3 | 5 | — | 2 | 1 | 9 | 2 | 8 |
| | $A_3$ | 3 | — | | 1 | — | 2 | 3 | 7 | 4 | 10 | 5 |
| 中间转运站 | $T_1$ | 2 | 3 | 1 | | 1 | 3 | 2 | 2 | 8 | 4 | 6 |
| | $T_2$ | 1 | 5 | — | 1 | | 1 | 1 | 4 | 5 | 2 | 7 |
| | $T_3$ | 4 | — | 2 | 3 | 1 | | 2 | 1 | 8 | 2 | 4 |
| | $T_4$ | 3 | 2 | 3 | 2 | 1 | 2 | | 1 | — | 2 | 6 |
| 销售点 | $B_1$ | 3 | 1 | 7 | 2 | 4 | 1 | 1 | | 1 | 4 | 2 |
| | $B_2$ | 11 | 9 | 4 | 8 | 5 | 8 | — | 1 | | 2 | 1 |
| | $B_3$ | 3 | 2 | 10 | 4 | 2 | 2 | 2 | 4 | 2 | | 3 |
| | $B_4$ | 10 | 8 | 5 | 6 | 7 | 4 | 6 | 2 | 1 | 3 | |

**解：** 从表 4-14 可以看出，从 $A_1$ 到 $B_2$ 每吨产品的直接运费为 11 元，如从 $A_1$ 经 $A_3$ 运往 $B_2$，每吨运价为 3+4=7 元，从 $A_1$ 经 $T_2$ 运往 $B_2$ 需 1+5=6 元，而从 $A_1$ 到 $B_2$ 运费最少的路径是从 $A_1$ 经 $A_2$、$B_1$ 再到 $B_2$，每吨产品的运费只需 1+1+1=3 元。可见，在这个问题中，从每个产地到各销售点之间的运输方案是很多的。为了将问题简化，我们可以作如下处理。

（1）把题中所有加工厂、中间转运站和销售点都看作既是加工厂又是销售点，这样问题就变成 11 个加工厂和 11 个销售点的增长的运输量问题。

（2）建立单位运价表，对角线位置上的数字设定为“0”，表明自己运给自己的运价为 0，并将表 4-14 中不可能的运输方案的运价设定为任意大的正数 M。

（3）所有中间转运站的产量等于销量。由于运费最少时不可能出现一批货物来回对流运输，每个转运站的转运数量不超过 20 吨。可以规定 $T_1$、$T_2$、$T_3$、$T_4$ 的产量和销量均为 20 吨，并引入虚拟的转运站（其意义是自己运给自己），虚拟转运量与 20 吨之差就是实际转运量。

（4）原来的产地与销售点也有转运站的作用，同样在原来产量与销量的数字上加上 20 吨，即三个加工厂每天产量分别变为 27 吨、24 吨、29 吨，销量均为 20 吨；四个销售点的每天销量分别改为 23 吨、26 吨、25 吨、26 吨，产量均为 20 吨。

下面列出扩大运输问题的产销平衡表与单位运价表（见表 4-15），这仍然是一个产销平衡的运输问题，可以用表上作业法求解（计算略，留给读者自己思考）。

**表 4-15 扩大运输问题的产销平衡表与单位运价表**

| 产地＼销售点 | $A_1$ | $A_2$ | $A_3$ | $T_1$ | $T_2$ | $T_3$ | $T_4$ | $B_1$ | $B_2$ | $B_3$ | $B_4$ | 产量 |
|---|---|---|---|---|---|---|---|---|---|---|---|---|
| $A_1$ | 0 | 1 | 3 | 2 | 1 | 4 | 3 | 3 | 11 | 3 | 10 | 27 |
| $A_2$ | 1 | 0 | $M$ | 3 | 5 | $M$ | 2 | 1 | 9 | 2 | 8 | 24 |
| $A_3$ | 3 | $M$ | 0 | 1 | $M$ | 2 | 3 | 7 | 4 | 10 | 5 | 29 |
| $T_1$ | 2 | 3 | 1 | 0 | 1 | 3 | 2 | 2 | 8 | 4 | 6 | 20 |
| $T_2$ | 1 | 5 | $M$ | 1 | 0 | 1 | 1 | 4 | 5 | 2 | 7 | 20 |
| $T_3$ | 4 | $M$ | 2 | 3 | 1 | 0 | 2 | 1 | 8 | 2 | 4 | 20 |
| $T_4$ | 3 | 2 | 3 | 2 | 1 | 2 | 0 | 1 | $M$ | 2 | 6 | 20 |
| $B_1$ | 3 | 1 | 7 | 2 | 4 | 1 | 1 | 0 | 1 | 4 | 2 | 20 |
| $B_2$ | 11 | 9 | 4 | 8 | 5 | 8 | $M$ | 1 | 0 | 2 | 1 | 20 |
| $B_3$ | 3 | 2 | 10 | 4 | 2 | 2 | 2 | 4 | 2 | 0 | 3 | 20 |
| $B_4$ | 10 | 8 | 5 | 6 | 7 | 4 | 6 | 2 | 1 | 3 | 0 | 20 |
| 销量 | 20 | 20 | 20 | 20 | 20 | 20 | 20 | 23 | 26 | 25 | 26 | |

### （三）起讫点重合的问题的解决方法

对起讫点重合的问题一般采用经验法。

实践经验表明，只要运行路线不发生交叉，经过各停留点的次序就是合理的，同时，如有可能，应尽量使运行路线呈泪滴状。图 4-11（a）是不合理的运行路线，图 4-11（b）则是合理的（图中 A 点是起讫点，黑色方块表示节点）。

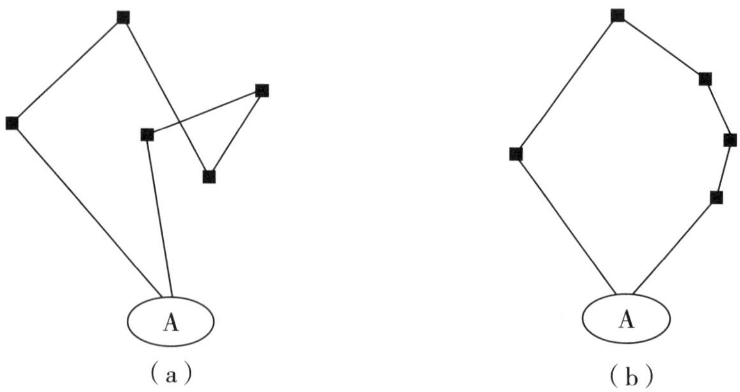

图 4-11　起讫点重合的运输路线示意图

一般认为，"运行路线不交叉"和"运行路线呈泪滴状"是处理起讫点重合问题的两条基本原则。

# 第三节　物流运输合理化

各种运输方式和运输工具都有各自的特点，不同种类的货物对运输的要求也不尽相同。选择合适的运输方式是合理组织运输、保证运输质量、提高运输效益的一项重要内容，必须要综合考虑服务要求和运输成本等各种因素。

## 一　物流运输服务质量

提高物流运输服务质量是避免物流运输事故，减少事故损失，实现物流运输合理化，从而提高物流企业利润的一个重要前提。

## （一）物流运输服务质量评价

物流运输服务质量评价就是衡量物流运输企业所提供的运输服务是否能够满足货主的要求，是否能够保证货物安全、快速、准确、及时的送达。

### 1. 物流运输服务质量评价的内容

对物流运输服务质量的系统评价一般包括运输前期、运输过程、运输后三阶段的评价。为了直观、具有可操作性的评价，除定性评价之外，定量评价更为重要。定量评价的指标计算结果是指标加权值与达标客户百分比的乘积，其中，指标加权值根据指标的重要程度给出，达标客户百分比是指服务客户中认为物流运输服务质量达标的客户所占比重。

（1）运输前期评价。一般可用组织结构的完整性、可联系性、运输计划的灵活性等指标进行评价，见表 4-16。

**表 4-16 运输前期评价指标体系**

| 序号 | 指标名称 | 指标定义 | 指标加权值 | 达标客户数 | 指标计算结果 | 备注 |
|---|---|---|---|---|---|---|
| 1 | 组织结构的完整性 | 是否设有客户服务部 | | | | |
| | | 是否设有调度部门 | | | | |
| 2 | 可联系性 | 客户是否能随时联系到运输部门 | | | | |
| 3 | 运输计划的灵活性 | 是否能提供因客户需求变化而改变的运输计划 | | | | |

（2）运输过程评价。物流运输过程中的服务质量评价是重点内容，主要是通过评价来衡量运输企业在提供运输服务过程中的服务水平和服务质量。评价指标一般包括集货延误率、配送延误率、货物破损率、在途货物破损率、货物差错率、货物丢失率、签收率、签收单返回率、信息准确率、运输稳定性等指标，见表 4-17。

**表 4-17　运输过程评价指标体系**

| 序号 | 指标名称 | 指标定义 | 指标加权值 | 达标客户数 | 指标计算结果 | 备注 |
|---|---|---|---|---|---|---|
| 1 | 集货延误率 | 车辆未按照合同约定时间到达指定集货地点的比率 | | | | |
| 2 | 配送延误率 | 车辆未按照合同约定时间到达指定配送地点的比率 | | | | |
| 3 | 装卸货物破损率 | 在集货、配送的装卸搬运及存储过程中总的货物破损率 | | | | |
| 4 | 在途货物破损率 | 在集货、配送运输途中货物的破损率 | | | | |
| 5 | 货物差错率 | 在集货、发货过程中错发（收）货物占总货物的比率 | | | | |
| 6 | 货物丢失率 | 在存储、运输过程中货物丢失比率 | | | | |
| 7 | 签收单返回率 | 收（发）货物后的签收单返回的比率 | | | | |
| 8 | 信息准确率 | 各运输部门间信息传递的准确率 | | | | |
| 9 | 运输稳定性 | 某条运输线路（某类运输任务）在一定时间段内的稳定性 | | | | |

（3）运输结束评价。物流运输任务完成后，主要评价运输企业的后续服务水平，主要评价指标包括通知及时率、电话回访率、客户投诉率、投诉预警率、客户满意程度、索赔赔偿率等，见表 4-18。

表 4-18　运输结束评价指标体系

| 序号 | 指标名称 | 指标定义 | 指标加权值 | 达标客户数 | 指标计算结果 | 备注 |
|---|---|---|---|---|---|---|
| 1 | 通知及时率 | | | | | |
| 2 | 电话回访率 | 客服部门对货主电话回访数占总运输票数的比率 | | | | |
| 3 | 客户投诉率 | 客户投诉票数占运输票数的比率 | | | | |
| 4 | 投诉预警率 | 运输各环节发生问题并接受投诉后，给客户满意答复的比例 | | | | |
| 5 | 客户满意程度 | 客户及收货人对运输企业提供的运输服务的满意比率 | | | | |
| 6 | 赔偿率 | 因运输企业的原因而引起的索赔额占运输费用的比例 | | | | |

### 2. 物流运输服务质量评价的指标

评价任何一个物流企业的服务质量基本上可通过安全性、及时性、方便性、准确性、经济性和信息化六大指标来评价。

（1）安全性。安全性主要是指物流运输过程中的人身安全和货物安全，即从起运地点至运达目的地，货物要保持完好无损，数量无差错，质量无变异，人（驾驶员、行人等）和车辆要保证完好。现在越来越多的企业把安全性作为运输服务质量评价的首要指标，同时，它也是企业选择承运商的关键指标。

安全性评价指标又包括事故发生频率及事故的严重程度两个方面。事故频率（Rg）又称“运输质量事故频率”，指统计期内货运质量事故次数与企业所完成的货物周转量之比，其计算公式如下。

$$Rg=Zg/P$$

式中，Zg 为统计期内发生的货运质量事故次数（次）；P 为统计期内完成的货物周转量（$10^6$ 吨·千米）。

事故的严重程度反映了经济损失程度，通常以“事故损失率”，即货运损失率 Rs

为评价指标。货运损失率 Rs 指统计期内因企业责任事故造成的直接货物损失金额与营运收入总额或车辆总行程之比。

（2）及时性。及时性主要是指按用户要求及时派车起运，并以尽可能快的运送速度或按经济合同规定迅速将货物运达目的地，这是衡量企业运输服务质量的重要指标。目前，国外知名物流公司一般在运输时间方面都有承诺，而国内有些物流公司没有运送时间保证，运输服务质量有待提高。

（3）方便性。方便性主要是指货物能够实现“门到门”运输，客户办理托运手续简便，它以“简便受托率”为评价指标。简便受托率 $R_t$ 指统计期内简便受托（包括电话、登门、信函受理及不同运输方式联运业务的代办受理等）业务件数与业务受理总件数之比。

$$R_t = \frac{I_t}{\sum I} \times 100\%$$

式中，$I_t$ 为统计期内简便受托业务件数，$\sum I$ 为统计期内业务受理总件数。

（4）准确性。准确性是指企业办理托运手续、安排车辆及货物交接准确，要求在办理托运手续时对货运起迄地点、运达期限、计费里程、装卸方法及客户特殊要求等均需填写清楚并计算准确，派出合适车辆及携带必须的随车工具以保证货运质量。同时，货物从接受、装车、起运、卸货至交付，各环节间都应严格按规定的手续准确进行。通常采用“差错率”为评价指标，差错率 $R_m$ 指统计期内受理业务的差错件数与总件数之比。

$$R_m = \frac{I_m}{\sum I} \times 100\%$$

式中，$I_m$ 为统计期内受理业务的差错件数，$\sum I$ 为统计期内受理业务的总件数。

（5）经济性。经济性主要是指以尽可能少的劳动耗费来完成货物的运输服务。对货运来说，除应根据运输服务的商品特征与公共性质合理制定运价外，还应以经济的运输方案为客户服务，如合理选择车辆、运输路线及装卸工作方案等，使完成同样运送任务所需运输费用最少。经济性是衡量物流运输质量的重要标准之一，高成本的运输将带来物流企业竞争力的下降。物流企业可通过计算企业自营运输成本来评价经济性。

（6）信息化。信息化是现代物流的基础。近年来，随着企业物流业务外包趋势，企业对物流服务质量的要求更高。企业依靠物流信息系统的支撑，不仅可以减低库存，提高效率，还可以实现全程监控、可视化管理，因此，信息化程度也是一些企业选择承运商的基本条件。目前我国中小物流企业的信息化程度很低，这导致企业物流效率和社会物流效率都很低，影响我国现代物流的发展。

延伸阅读

## 道路货物运输评价指标

（中华人民共和国国家标准 GB/T 20923—2007）

**1. 范围**

本标准规定了道路货物运输的运输能力、运输经济、运输效率、燃料消耗及环保、运输质量、服务质量、搬运装卸质量、运输安全质量和不良记录的评价指标。

本标准适用于从事经营性物流或货运企业、道路运输主管部门和其他相关单位。

**2. 规范性引用文件**

下列文件中的条款通过本标准的引用而成为本标准的条款。凡是注日期的引用文件，其随后所有的修改单（不包括勘误的内容）或修订版均不适用于本标准，然而，鼓励根据本标准达到协议的各方研究是否可使用这些文件的最新版本。凡是不注日期的引用文件，其最新版本适用于本标准。

JT/T 619 汽车货物运输质量主要考核指标

**3. 评价指标**

3.1 运输能力

3.1.1 货运量

在考核期内，运输车辆实际运送的货物质量，计算单位为吨（t）。

3.1.2 货物周转量

在考核期内，运输车辆实际运送的每批货物质量与其相应运送距离的乘积之和。计算单位为吨·千米（t·km），货物运送距离以货票上记载的起运和卸货地点的距离为计算依据。

$$货物周转量=\sum(每批货物质量\times该批货物的运送距离)$$

3.1.3　集装箱周转量

在考核期内，运输车辆实际运送的每个集装箱与其相应运送距离的乘积之和。

按集装箱的实际箱计算，计算单位为箱千米。

$$集装箱周转量（箱千米）=\sum(每个集装箱\times该箱的运送距离)$$

按集装箱折合的20英尺集装箱计算，计算单位为TEU千米。

$$集装箱周转量（TEU千米）=\sum(每个集装箱折合的TEU数量\times该箱的运送距离)$$

3.1.4　车辆数量

在考核期内，企业自有营运货车总数，计算单位为辆。

车辆数量可分类统计，如标准化箱式车车数、集装箱车车数、罐式车车数、危险品专用车车数等。

3.1.5　总载质量

在考核期内，企业自有营运货车的总载质量，计算单位为吨（t）。

3.1.6　平均车数

在考核期内，平均每天拥有的车辆数，计算单位为辆。

$$平均车数（辆）=\frac{总车日}{日历天数}$$

$$总车日=\sum每天在用营运车辆$$

式中：总车日是指在报告期内，每天在用营运车辆的累计数，计算单位为车日。

3.1.7　平均车辆总吨位

在考核期内，平均每天拥有的载货车辆的总标记吨位，计算单位为吨位。

$$平均车辆总吨位=\frac{总车吨位日}{日历天数}$$

式中：总车吨位日是指在考核期内，每天实际在用营运载货车辆标记吨位的累计数。

3.1.8　平均载货吨位

在考核期内，车辆的平均定额载货吨位数，计算单位为吨每车。

$$平均载货吨位=\frac{考核期内吨位总数}{考核期内车辆数}$$

3.2 运输经济

3.2.1 单位运输成本

在考核期内，货物运输总成本与货物周转量之比，计算单位为元每吨·千米［元/(t·km)］。

$$单位运输成本=\frac{运输总成本}{货物用转量}$$

式中：运输总成本=固定费用+变动费用。

3.2.2 利润总额

在考核期内，企业的货运利润总额，计算单位为元。

$$利润总额=总收入-总成本$$

3.2.3 成本利润率

在考核期内，利润总额与成本总额之比，反映报告期或考核期内企业投入产出效率的综合指标，计算单位为百分数（%）。

$$成本利润率=\frac{利润总额}{成本总额}\times 100\%$$

$$成本总额=营业（销售）成本+管理成本+财务成本$$

3.3 运输效率

3.3.1 车辆完好率

在考核期内，完好车日占总车日的比率，计算单位为百分数（%）。

$$车辆完好率=\frac{\sum 完好车日}{总车日}\times 100\%$$

$$完好车日=完好车数\times 日历日数$$

一辆营运车辆，不管其技术状况是否完好，每保有一天即计为一个车日，在考核期内，营运车辆发生增减变化时，新增车辆，以落籍并取得有关证件之日起开始计算；报废车辆，自批准之日起不再计算。

式中：完好车日是指在考核期内，营运车辆技术状况完好，不需要进行修理或维修即可参加运输的车辆为完好车辆，每天完好车辆的累计，单位为车日。

3.3.2 车辆工作率

考核期内，工作车日与总车日之比，计算单位为百分数（%）。

$$车辆工作率=\frac{\sum 工作车日}{总车日}\times 100\%$$

工作车日=完好车日−停驶车日

3.3.3　平均车日行程

在考核期内，平均每一个工作车日车辆所行驶的里程，计算单位为车千米。

$$平均车日行程=\frac{工作车日内的总行程}{总工程作车日}$$

3.3.4　空驶率

在考核期内，空驶行程占总行程的比率，计算单位为百分数（%）。

$$空驶率=\frac{空驶行程}{总行程}\times 100\%$$

3.3.5　实载数

在考核期内，车辆实际完成的货物周转量占其单车总行程与核定吨位乘积累计数的比率，计算单位为百分数（%）。

$$实载率=\frac{车辆实际完成的货物周转量}{\sum 单车的总行程\times 该车的核定吨位}\times 100\%$$

3.3.6　待货时间率

在考核期内，待货时间占完成运输任务时间总和的比率，计算单位为百分数（%）。

$$待货时间率=\frac{待货时间}{完成运输任务时间部=总和}\times 100\%$$

完成运输任务时间总和=起运时间+待货时间+回程时间。

3.3.7　车辆新度系数

在考核期内，表示营运车辆总体新旧程度的指标，本标准规定车辆按使用年限折旧。

$$车辆新度系数=\frac{1-\sum(单车原值\times 单车实际使用月数)}{全部货车营运车辆\times 96}$$

式中：单车实际使用月数超过96按96算。

3.3.8　每千千米维修费

在考核期内，营运车辆完成每千千米货物运输的车辆维修费用，计算单位为元每千千米（元/$10^3$ 千米）。

$$每千千米维修费=\frac{车辆维修费用}{行驶里程/1000}$$

3.4 燃料消耗及环保

3.4.1 百吨·千米燃料消耗

在考核期内，营运车辆完成百吨千米周转量的平均燃料消耗数量，计算单位为升每百吨千米［L/（$10^2$t·km）］。

$$百吨千米燃料消耗=\frac{燃料消耗总量}{总货物周转量/100}$$

3.4.2 环保合格率

在考核期内，实际检查总车次数量中符合环保规定的车次数，计算单位为百分数（%）。

$$环保合格率=\frac{合格车次数}{检查总车次数}\times100\%$$

3.5 运输质量

3.5.1 正运量、正运率、准运量、准运率、货差量、货差率、货差值、货损量、货损率、货损值、货灭量、货灭率、货灭值、货物缺失数、货物缺失率和货物缺失值按照 JT/T 619 的规定。

3.6 服务质量

3.6.1 合同兑现率、客户满意率、客户投诉率和重大货运服务质量事故件数按照 JT/T 619 的规定。

3.6.2 意见处理率

在考核期内，客户针对运输服务质量问题指出的意见中，运输企业予以及时查处并给予货主必要的物质或精神补偿，取得满意效果的已处理意见数与客户提出意见数之比，计算单位为百分数（%）。

$$意见处理率=\frac{已处理意见数}{客户提出意见数}\times100\%$$

3.6.3 简便受托率

在考核期内，简便受托（包括电话、登门、网络、信函受理及不同运输方式之间联运业务的代业受理等）的业务票数与受理业务总票数之比，计算单位为百分数（%）。

$$简便受托率=\frac{简便受托业务票数}{受理业务总票数}\times 100\%$$

3.6.4 一票运输率

在考核期内，货主经一次购票（办理托运手续）后，由企业全程负责，提供中转联程服务至到达目的地的一票运输票数与同期运输总票数之比，计算单位为百分数（%）。

$$一票运输率=\frac{一票运输运票数}{同期运票总数}\times 100\%$$

3.6.5 零担（快运）班线密度

在考核期内，营运区域内按零担（快运）班线组织运输的各营运线路长度之和的零担（快运）班线营运线路总长度与营运区域面积之比，计算单位为千米每平方千米（$km/km^2$）。

$$零担（快运）班线密度=\frac{零担（快运）班组营运线路总长度}{营运区域面积}$$

式中：零担（快运）班线营运线路总长度——企业统计时，是相对本企业而言；政府评价时，应是所有经营者营运线路总长度。

3.6.6 零担（快运）网点分布密度

在考核期内，营运区域内零担（快运）网点数与营运区域面积之比，计算单位为个每平方千米（个/$km^2$）。

$$零担（快运）网点分布密度=\frac{零担（快运）同点数}{营运区域面积}$$

3.6.7 三级以上货运站的分布密度

在考核期内，营运区域内三级以上货运站数与营运区域面积之比，计算单位为个每平方千米（个/$km^2$）。

$$三级以上货运站的分布密度=\frac{三级以上货运站数}{营运区域面积}$$

3.6.8 电子信息网络化率

在考核期内，实现网络化信息传输的营运网点数点总营运网点数的比率，计算单位为百分数（%）。

$$电子信息网络化率=\frac{实现网络化信息传播的营运网点数}{总营运网点数}\times 100\%$$

3.6.9 计算机普及率

在考核期内，企业每百人拥有计算机台数的比率，计算单位为百分数（%）。

$$计算机普及率=\frac{企业计算机台数}{企业人数}\times 100\%$$

3.7 搬运装卸质量

搬运装卸合格率，按照 JT/T 619 的规定。

3.8 运输安全质量指标

行车事故次数、行车事故率、行车事故伤人量、行车事故伤人率、行车事故死亡量、行车事故死亡率、行车事故损失、货运赔偿率按照 JT/T 619 的规定。

交通事故责任分为全部责任、主要责任、同等责任、次要责任，道路交通责任事件是指驾驶人员负同等或者以上责任的交通事故。

3.9 不良记录指标

在考核期内，自身原因造成的违反有关运输法律法规的次数。

**4. 评价分析方法**

常用的评价分析方法有简单评价法、差异评价法和综合评价法。

## （二）物流运输质量事故

物流运输质量事故是指货物从托运方交承运方起至承运方将货物交收货单位签收为止的承运责任期内，发生的货物丢失、短少、变质、损坏、错运等以及因承运方失职等而造成的经济损失。

以公路物流运输为例，按货运质量事故造成货物损失金额的不同来划分，货运质量事故有：重大事故（造成货物损失金额在 3000 元以上和经省级有关部门鉴证为珍贵、尖端、保密物品的运输灭失、损坏）、大事故（造成货物损失金额为 500~3000 元）、一般事故（造成货物损失金额为 50~500 元）、小事故（造成货物损失金额为 20~50 元）等。此外，货损金额在 20 元以下的货运质量事故，不作事故统计上报，但企业要作内部记录和处理。

## 二 物流运输方式的选择

企业在运输和配送过程中，经常会发生一些不合理的运输组织和安排，如空车回程、对流运输、配送线路交叉、配送区域重叠等，这些不合理运输增加了企业物流运输成本，降低了企业效益。要降低运输成本，提高企业效益，就要选择合理的运输方式。

### （一）物流运输方式的决策依据

在选择物流运输方式时，人们往往以运输工具的服务特性作为决策的基础。除此之外，决策时需要考虑的因素还包括运费、运输时间、运输能力、货物的安全性和及运输工具的适用性等。另外，决策者可用的信息量及其来源渠道也是一个重要因素。

在上述因素中，一般认为运费和运输时间是最重要的决定因素。一方面，从物流运输的功能看，速度快是货物运输的基本要求，但速度快的运输方式的运输费用往往也较高。另一方面，在考虑运输的经济性时，不能把运输费用作为唯一的标准，还要考虑因运输速度的提高、货物在途时间的缩短而减少的库存费用。此外，运输的安全性和可靠性提高，运输成本也会相应增加。最佳运输方式或运输工具的选择，应该是在综合考虑上述各种因素后作出的，最重要的是平衡运输服务的速度和成本。

### （二）物流运输方式的选择

物流运输方式选择包括多式联运中的运输方式选择和自用运输的确定。

**1. 多式联运**

在有些情况下，两种以上运输方式的合理连接可以降低物流运输成本、改善服务。在一次运输过程中，使用两种以上的运输方式来提供物流运输服务就是多式联运，它的主要特点是使用两种以上的运输工具，以最合理、最有效的方式实现货物的运输过程。

比较常见的多式联运有铁路与公路联运、公路或铁路与水路联运等。铁路与公路联运，即公铁联运，也称“驮背运输”，通常是在铁路平板车上运载汽车拖车，它比汽车运输的运输距离更长。它综合了汽车运输的方便性、灵活性与铁路适合长距离运输的特点。汽车运输企业可以延伸其服务范围，而铁路部门也能分享到某些一般由汽车运输企业单独完成的运输，同时托运人可以合理价格享受长距离“门到门”运输服务。因此，铁路与公路联运成为最受欢迎的多式联运方式。公路或铁路与水路联运，也称“鱼背运输”，即将汽车拖车、火车车厢或集装箱转载船舶进行长途运输。这种使用水路进行长途运输的方式是最便宜的运输方式之一，在国际多式联运中应用广泛。此外，航空与公路联运应用也较广泛，这种方式所提供的服务和灵活性可与公路直达运输相比拟。

**2. 自用运输**

自用运输即企业使用自有的运输设备（包括拥有或租用火车车皮、汽车、货运飞机及运输船舶）承担自有的、承租的或受托的货物的运输活动。自用运输具有更强的控制力和灵活性，能够随时适应客户的需要，缩短交货时间，减少库存和缺货的可能性，并且不受商业运输公司服务水平和运价的限制，这有利于改善和客户的关系。自用运输的弊端是运输成本较高，主要原因是运输回空现象的存在。回空成本要计入运出或运入的单程货运成本，这样一来，运输成本差不多是单程运输成本的两倍。因此，企业在选择自用运输前，一定要做好成本核算工作。

**3. 运输方式的定量分析**

定量分析是物流运输管理部门运用定量方法进行运输方式的选择，一般程序是先对拟选择的运输方式的各种指标进行量化、评分，给出相应的绩效度量值，然后根据各项指标的重要程度给出不同的权重，用权重乘以运输方式的绩效度量值，从而得到运输方式在该评估因素中的等级，最后将个别因素的等级累加，得到这种运输方式的总等级。通过定量分析，各指标被量化，各种运输方式的优劣一目了然。

由于各种新的运输方式不断出现，物流运输企业提供的服务和运输能力也在不断变化，这使得因素评估变得更加困难，运输方式的选择也比过去更加多样化。因此，定量分析方法也作了相应地改进，如建立科学的评价体系和模型，对相关因素进行分析，以便选择最佳的运输方式。

## 三 物流运输合理化

### （一）物流运输合理化的定义

物流运输合理化是指物流运输企业优化配置资源，以最经济的手段和方法满足客户要求的过程。也就是从物流系统的总体目标出发，按照货物流通的规律，运用系统理论和系统工程原理和方法，合理利用各种运输方式，选择合理的运输路线和运输工具，以最短的路径、最少的环节、最快的速度和最少的劳动消耗组织好货物的运输。

## （二）物流运输合理化的意义

运输合理化的重要意义主要表现在以下几点。

### 1. 有利于促进国民经济持续、稳定、协调地发展

按照社会主义市场经济的基本要求组织货物的合理运输，这可以使物质产品迅速地从生产场所向消费场所转移，加速资金的周转，促进社会再生产过程的顺利进行，保持国民经济稳定、健康地向前发展。

### 2. 缩短运输时间，加快物流速度

货物运输时间是决定物流速度的重要因素。合理组织运输活动可使被运输货物的在途时间尽可能缩短，加快物流速度。从宏观的角度看，物流速度加快，商品库存量减少，资金占用大为减少，社会物质产品的使用效率也相应提高。

### 3. 节约运输费用，降低物流成本

运输费用是物流费用的主要组成部分。运输合理化就是选择合适的运输方式、运输工具和运输路线，优化运输方案，从而缩短运输里程，提高运输工具的运用效率，节约运输费用，降低运输成本。

### 4. 节约运力，节省能源

运输合理化能有效解决回空等运输问题，从而节约运力，提高货物通过能力以及合理利用运输能力。同时，运输合理化降低了运输部门的能源消耗，提高了能源利用率，这对于缓解我国目前运输和能源紧张的情况具有重大的现实意义。

## （三）不合理物流运输及其表现

不合理运输是指没有达到应有的运输水平而造成运力浪费、运费超支和运输时间增加等问题的运输形式。如在组织货物运输过程中，违反货物流通规律，不按经济区域和货物自然流向组织货物调运，忽视运输工具的充分利用和合理分工，装载量过低，流转环节过多，这些都会导致运力浪费和运输费用增加。

不合理运输大致可分为以下六大类。

### 1. 与运输距离有关的不合理运输

与运输距离有关的不合理运输主要包括过远运输和迂回运输。

（1）过远运输。过远运输是指调运货物舍近求远的物流运输行为，即完全可以由距离较近的供应地调运质量相同的货物，却从远处调运，造成货物运距的浪费。过远运输导致货物在途时间长、运输工具周转慢、货物占压资金多，又易出现货损，增加费用开支。

（2）迂回运输。迂回运输是指可以选取较短路线却选择较长路线的一种不合理运输形式。需要说明的是，如果最短距离路线上出现交通阻塞或有噪声量、排气量等特殊限制时所发生的迂回运输不能称为不合理运输。只有因计划不周、地形不熟、组织不当而发生的迂回运输才属于不合理运输。

**2. 与运输方向有关的不合理运输**

与运输方向有关的不合理运输主要包括对流运输和倒流运输。

（1）对流运输。对流运输又称“相向运输”“交错运输”，凡属同一种货物或彼此间可以相互代用又不影响管理、技术及效益的货物，在同一线路上或平行线路上作相对方向的运输，并与对方运程的全部或一部分发生重叠的运输，即为对流运输。对流运输又有两种类型：一种是明显的对流运输，即在同一路线上的对流运输；另一种是同一种货物违反“近产近销”的原则，在两条平行的路线上沿相对的方向运输，它不易被发现，故被称为“隐蔽的对流运输”。

（2）倒流运输。倒流运输是指货物从销地（或中转地）向产地（或起运地）回流的一种运输现象，其不合理程度要甚于对流运输，原因在于往返两程的运输都是不必要的，产生双程浪费。倒流运输也可以看成隐蔽对流的一种特殊形式。

**3. 与货物运量有关的不合理运输**

与货物运量有关的不合理运输主要包括返程或起程空驶和重复运输。

（1）返程或启程空驶。空车或无货载行驶可说是不合理运输的最严重形式。在实际运输组织中，有时候必须调运空车，从管理上不能将其看成不合理运输，但因调运不当、货源计划不周、不采用运输社会化而形成的空驶则是不合理运输的表现。

造成空驶的主要原因有以下几种。

①能利用社会化的运输体系却不利用，依靠自备车送货，这往往容易出现单程实车、单程空车的不合理运输现象。

②由于车辆过分专用，无法搭运回程货，只能单程实车、单程空车周转。

③由于工作失误或计划不周而导致货源不实，车辆空去空回，双程空驶。

（2）重复运输。重复运输是指一种货物本可直达目的地，但在中途停卸、重新装运的不合理运输现象。重复运输虽未延长运输里程，但增加了装卸环节，延长了货物在途时间，增加了装卸搬运费用，降低了车船使用效率，影响了其他货物运输。

**4. 与运力有关的不合理运输**

与运力有关的不合理运输主要包括运力选择不当和托运方式选择不当。

（1）运力选择不当。运力选择不当是指未正确利用运输工具造成的不合理现象。常见的运力选择不当有以下几种形式。

①弃水走路。在同时可以利用水运和陆运时，不利用成本较低的水运或水陆联运，而选择成本较高的铁路运输或公路运输，从而不能发挥水运优势。

②运输工具承载能力选择不当。即运输没有根据承运货物数量及重量有效选择运输工具，造成货物超载、损坏车辆或车辆不满载、运力浪费等。

③铁路、大型船舶的过近运输。火车与大型船舶的起运及到达目的地的准备、装卸时间长，机动性不足，如果在过近距离运输中利用这些运输工具，不但发挥不了它们的优势，反而会延长运输时间，增加装卸难度和运输费用。

（2）托运方式不当。托运方式不当是指没有选择最好的托运方式，造成运力浪费及费用增加的一种不合理运输。例如，应选择整车运输而采取零担托运，应采取直达运输而选择中转运输等，这些都是托运方式不当的表现。

**5. 与线路设计有关的不合理运输**

与线路设计有关的不合理运输主要包括交叉运输和配送区域重叠。

（1）交叉运输。交叉运输是指在同一区域进行物流运输时，设计的线路之间相互交叉，增加车辆行驶距离的一种不合理运输形式。

（2）配送区域重叠。配送区域重叠是指在两个或两个以上配送区域有部分区域重叠，导致运输线路交叉，车辆行驶距离增加，从而造成运力浪费的一种不合理运输形式。

**6. 与运输工具使用有关的不合理运输**

与运输工具使用有关的不合理运输主要包括运输工具类型与货物特性不匹配等，如有些货物在运输过程中，需要恒定的温度或湿度，对运输工具的要求很高，如果运输工具达不到货物运输的要求，就会造成货物的腐烂变质等。

需要说明的是，上述的各种不合理运输形式都是在特定条件下表现出来的，在进行判断时必须注意各自的前提条件，否则就容易出现判断失误。例如，对于同一种产品，只要商标、价格不同，发生的对流运输就不能视为不合理运输，这是因为其中存在着市场竞争。如果因所谓的“不合理”而不允许对流运输，反而会阻碍竞争甚至导致地区封锁。因此，在实践中只有进行综合研判，才能得到正确的结论。

### （四）物流运输合理化的“五要素”

运输合理化的影响因素很多，一般认为，起决定性作用的有以下五个方面的因素，称为合理运输的“五要素”。

**1. 运输距离**

运输距离简称“运距”。在运输过程中，运输时间、货损货差、运费等指标都与运输距离存在着较强的正相关关系。因此，运距长短是运输是否合理的一个最基本因素，缩短运距既具有宏观的社会效益，又具有微观的企业效益。

**2. 运输环节**

每增加一次运输，不但会增加起运的运费和总运费，而且必然会增加运输的附属作业活动。减少运输环节，尤其是减少同一工具的运输环节，对运输合理化具有促进作用。

**3. 运输方式**

各种运输方式都有它的优势和劣势，合理地选择、组织运输方式，最大限度地扬长避短，并根据各种运输方式的特点进行运输的装卸、搬运、包装等附属作业是运输合理化的重要一环。

**4. 运输时间**

运输是物流所有活动环节中最耗费时间的一个环节，长距离运输尤其如此。缩短运输时间对缩短整个物流时间具有决定性的作用。缩短运输时间也有利于加速运输工具的周转，从而充分发掘运力。此外，缩短运输时间还有利于加快货主资金的周转速度和提高运输线路的通过能力。

**5. 运输费用**

运输费用简称“运费”，在全部物流费用中占很大比例，运费是衡量物流运输合理化的一个重要标志，它在一定程度上决定了整个物流系统的竞争能力，也是物流企业采取的运输合理化措施有效性的最终判断依据之一。因此，降低运费是物流经营企业的一个重要目标，也是货主企业的重要指标。

## 延伸阅读

### 物流运输决策评价

评价一项运输决策是否合理，关键要看物流运输对企业生产经营产生的影响。对生产企业来说，低成本的运输决策，如果无法保证生产和销售的连续性，那么也不能算是好的运输决策。因此，评价运输决策效果要综合考虑多个指标。

**1. 生产企业运输决策评价指标**

生产企业运输决策既要保证服务水平让客户满意，又要实现运输成本最小。因此，可以通过考察服务水平的提升程度和运输成本的降低幅度来评价企业运输决策的效果。

(1) 服务水平。服务水平又可以用多个指标来表示，如运输可靠性、安全性、货物灭失率等。运输一致性是反映运输物流可靠性和服务质量的重要标志，在物流运输中，如果缺乏一致性保证，将会对企业生产经营产生不利影响，包括生产作业连续性无法保证、销售风险增大、无法实现货物在各种运输方式间的准时衔接、收货人的安全存货要相应增加，等等。选择不同的运输方式，运输一致性是不一样的：航空运输一致性最差，卡车运输一致性最好。除运输一致性指标外，物流运输的完好率也是评价运输决策的重要指标。

(2) 运输费用，包括固定费用和变动费用。任何具有规模经济的运输决策都能降低物流运输成本，但企业在追求低成本运输时，首先必须保证运输服务水平。

**2. 物流企业运输决策评价指标**

物流企业的运输决策评价指标主要是运输资源，即运输设备和设施的利用效率。

(1)运输设备的利用效率。运输设备主要指用于物流运输的工具，如汽车、火车、轮船、飞机等。最大可能地利用运输设备，有利于降低移动物品的费用，缩短处理货物的时间。企业可使用总车时利用率、运送速度、里程利用率、载重量利用率等指标，对物流运输决策进行评价。

(2)运输设施的利用效率。运输设施主要指运输设备停靠和使用的设施，包括运输节点和运输线路,主要评价指标包括线路里程和方便性、公路拥挤度、铁路请车满足率、港口泊位数、港口机械化作业率和机场拥挤度等。

## （五）物流运输合理化的有效措施

### 1. 发展合装整车运输

合装整车运输也称“零担拼整车中转分运”，它主要适用于杂货运输。如在铁路运输中，合装整车运输是在组织货运时，由同一发货人将不同品种但发往同一车站、统一收货人的零担托运货物由物流企业自己配组在一个车皮内，以整车运输的方式托运到目的地，或把同一方向不同到站的零担货物集中组配在一个车皮内，运到一个适当的车站，再中转分运。

合装整车运输的具体做法有四种：零担货物拼整车直达运输；零担货物拼整车接力直达或中转分运；整车分卸；整装零担。由于采用合装整车的办法可以减少一部分运输费用，这种措施不仅可以取得较好的经济效果，还可以提高运输工具的利用率。

### 2. 发展直达运输

直达运输是运输合理化的重要表现形式，其要点是通过减少过载、换载，提高运输速度，节省装卸费用，降低中转货损。直达的优势在一次运输批量和用户一次需求量达到整车装载量时表现最为突出。此外，在生产资料、生活资料运输中，利用有效的技术来实现直达运输，可以建立起稳定的产销关系和运输系统，有利于提高运输水平和运输效率。

需要指出的是，直达运输的合理性只有在一定条件下才会表现出来，即直达运输是否优于中转运输，要根据用户的要求作出判断。一般而言，从用户角度来看，当批量较大时，直达运输较为合理，当批量较小时，中转运输较为合理。

### 3. 发展“四就”直拨运输

“四就”直拨运输即就厂直拨，就车站、码头直拨，就库直拨，就车、船过载等。一般批量到站或到港的货物，先要进分配部门或批发部门的仓库，然后按程序分拨或销售给用户，这样往往会出现不合理运输。“四就”直拨运输就是力求减少中转运输环节，以最少的中转次数完成运输任务的一种形式。

“四就”直拨运输和直达运输是两种不同的运输合理化形式，它们既有联系又有区别。直达运输的货物运输里程一般较远，批量较大，而“四就”直拨运输的货物运输里程一般较近，批量较小，主要在大中城市批发站所在地办理直拨运输业务。在运输过程中，如能将“四就”直拨运输与直达运输结合起来，往往会收到更好的经济效果。

**4. 提高技术装载量**

提高技术装载量是组织合理运输、提高运输效率的重要内容。提高技术装载量不但可以最大限度地利用车船载重吨位，而且可以充分利用车船装载客积。具体做法有以下几种。

（1）组织轻重装配。组织轻重装配是指把实重货物和轻泡货物组装在一起，这样既可以充分利用车船装载容积，又能达到装载重量要求，充分提高运输工具的综合利用率。

（2）实行解体运输。实行解体运输是针对一些体积大且笨重、不易装卸、容易碰撞致损的货物所采取的一种装载技术。例如，在运输大型机电产品、科学仪器、自行车、缝纫机等货物时，可将其拆卸装车，分别包装，以缩小占用空间，达到便于装卸搬运和提高运输装载效率的目的。

（3）堆码技术的运用。在物流运输过程中，应根据车船的货位情况及不同货物的包装状态、形状，采取有效的堆码技术，如多层装载、骑缝装载、紧密装载等技术，以提高运输效率。与此同时，改进包装技术，逐步实行集装箱化、托盘化，对提高车船技术装载量也有重要意义。

**5. 分区产销平衡运输**

分区产销平衡运输就是在组织物流活动中，对某种货物而言，根据产销分布情况和交通运输条件，在产销平衡的基础上，按照“近产近销”的原则，一般都从固定的生产区运往特定的消费区，从而使货物运输线路最短，实现合理运输。

分区产销平衡运输主要适用于品种单一、规格简单、生产集中、消费分散，或消费集中、生产分散以及调运量大的物质产品，如煤炭、木材、水泥、粮食、建材等。实行这一办法，对于加强产、供、运、销一体化，消除过远运输、迂回运输、对流运输等不合理运输，充分利用地方资源，促进生产力合理布局，降低物流费用，节约运力，具有十分重要的意义。

## ◆本章小结◆

运输决策是做好物流运输作业的重要基础，而最佳运输量和最优运输路线的确定又是运输决策中两个最重要的内容。

运输网络和交通图等概念是解决上述问题的基础，对于实际问题的抽象和归纳有着重要的意义。对于简单的最佳运输量问题一般可用图上作业法，如果某起点与终点之间的运费与其他运费有差异，则一般用表上作业法。运输路线选择分析中的起讫点不同的单一问题可以使用标签法，多起讫点问题则可以采用表上作业法，起讫点重合的运输问题处理起来相对比较麻烦，一般采用经验法，其中“运行路线不交叉”和“运行路线呈泪滴状”是两条基本原则。

物流运输合理化是物流运输管理中的另一项重要内容，它可以保证运输质量，提高运输效益。要实现运输合理化，就要考虑各种运输方式和运输工具的特点，权衡利弊，充分利用优点，从而创造更多的效益。物流运输方式选择包括多式联运中运输方式的选择和自用运输的确定，运用定量方法进行运输合理化分析是一种重要的方式。

## ■案例分析■

### 日本物流费用为什么这么低?

日本物流的历史虽并不长，但发展速度很快，如今凭借先进的物流技术、管理方式等很好地控制了成本费用，日本成为世界物流领域先进国家。

**1. 物流成本占比低**

从1995年到2003年，日本物流全行业的企业物流成本占产品销售额的比重逐年下降，2003年后维持在5%左右的水平。而美国2012年的这一数据为7.87%，2013年则上升到8.41%。进一步分析具体的成本构成，以卡车运输为例，根据日本国土交通省自动车局和全日本卡车协会在2011年的调查数据来看，运输人工费用占比高达45.9%，考虑这一数据形成的原因：其一，日本的人工成本费用普遍较高；其二，非人工的成本已经尽可能地被压缩了。

**2. 从自动化和信息系统提升物流效率**

不同的时代，每个行业都会有不同的呈现，面临不同的问题，从而促生相应背景下的解决方案。在19世纪60年代的日本，企业的生产量和销售量激增，这导致了物流量的激增。不仅如此，通货膨胀导致物价上升，企业人工成本上涨。为了解决这两大问题，日本物流行业在这一时期通过增加机械化，提升物流处理能力，减少人工成本。立体自动化仓库正是在此时出现，从而实现仓库高层空间的合理化运用以及实现自动化存取货物。

如今，立体化仓库已经成为一门独立的学科，并在日本迅速发展。从19世纪80年代末期开始，日本的立体化仓库从制造业，开始遍及农业、仓储业、批发零售业、银行保险业等行业，物流的自动化得到了广泛的应用。目前，日本已经成为当今世界上应用自动化立体仓库最广的国家。

除了自动化设备之外，日本物流行业在19世纪70年代开始通过信息系统来提升效率。自19世纪70年代后期以来，物流信息网络开始飞速发展，将各个网点及生产、销售等各个相关部门整合在一个系统中，实现了实时在线地物流信息处理和交互，大幅提升了效率。导入信息系统，从短期来看，确实增加了导入和维护成本，但从长远来看，节省了沟通成本和时间成本，避免了由于信息不对称而产生的费用。随着经济的发展，日本物流行业的信息系统变得越来越完善。

**3. 降低物流成本的三大方式**

虽然日本的物流行业已经处于领先的水平，但是其仍然想尽办法降低成本。根据日本物流系统协会发布的《2013年日本物流成本调查报告》，在2013年，日本企业采用的前三位的降低物流成本方式依次为：提升装载率、削减库存以及重新规划物流据点。

事实上，这是近几年来日本企业为了降低物流成本而持续使用的方式。在物流行业里面，装载率是评估营运效率的指标。从物流成本上看，运输成本占了约六成，小批量、多频次的运输会导致效率低下。只要提升装载率，就可以减少使用的车辆等运输工具的数目，进而降低运输成本，这便是日本致力于提升装载率的源动力所在。

物流装载率之所以低，很大程度上是因为重量和体积的矛盾。例如，货物已经堆满，但重量却不到能承载重量的一半，而物流公司一般是按重量收取运费的，这会造成车辆吨位资源的浪费，从而需要更多的车辆来运输，导致运输成本上升。因此，如何合理的搭配货物进行运输对于降低物流成本非常重要。在进行货物搭配运载之前，对各个送货地址的路线、配送时间、重量体积、包装、物流网络、装载方法等因素的相关数据进行详细分析，这有利于实现合理化运载，提升装载率。上述方法虽看似简单但实际操作较为复杂，且由于日本国内将客户需求放在第一位，并受 JIT 生产方式的要求，提升装载率的难度不容忽视。可见，日本物流业已经进入"精耕细作"的时期。

## 问题讨论

日本经验对我国企业降低物流成本有什么启示？

## 复习思考题

1. 如何根据运输任务设计不同的运输网络？

2. 请分别简述图上作业法和表上作业法的步骤。

3. 利用表上作业法得到初始方案后，如果有两个空格的检验数为负，应怎样进行调整？

4. 试述标签法的基本原理和步骤。

5. 试用标签法求解图 4-12 中从节点 1 到节点 6 的最短路线。

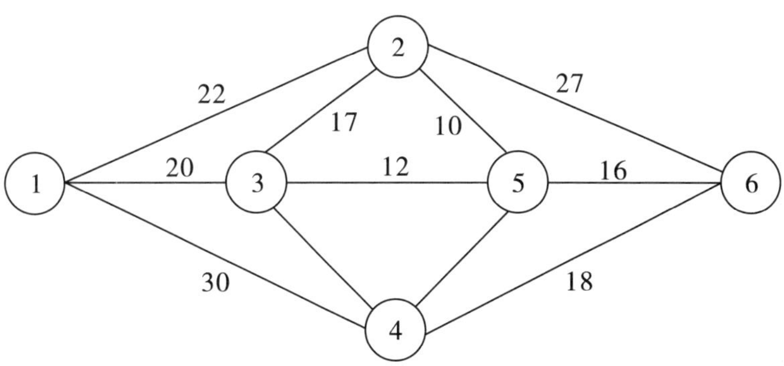


**图 4-12 某地区交通运输示意图**

6. 表 4-19 给出了某运输问题的产销平衡表和单位运价表，试用表上作业法求出该问题的最优解。

**表 4-19**

| 销地<br>加工厂 | A | B | C | 产量 |
|---|---|---|---|---|
| 甲 | 5 | 1 | 8 | 12 |
| 乙 | 2 | 4 | 1 | 14 |
| 丙 | 3 | 6 | 7 | 4 |
| 销量 | 9 | 10 | 11 | |

7. 试举例说明哪些因素会导致不合理运输。

8. 运输合理化的影响因素有哪些？请简述运输合理化的途径。

## 实训题

请深入物流运输企业内部，了解其业务范围，就其某项业务绘制运输网络，并运用所学过的知识进行最佳运输量或最优运输路线设计。

# 第五章

# 特种品物流运输管理

## ◆学习目标◆

通过本章教学，学生要理解特种品中的危险品、超限品、鲜活易腐品的定义，了解它们的分类和特征；掌握危险品、超限品、鲜活易腐品的运输管理要求，并能够对危险品、超限品和鲜活易腐品物流运输进行管理操作。

## 开篇案例

### “华龙一号”第二台压力容器成功吊装

2018年5月28日，中远海运特种运输股份有限公司大康轮在大连港成功吊装“华龙一号”第二台压力容器，再次展示了公司精确精准装运尖端设备的实力和优质高效的物流服务水平。

压力容器被称为核电站的“心脏”，其制造技术标准高、难度大、周期长。大康轮此次承运的压力容器重约350吨，是完全实现国产化、具有自主知识产权的第三代核电反应堆压力容器，将服务于中核集团K3核电项目。该项目为“华龙一号”继K2核电项目后的海外第二堆，是中国核电“走出去”发展战略的重要举措，为“一带一路”重大工程项目。

与K2核电项目压力容器装货作业要求不同，K3核电项目压力容器需采用过驳装货的作业方式，即用船吊将货物直接由驳船装到大康轮。受载重、水流等因素影响，驳船在作业过程中可能发生移动，货物从驳船吊起后可能与驳船发生碰撞，作业难度大大增加。大康轮作为中远海运特运最年轻、最先进的“大Ⅲ”系列重吊船队成员，拥有长51.75米、宽23.2米的大舱口，船舶吊杆单吊能力达350吨，并吊达700吨，特别适合装载此类重大件设备。

经过前期周密细致的准备，作业按计划展开。当天8时30分，驳船“正吉3”轮上的压力容器被缓缓吊起。为保持船舶平衡，起吊过程中，大康轮根据船吊负荷的变化不断调整压载水量。10点30分，压力容器稳稳落座于大康轮舱内。中核供应链对中远海运特运船岸团队的专业水准给予高度赞赏。

（资料来源：中远海运特种运输股份有限公司网站，作者有删改。）

物流运输过程中的部分货物有危险、超限、笨重、鲜活易腐等特点，它们对装卸、运送和保管等作业有一些特殊要求，这类货物统称为特殊货物。做好危险品、超限品、鲜活易腐品物流运输的管理，为社会提供快捷、安全、优质的特种品物流服务，是我国社会主义经济可持续发展的重要保证。

# 第一节　危险品物流运输管理

据世界卫生组织估计，在多达数十万种的物质中，有明显或潜在危险的物质就有3万多种。危险货物种类繁多，性质各异，危险程度不一，在运输过程中稍有不慎易导致严重灾害，造成人身伤亡或财产损失。

## 一 危险品

在物流运输中，有些货物具有爆炸、燃烧、毒害、腐蚀、放射性等特点，容易引发事故，危害健康和人们的生命财产安全，因而需要进行特别防护。

### （一）危险品概述

#### 1. 危险品的定义

危险品是指本身具有燃烧、爆炸、腐蚀、毒害及放射性等特点，或因摩擦、振动、撞击、曝晒、温度或湿度等外界影响，能够发生燃烧、爆炸或造成人畜中毒、表皮灼伤，甚至危及生命安全，造成财产损失等危险性的商品。

#### 2. 危险品的构成要素

从危险品的定义可以看出，危险品有三个构成要素，这三个要素缺一不可。

（1）危险品具有易燃、易爆炸、腐蚀、毒害、放射性等。这一点明确指出了危险货物本身所具有的特殊条件，这也是造成火灾、灼伤、中毒等事故的先决条件。

（2）危险品能引起人身伤亡和财产毁损。它指出了危险货物在一定条件下，如受热、明火、摩擦、震动、撞击、洒漏、与性质相抵触的物品接触等，发生化学变化所产生的危险效应。它不仅使货物本身遭受损失，更重要的是危及人身和周围环境安全。

（3）危险品在运输、装卸和保管过程中，需要特别防护。所谓“特别防护”，不只是一般所说的轻拿轻放和谨防明火，而是指针对各种危险货物本身特性所必须采取的特别防护措施。如有的货物需要特殊包装；有的货物需要控制环境温度、湿度；有的货物需要添加抑制剂等等。

## （二）危险品的分类

2018 年 12 月 1 日开始实施的《危险货物道路运输规则》（JT/T 617-2018）沿用 1987 年 7 月 1 日执行的中华人民共和国国家标准 GB 6944-86《危险货物分类和品名编号》，将危险品分为以下九大类，并对其中的表述作了一些微调。

### 1. 爆炸品

爆炸品是指在外界作用（如受热、撞击等）下，能发生剧烈的化学反应，瞬时产生大量的气体和热量，使周围压力急骤上升，发生爆炸，对周围环境造成破坏的物品。它也包括没有整体爆炸危险，但具有燃烧、抛射及较小爆炸危险，或仅产生热、光、音响或烟雾等一种或几种作用的烟火物品。

爆炸品又分为以下 6 项。

（1）有整体爆炸危险的物质和物品（整体爆炸是指瞬间能影响到几乎全部载荷的爆炸）。

（2）有迸射危险，但无整体爆炸危险的物质和物品。

（3）有燃烧危险并有局部爆炸危险或局部迸射危险之一，或兼有这两种危险，但无整体爆炸危险的物质和物品，包括可产生大量热辐射的物质和物品以及相继燃烧产生局部爆炸或迸射效应，或两者兼而有之的物质和物品。

（4）不呈现重大危险的物质和物品。本项包括运输中万一点燃或引发仅造成较小危险的物质和物品，其影响主要限于包装本身，并且预计射出的碎片不大，射程不远。外部火烧不会引起包装内几乎全部内装的瞬间爆炸。

（5）有整体爆炸危险的非常不敏感物质，在正常运输情况下引发或由燃烧转为爆炸的可能性很小。作为最低要求，它们在外部火焰试验中应不会爆炸。

（6）无整体爆炸危险的极端不敏感物品。该物品仅含有极不敏感爆炸物质，并且其意外引发爆炸或传播的概率可忽略不计。该项物品的危险仅限于单个物品的爆炸。

**2. 压缩、液化或加压溶解气体**

常温常压条件下的气态物质经压缩或降温加压后，贮存于耐压容器或特制的高绝热耐压容器或装有特殊溶剂的耐压容器中，就变成了压缩、液化或溶解气体。对运输来说，这类气体货物的危险性主要表现在两个方面：一是装载容器破裂甚至发生爆炸；二是由气体本身的化学性质引起的危险。

**3. 易燃液体**

易挥发、易燃烧的液体物质称为易燃液体，它一般具有易挥发性、易燃性和毒性等特性。常见的易燃液体有乙醇、汽油和二硫化碳等。

**4. 易燃固体、易自燃或遇湿易燃物品**

易燃固体是指燃点低，对热、撞击、摩擦敏感，易被外部火源点燃，燃烧迅速，并可能散发出有毒烟雾或有毒气体的固体（不包括已列入爆炸品的物质），如磷及磷化物、火柴等。自燃物品是指自燃点低，在空气中易发生氧化反应，放出热量而自行燃烧的物品，如黄磷、油麻及其制品等。遇湿易燃物品是指遇水或受潮时发生剧烈化学反应，放出大量易燃气体和热量的物品，如活泼金属及其氢化物、硼氢类和碳磷化合物等。

**5. 氧化剂和有机过氧化物**

氧化剂是指处于高氧化态，具有强氧化性，易分解并放出氧化热量的物质，包括含过氧基的无机物，如硝酸铵、高锰酸钾和过氧化钠等。有机过氧化物是指分子组成中含有过氧基的有机物，其本身易燃易爆，极易分解，对热、震动或摩擦极为敏感。

**6. 毒害品和感染性物品**

毒害品是指进入人肌体后，累积到一定的量，能与体液和组织发生生物化学作用或生物物理变化，扰乱或破坏肌体的正常生理功能，引起暂时性或持久性的病理状态，甚至危及生命的物品，如氰化物、砷及其化合物等。感染性物品是指含有致病的微生物，能引起病态，甚至死亡的物质，包括医疗废弃物等。

**7. 放射性物质**

放射性物品是自发和连续地放射出某种类型辐射（如电离辐射）的物质。这种辐射对人的健康有害，但不能被人体的任何感觉器官觉察到。

**8. 腐蚀品**

腐蚀品是指凡从包装渗漏出来后，接触人体或其他物品，在短时间内即会在接触的表面发生化学反应或电化学反应，造成明显破坏现象的物品，也就是能灼伤人体组织并对金属等物品造成损坏的固体或液体。

**9. 其他危险品**

其他危险品是指具有危险性却不能归入上述八种类型当中的危险品，包括危害环境物质。

## 二 危险品运输

危险品运输是道路运输的重要组成部分。随着国家对公共安全管理要求的提高，危险货物运输安全管理受到社会的高度关注，已成为各级运管机构监管的重点。

### （一）危险品运输法规

世界各发达国家都对危险品运输实行立法管理，我国对危险品运输也有比较严格的管理体系，近年来颁布实施了一系列有关危险品运输的法律、法规、条例和标准。

**延伸阅读**

### 《危险货物道路运输规则》简介

为切实解决危险货物道路运输管理标准缺失老化、碎片化、交叉重复矛盾等问题，充分吸收借鉴《联合国关于危险货物运输的建议书　规章范本》（TDG）、《危险货物国际道路运输欧洲公约》（ADR）等国际规则，结合实际情况，2018 年 9 月，我国发布《危险货物道路运输规则》（JT/T 617-2018），并于 2018 年 12 月 1 日起实施。

标准包括 7 个部分、600 多页、40 多万字，内容完整、系统性强，对危险货物分类、包装、托运、装卸、运输等环节的操作要求都作了明确规定。第一部分：通则。

这部分规定了危险货物道路运输术语定义、范围、豁免、人员培训、各参与方的安全要求、安保要求、与其他运输方式的衔接等基础性、通用性要求。这部分内容涉及危险货物分类、包装使用、托运、承运、装卸等所有环节的基础性内容，需要所有参与方都明确知晓。第二部分：分类。这部分主要规定了道路运输危险货物的分类原则、流程、试验方法、注意事项。第三部分：品名与运输要求索引。这部分列出了常见的危险货物品名表，其按照联合国编号顺序，以品名及运输要求索引的形式串起本规则核心内容，共20列，包括危险货物基本规定及特殊规定、有限及例外数量、包装及罐体、允许使用的车辆、装卸及运输等要求的代码。第四部分：运输包装使用要求。这部分主要规定了各类危险货物包装的选择、使用等要求。第五部分：托运要求。这部分主要规定了运输危险货物时的包装标记和标志，车辆菱形标志牌、矩形标志牌及特殊标记，运输单据要求。第六部分：装卸条件和作业要求。这部分主要规定了包件运输、散装运输、罐式运输等各种运输条件的车辆选择、混合装载、运输量限制、特殊规定等要求。第七部分：运输条件及作业要求。这部分主要规定了随车携带单据、安全防护设备、人员培训要求、车辆监护、运输过程中注意事项要求等内容。

《危险货物道路运输规则》的制定与实施对于促进危化物流行业安全高效发展，加快危险货物道路运输标准与国际规则接轨，具有重要的现实意义。总的来说，该标准主要解决行业标准目前存在的四个问题。

一是标准分散的问题。据初步统计，我国危险货物运输常见国家和行业标准有100多个，其中包括危险货物相关标准63个，包装容器相关标准41个，专用车辆相关标准13个，运输操作管理标准7个等。原先标准内容非常分散，危化品生产经营企业、运输企业很难掌握。

二是部分关键内容缺失的问题。虽然原先标准众多，但是对涉及实际运营过程中的关键问题没有明确规定。

三是各个标准衔接不畅的问题。危险货物运输涉及的环节众多，包括托运、充装、运输、收货等。此前，这些环节上的各参与方之间，各自遵循各自的标准，相互之间缺少衔接，有时货物托运人不了解运输企业遵循什么标准，托运人也不了解运输企业遵循什么标准。而危险货物运输各方需要共同传递货物的危险性和安全要求等重要信息，缺乏这个共识就达不到衔接的目的。

四是与国际规则接轨不够的问题。在原先的危险货物运输标准中，如危险货物标志、车辆标准等，都需要进一步与国际接轨。特别是现在，我国提出“一带一路”倡议，我国企业与中亚等地区的商业机构的贸易往来频繁，货物品类众多，我国同时有大量进口危化品的需要。在此背景下，我国标准只有与国际标准对接，才更有利于国际化商业合作的开展。

新标准使各参与方都有了更加明确统一的操作规范，提高了危化物流的整体安全水平和运输效率。对于危险货物运输行业的各参与方来说，新标准的出台，将带来更加规范的市场环境；新标准的实施，也将助推行业建立更加安全、高效的危化物流运输体系。

危险品运输法规是交通运输法规的一个组成部分，既是各级交通主管部门对危险品运输活动进行管理、监督和仲裁的依据，又明确规定了运输合同关系双方即托运人与承运人各自的责任。双方当事人必须遵守，若违反就要承担相应的法律责任。

## （二）托运人的责任要求

### 1. 托运人的界定

在物流运输合同中，委托运输、交给货物并支付运费的当事人称为“物流运输托运人”。不过，为明确责任，应以在“危险物品托运证明书”上签字的人为主要托运人。在特殊条件下，按法律的规定，发货人、收货人、运输代理人也应作为托运方的连带责任人。

### 2. 托运人的责任

托运人的责任与危险品运输安全有直接关系，一般都规定托运人的责任。与承运人相比，托运人的责任对危险品运输的安全起着主导作用。

我国规定：“托运人托运易燃、易爆、有毒、有腐蚀性、有放射性等危险物品的，应当按照国家有关危险物品运输的规定对危险物品妥善包装，作出危险物标志和标签，并将有关危险物品的名称、性质和防范措施的书面材料提交承运人。”托运人违反前款规定的，承运人可以拒绝运输，也可以采取相应措施以避免损失的发生，因此而产生的费用由托运人承担。

对交通运输管理部门来说，上述托运人的责任，既是处理合同运输承、托双方纠纷的准则，又是对危险品运输进行安全管理的标准。

## （三）承运人的责任要求

### 1. 承运人的界定

承运人是在合同运输中提供运输工具，负责进行运输，并收取运输劳务费用的当事人。运输企业欲经营危险货物运输，必须预先向运输管理部门提出申请并取得经营资格。

### 2. 承运人的责任

托运人把危险货物交付给承运人，并从承运处得到货运单（或运单、提单）后，危险货物的保管责任即同时移交给承运人，直到收货人从承运人手中提取货物为止。在整个承运期间，承运人都要对所运危险货物的安全负全部责任。

### 3. 对车辆和设备的要求

承运人除自身要承担特定的责任外，还需要对所提供的运输车辆和设备进行检测，确保车辆和设备符合要求。车辆和设备除了要符合基本要求外，运输不同危险货物的运输车辆还要满足与其运输货物相应的特殊要求。

## 延伸阅读

### 危险货物道路运输规则（部分）

6　运输作业要求

6.1　携带单据和证件

6.1.1　应随车携带以下单据和证件：

(a) 道路运输证、危险货物运单；

(b) 危险货物道路运输安全卡；

(c) 危险货物道路运输车组成员从业资格证；

(d) 法规标准规定的其他单据。

6.1.2　危险货物道路运输安全卡应放置在车辆中易于取得的地方。

6.2　车组人员要求

6.2.1　禁止搭乘无关人员。

6.2.2 车组人员应会使用灭火装置。

6.2.3 非紧急情况下，车组人员不应打开含危险货物的包件。

6.2.4 应使用防爆的便携式照明装置。

6.2.5 装卸作业时，车辆附近和车内禁止吸烟和使用明火，包括电子香烟及其他类似产品。

6.2.6 装卸过程中应关闭发动机，国家有关标准规范中允许装卸过程中启动发动机或其他设备的除外。

6.2.7 运载危险货物的运输单元停车时，应使用驻车制动装置。挂车应使用至少两个轮挡限制其移动。

6.3 车辆停放要求

应按以下优先顺序选择危险货物车辆停车场所：

(a) 未经允许不能进入的公司或工厂的安全场所；

(b) 有停车管理人员看管的停车场，驾驶员应告知停车管理人员其去向和联系方式；

(c) 其他公共或私人停车场，但车辆和危险货物不应对其他车辆和人员构成危害；

(d) 一般不会有人经过或聚集的、与公路和民房隔离的开阔地带。

6.4 道路通行要求

6.4.1 危险货物运输车辆应遵守国家和行业对道路通行限制的要求。

6.4.2 隧道类别说明和隧道通行限制代码参见附录。如果某个隧道入口处贴有附录所示的隧道类别代码，承运人应判断该隧道是否允许所运输的危险货物通行。

6.5 运输作业特殊规定

**4. 对从业人员及劳动保护的要求**

从事危险货物运输的企业（单位）必须对其从业人员进行业务技术培训和安全消防知识教育。直接进行危险货物运输装卸作业的人员和营运管理人员必须掌握危险货物运输的有关业务知识，经当地管理部门考核合格后，方可上岗作业和工操作。

从事危险品运输的单位必须有健全的关于安全操作、岗位责任、车辆设备维修、劳动保护等的规章制度。

**5. 运输中安全管理要求与事故应急处理**

在危险品运输过程中，运输企业必须对其车辆、设备和人员进行严格监管，并建立事故应急预案和安全防护措施。

### （四）运输、装卸作业规程

危险品运输的运输、装卸作业有一系列规程，在实际操作中，必须严格遵守，尽可能降低事故的发生率。

# 第二节　超限品物流运输管理

超限品物流运输是指使用非常规的超重型汽车、列车载运外形尺寸和重量超过常规车辆装载规定的大型物件（简称为“大件”）的物流运输作业。

## 一　超限品

超限品也称“超限货物”，是物流运输管理的对象之一。

### （一）超限品的定义

超限品是指货物外形尺寸和重量超过常规车辆、船舶装载规定的大型货物，如超长、超宽、超重、超高货物。

具体来说，超限品必然具有下列特征之一：装载后车与货的总重量超过所经路线桥涵、地下通道的限载标准；货物宽度超过车辆界限；载货车辆最小转弯半径大于所经路线设计弯道半径；装载的总高度超限。

## 延伸阅读

### 不同运输方式下对超限货物的界定

公路物流运输中的超限货物是指符合下列条件之一的货物：

长度在 14 米以上或宽度在 3.5 米以上或高度在 3 米以上的货物；重量在 20 吨以上的单体货物或不可解体的成组（捆）货物。

铁路超限货物是指下列条件之一的货物：

一件货物装车后，在平直线路上停留时，货物某个部位的高度和宽度超过机车车辆限界或特定区段装载限界者；在平直线路上停留虽不超限，但行经半径为 300 米的曲线线路时，货物的内侧或外侧的计算宽度（即减去曲线水平加宽量 36 毫米）仍然超限的，视为超限货物。

### （二）超限品的类型

超限品是一个总称，它包括不同种类，如超高物品、超重物品、超长超宽物品等，不同的超限品对运输工具和运输组织的要求各异。因此，为了保证物流运输的安全，一般要对超限品作进一步分类，以便对运输要求不同的超限品进行分类管理。

#### 1. 公路超限品的分类

根据我国公路运输主管部门的现行规定，公路物流运输中的大型物件按其外形尺寸和重量分成四级，见表 5-1。

**表 5-1　大型物件分组**

| 大型物件级别 | 重量（吨） | 长度（米） | 宽度（米） | 高度（米） |
|---|---|---|---|---|
| 一 | 40～（100） | 14～（20） | 3.5～（4） | 3～（3.5） |
| 二 | 100～（180） | 20～（25） | 4～（4.5） | 3.5～（4） |
| 三 | 180～（300） | 25～（40） | 4.5～（5.5） | 4～（5） |
| 四 | 300 以上 | 40 以上 | 5.5 以上 | 5 以上 |

注：括号里的数字不含在相应的数值范围内。

在货物的重量和外形尺寸中，有一项达到表列参数即为该级别的超限货物；货物同时在外形尺寸和重量达到两种以上等级时，按高限级别确定超限等级。

**2. 铁路超限品的分类**

《铁路超限超重货物运输规则》（铁总运［2016］260 号）规定，根据货物的超限程度，超限货物可分为三个等级，即一级超限、二级超限和超级超限。一级超限指自轨面起高度在 1250 毫米及其以上超限但未超出一级超限限界者；二级超限指超出一级超限限界而未超出二级超限限界者以及自轨面起高度在 150 毫米至 1250 毫米（不含）间超限但未超出二级超限限界者；超级超限指超出二级超限限界者。根据货物超限部位所在的高度，超限货物分为三种类型：上部超限、中部超限和下部超限。上部超限指自轨面起高度超过 3600 毫米的任何部位超限者；中部超限指自轨面起高度在 1250 毫米至 3600 毫米之间的任何部位超限者；下部超限指自轨面起高度在 150 毫米至 1250 毫米（不含）之间的任何部位超限者。

### （三）超限与超载的区别

超限品运输与超载运输有着根本区别，表现在以下几个方面。

**1. 法源和法律依据不同**

治理超载和超限分别依据《中华人民共和国道路交通管理条例》（由国务院颁布）和《中华人民共和国公路法》（由全国人民代表大会颁布）的相关条款。

**2. 技术参数不同**

超载运输是指汽车在装载时货物超过汽车的核定载重量。超限是指货物某个方面的特性超过运输工具或运输线路的设计标准，如超重货物运输是指车货总重加轴载重超过了公路的限值（或承载能力）。

**3. 内容不同**

超载既有货物超载，又有客运超载。超限只存在货物运输中。

**4. 执法主体不同**

超载的执法主体是公安机关。超限的执法主体是公路管理机构。

**5. 法律责任不同**

对超载行为可以处以罚款或者警告，并可同时吊扣驾驶执照。车辆超限造成公路损害的，则要承担民事赔偿责任。

### 6. 目的不同

治理超限是为了维护公路的正常使用而不被损害。限制超载是为了人身和财产安全。

## 二 超限品运输

### （一）超限品运输的意义

随着经济社会的发展，工业设备日渐向大型化、重型化甚至超重型化发展，电力、化工、石油、冶金、建材等工业设备的单套机组或单套设备的容量越来越大，生产能力越来越强，单件设备重量往往达数百吨，长度达几十米，宽度和高度也远远超出一般道路通行界限。因此，对超限品的运输管理的重要性日益凸现出来。

另外，载运超限货物的工具不断更新，为超限品运输提供了可能。如我国的D26型长大货物车吸取了国内外铁路长大货物车和公路货物车的成功经验，具有自重轻、宽度可调、使用范围广、能充分利用建筑限界空间进行运输、分解方便、便于货物装卸等诸多优点。它为国家电力超限设备铁路运输，特别是国家电力系统500千伏直流网架建设提供了急需的运输工具，保障了国家重点工程的建设。

### （二）超限品运输的特殊性

基于超限货物的特点，其运输组织与一般货物运输有所不同，超限品运输有着特殊的装载要求、运输条件以及特殊的安全要求。

#### 1. 特殊装载要求

超限货物运输对运输车辆和装载有特殊要求，一般情况下，超重货物装载在超重型挂车上，用超重型牵引车牵引。这种超重型车组是非常规的特种车组，车组装上超限货物后，往往重量和外型尺寸大大超过普通汽车、列车，因此，超重型挂车和牵引车都是用高强度钢材和大负荷轮胎制成，价格远比一般车辆昂贵。

#### 2. 特殊运输条件

超限货物运输条件也与一般货物运输有很大不同，例如，途经道路和空中设施必须满足所运货物的通行需要。道路要有足够的宽度、净空以及良好的曲度，桥涵要有足够的承载能力。这些要求在一般道路上往往难以满足，事先必须进行勘测，必要时还要对道路相关设施进行改造，如排除地空障碍、加固桥涵等。另外，运输过程往往要采取一定的组织技术措施，分段封闭运输，以保证大件车组顺利通行。

**3. 特殊安全要求**

超限货物一般为国家重大工程的关键设备，因此，超限货物运输必须确保安全，万无一失。其运输可说是一项系统工程，所运大件价值高，运输难度大，往往受到各级政府及其有关部门、有关单位和企业的高度重视。各方要根据有关运输企业的申请报告，组织有关部门、单位共同拟定运输方案；运输过程要做好现场的调度工作，并全程护送，协调处理出现的问题。

**延伸阅读**

### 奥运“巨无霸”“五一”“赶场”进京

北京奥运会场馆配套设施——北京太阳宫燃气热电冷联供工程的第二套燃机和发电机于“五一”期间抵达北京，车货总重353吨的“巨无霸”将从秦皇岛走陆路直达北京太阳宫，全程329千米，其中68千米的北京段行走路线与第一套设备完全相同。

据介绍，第一套“巨无霸”已于2006年12月17日运达北京，第二套设备之所以比原计划推迟近4个月启运，是因为在调试中发现关键零部件有质量问题。而为了不耽误工期，核心部件是从美国直接空运过来的，为此花费了160万美元，租用了世界唯一的适用货机将其运抵秦皇岛组装，并完成了调试。

由于整个工程要进行安装调试的工期不能变，只能直接从秦皇岛走陆路直达北京太阳宫，运输距离比从天津运输增加了120多千米。障碍点增加给运输增加了难度。北京段三处逆行路线为：京承高速芍药居桥、京沈高速定辛庄桥、京津公路榆树庄桥。该设施于2007年5月2日晚10时左右从觅子店进京，4日凌晨5时抵达太阳宫。

（资料来源：北京晚报，作者有删改。）

## （三）超限品运输的管理规定

与普通货物运输不同，超限品运输必须事先向管理部门提出书面申请，得到许可后还必须提供有关货物、车辆、起讫地的资料以及车辆行驶证等证件。下面以公路物流超限品运输为例，说明超限品物流运输的有关管理规定。

**1. 提出申请**

超限运输车辆在驶上公路前，其承运人应按下列规定向公路管理机构提出书面申请。

（1）跨省（自治区、直辖市）行政区域进行超限运输的，由途经公路沿线省级公路管理机构分别负责审批，必要时可转报国务院交通主管部门统一进行协调。

（2）跨地（市）行政区域进行超限运输的，由省级公路管理机构负责审批。

（3）在本地（市）行政区域内进行超限运输的，由地（市）级公路管理机构负责审批。

（4）对于车货总质量在 40000 千克以下，但其车货总高度、长度及宽度超过规定的超限运输，承运人应在承运前 15 日提出书面申请。

（5）对于车辆总质量在 40000 千克以上（不含 40000 千克）、集装箱车货总质量在 46000 千克以上（不含 46000 千克），100000 千克以下的超限运输，承运人应在起运前 1 个月提出书面申请；

（6）对于车货总重在 100000 千克（不含 100000 千克）以上的超限运输，承运人应在起运前 3 个月提出书面申请。

**2. 提供资料和证件**

承运人向公路管理机构申请超限运输车辆行驶公路时，除提交书面申请外，还应提供下列资料和证件。

（1）货物名称、重量、外轮尺寸及必要的总体轮廓图。

（2）运输车辆的厂牌型号、自载质量、轴载质最、轴距、轮数、轮胎单位压力、载货时总的外廓尺寸等有关资料。

（3）货物运输的起讫点、拟经过的路线和运输时间。

（4）车辆行驶证。

## （四）超限品运输业务流程

根据超限品物流运输的特殊性，其组织工作环节主要包括办理托运、理货、验道、制定运输方案、签订运输合同、线路运输工作组织以及运输结算等项。

### 1. 办理托运

超限品物流运输由物件托运人（单位）向已取得大型物件运输经营资格的运输业户或其代理人办理托运，托运人必须在（托）运单上如实标明大型物件的名称、规格、件数、件重、起运日期、收发货人详细地址及运输过程中的注意事项。凡未按上述要求办理托运或运单填写不正确，导致发生事故的，由托运人承担全部责任。

### 2. 理货

理货是大件运输企业对货物的形状、尺寸、重量和重心位置事先进行了解，取得可靠数据和图样资料的工作过程。理货工作分析可为确定超限货物级别及运输形式，为查验道路及制定运输方案提供依据。

理货工作的主要内容包括调查大型物件的几何形状和重量，调查大型物件的重心位置和质量分布情况，查明货物承载位置及装卸方式，查看特殊大型物件的有关技术经济资料以及完成书面形式的理货报告。

### 3. 验道

验道工作的主要内容包括查验运输沿线全部道路的路面、路基、纵向坡度、横向坡度及弯道超高处的横坡坡度，道路的竖曲线半径，通道宽度及弯道半径，查验沿线桥梁涵洞、高空障碍，查看装卸货现场、倒载转运现场，了解沿线地理环境及气候情况。根据上述查验结果预测作业时间编制运行路线图，完成验道报告。

### 4. 制定运输方案

在充分研究、分析理货报告及验道报告基础上，制定安全可靠、可行的运输方案。其主要内容包括配备牵引车、挂车组及附件，配备动力机组及压载块，确定限定最高车速，制定运行技术措施，配备辅助车辆，制定货物装卸与捆扎加固方案，制定和验算运输技术方案，完成运输方案书面文件。

### 5. 签订运输合同

根据托运方填写的委托运输文件及承运方进行理货分析、验道、制定的运输方案，承托双方签订书面形式的运输合同，其主要内容包括明确托运方与承运方信息、大型物件数据及运输车辆数据、运输起讫地点、运距与运输时间、合同生效时间、承托双方应负责任、有关法律手续及运费结算方式、付款方式等。

### 6. 线路运输工作组织

线路运输工作组织包括建立临时性的大件运输工作领导小组，该领导小组负责实施运输方案，执行运输合同和进行对外联系。领导小组下设行车、机务、安全、后勤生活、材料供应等工作小组及工作岗位，并落实相关工作岗位责任制，保证大型物件运输工作所需牵引车驾驶员、挂车操作员、修理工、装卸工、工具材料员、技术人员及安全员等依照运输工作岗位责任及整体要求认真操作，保证完成大件运输工作任务。

**7. 运输统计与结算**

运输统计是指对超限品运输工作中的各项技术经济指标进行调查，并根据所取得的数据进行统计分析的过程。运输结算即完成运输工作后按运输合同有关规定结算运费及相关费用。

# 第三节　鲜活品物流运输管理

做好运输组织工作对保证鲜活货物的质量十分重要。鲜活货物运输的特殊性要求保证及时运输。对鲜活货物，应充分发挥公路物流运输快速、直达的特点，运输企业应提前做好各种准备工作，妥善安排好运力，保证及时运输。

## 一 鲜活品

与其他货物不同，鲜活品因易腐烂而对运输时间有着非常严格的要求，鲜活品腐烂以后的残值往往很低。

### （一）鲜活品的定义

鲜活品是指在运输过程中，需要采取一定措施，以防止死亡和腐烂变质的货物，包括易腐货物（如肉、鱼、蛋、水果、蔬菜等）和活动物（如活禽、活畜、活蜂、活鱼等）两大类。易腐货物按其热状态又有冻结货物、冷却货物和未冷却货物之分。

### （二）鲜活品的特点

鲜活品虽然种类繁多，形态各异，但是它们在运输方面具有一些共同的特点。

**1. 季节性强，运量变化大**

如在水果蔬菜大量上市的季节、渔汛期等，鲜活品的运量会比平时激增，而过了这段时间，运量则会急剧下降。

**2. 运输时间要求紧迫**

大部分鲜活品在运输过程中对运输条件要求严格。物流运输企业要以最快的速度在最短的时间内将货物送达目的地，一方面减少因腐烂变质而造成的损失，另一方面减少货物的在途时间而降低运输成本。

**3. 运输途中需要特殊照料**

对于鲜活品的运输，需要配备专用车辆和设备，沿途还要进行特殊照料。

## 二 鲜活品运输

鲜活品的上述特点使其运输条件及运输组织工作与其他货物运输有着明显不同。鲜活品的运输要求包括对鲜活品运输的一般规定和按零担托运鲜活品的有关规定。

### （一）鲜活品运输的一般规定

**1. 关于运输时限的规定**

托运人托运鲜活品应当告知最长允许运输时限和运输注意事项并确定舱位，按约定时间办理托运手续。

**2. 关于检疫的规定**

政府规定需要进行检疫的鲜活品，应当出具有关部门的检疫证明。对鲜活易腐品的包装要适合鲜活品的特性，不致污染、损坏其他货物。客运班机不得装载有不良气味的鲜活品。

**3. 关于货物检查的规定**

在配载运送时，承运人应对货物的质量、包装和温度要求进行认真的检查，装卸要合乎要求，温度要符合规定。应根据货物的种类、运送季节、运送距离和运送地点确定相应的运输服务方法，及时地组织适宜车辆予以装运。

**4. 关于车辆检查的规定**

鲜活品在装车前，必须认真检查车辆及设备的完好状态，注意清洗和消毒。装车时应根据不同货物的特点，确定其装载方法。如为保持冷冻货物的冷冻温度，冷冻货物可紧密堆码，水果、蔬菜等需要通风散热的货物必须在货件之间保留一定的空隙，易压坏的货物必须在车内加隔板并分层装载。

**5. 关于押运的规定**

需要特殊照料的鲜活易腐物品应由托运人自备必要的设施，必要时由托运人派人押运。

**6. 关于防护措施的规定**

鲜活品在运输、仓储过程中，承运人因采取防护措施所发生的费用由托运人或收货人支付。

**延伸阅读**

## 快递助力新鲜农特产品保鲜和“走出去”

陕西是农产品大省，樱桃是陕西西安特色农产品之一，其中灞桥樱桃历史悠久。霸陵原、白鹿原上已形成2000万平方米的樱桃生产基地，每到春季，20多个品种的樱桃漫山遍野，鲜红小樱桃惹人垂涎欲滴。

众所周知，樱桃等季节性水果最关键的是保存和运输，从采摘到搬运、批发、零售，各运输环节较多，特别是5月初气温升高，在跨省销售过程中如何确保樱桃新鲜成为难题。

近年来，西安政府部门和企业、种植户通过生鲜包装，依托快递企业的航空物流渠道和行业解决方案，将樱桃等生鲜农特产品大量销往北京、上海、广东等地。生鲜电商和生鲜寄递逐渐形成规模，引发多家物流快递企业竞相参与，到西安樱桃主产区白鹿原、灞桥等地方设点宣传推介。西安的樱桃乘坐快递专机从“田间地头”飞达全国各地，直达餐桌和舌尖，开创出“冷链直发+专机空运+快递配送”的全新模式。

以前，樱桃主要通过水果市场批发零售到西安等周边区域，不但过程漫长，而且往往需要搬运、拆分，损耗在所难免。航空公司的货运主要以在机场接货为主，并未看到太多直接到“田间地头”接货然后送达客户的案例。面对困局，结合快递“向西向下”发展趋势，西安灞桥区跟顺丰等陕西主要快递企业合作，加快农村网点建设。发现解决办法之后，一些种植户开始和顺丰快递合作。

2017 年，陕西快递业务量完成 4.58 亿件，同比增长 23.98%，新增就业岗位 1 万个，快递寄递农特产品 4.8 万吨，实现交易额 4 亿元。2018 年 4 月初，顺丰在西安举办的“樱桃行业解决方案+推介会暨陕西农产品上行产销对接会”上提出，将通过线上、线下的多渠道推广与高效快递的结合，助力陕西樱桃打响品牌知名度，帮助陕西农产品“走出去”，进而实现企业价值、社会效益、地方经济共赢共荣，共同发展。

（资料来源：民航资源网，作者有删改。）

### （二）鲜活品零担运输的有关规定

铁路不办理鲜活品零担运输，因为鲜活品的品类繁多，使用的运输方式、选用的车辆各不相同，所以鲜活品零担运输的配装非常困难，货物集结时间长，这不利于快速将货物送达，且零担运输车无押运人，不利于保证货物质量。但使用一般货车短距离运输时，各铁路分局（总公司）可根据分管地区内部具体情况，办理某些鲜活品的分管内部零担运输，跨铁路分局（总公司）运输时，仅限办理能以一站整车装运直接运抵到站的运输。车站是否具备条件组织鲜活品的零担运输，需要托运人具体去联系而决定。在一般情况下，这是难以办理的。必须指出的是：鲜活品按零担运输办理，需要将特殊运输条件降低为一般运输条件，这仅是一种权宜之计。托运人必须保证鲜活品在容许运输期限内不变质、腐烂或死亡。

### （三）鲜活品的贮藏

在鲜活品的运输和贮藏中，冷藏方法比较有效并常被采用，它的优点是能很好地保持鲜活品的原有品质，包括色、味、营养物质，保存时间长，并能进行大量保存和运输。

用冷藏方法来贮藏和运输鲜活品，一个突出的特点就是必须连续冷藏。如果储运过程某个环节不能保证连续冷藏的条件，那么货物就可能在这个环节开始变质腐烂。因此，应尽可能配备一定数量的冷藏车或保温车，尽量组织“门到门”直达运输，以加快运输速度，确保鲜活品的完好率。

用冷藏方法来保存和运输鲜活品时，除了温度这一主要因素之外，湿度、通风条件和卫生条件对货物的质量也会产生直接的影响。因为温度、湿度、通风和卫生条件既相互配合又相互矛盾，所以必须充分了解其内部规律，妥善处理它们之间的关系，只有这样才能保证鲜活品的运输质量。

## ◆本章小结◆

特殊货物有危险、超限、笨重、鲜活易腐等特点，它们对装卸、运送和保管等作业有一些特殊要求。

危险品能够发生燃烧、爆炸或造成人畜中毒、表皮灼伤，甚至危及生命安全，造成财产损失。危险品的运输应以相关法规为依据，明确托运人和承运人的责任要求，并严格规定运输和装卸作业规程。

超限品包括超长、超宽、超重、超高等货物，它与超载运输有着根本区别。随着经济社会的发展，超限品运输的重要性日益显现出来，超限品的运输组织有着特殊的装载要求、运输条件及安全要求。

鲜活货物包括易腐货物和活动物两类，具有季节性、紧迫性及运输途中需要特殊照料等特点。鲜活品的运输要求包括对鲜活品运输的一般规定和按零担托运鲜活品的有关规定，一般规定又包括对运输时限的规定和检疫的规定。

## ■案例分析■

### 危险品运输物流事故处置

2018 年上半年，我国发生了几起严重的危险品运输物流事故，造成了较大的人员和财产损失。3 月 31 日 14 时左右，一辆重型半挂牵引罐车从福建省运输氟化氢前往河南省洛阳市，途经河南省郑州市荥阳境内的荥广公路，在下穿连霍高速涵洞时卡在涵洞内，致使罐内化学品氟化氢发生泄漏，连霍高速荥阳段暂时关闭。至 4 月 1 日 14 时 30 分，罐车泄露点被封堵，车辆也已拖至安全区域，连霍高速荥阳段开始陆续恢复通车。事故发生后，荥阳消防大队出动 3 辆消防车、20 名官兵前往处置。当地政府应急办、环保、安监、公安等部门到场协同处置。现场处置人员划出警戒区域，设置警戒标志，利用水枪对泄漏的氟化氢进行稀释。相关部门对现场周边交通进行临时管制，严密封锁现场，并迅速对周边村庄群众进行疏散。

4 月 9 日清晨，荣乌高速滨州港至滨州方向发生油罐车追尾事故，火势凶猛，消防、交警等部门紧急救援。附近一位村民说，6:40 两辆油罐车相撞，6:50 浓烟滚滚，在家里听见巨大冲击的声音，随后听见“嘭嘭”几声。12:00 左右，事故处理完毕，部分车辆可以缓慢同行，事故车辆被拖走后，路边的绿化带留有焚烧过痕迹，现场依旧有柴油的气味，附近几颗冬枣树也被烧毁。据了解，该事故造成 1 死 1 伤。

4 月 10 日 23:50 左右，镇安县月河镇菩萨店村一危爆运输车辆发生爆炸，经初步确认，已有 7 人失联，13 人受伤，其中 6 人已送镇安县医院救治，7 人在月河镇月河卫生院观察。经初步了解，此事故由车牌号为豫 SA3766 危爆运输车辆突然爆炸引起，目前爆炸原因正在调查之中。

4 月 11 日上午，在湖北襄阳市襄州区黄集镇 207 国道，一辆装有 32 吨乙醇的车辆因故障停于路边待修，不想遭到后车追尾，导致尾部起火，火势迅速蔓延。在失火车辆 20 米处还有一座加油站，情况十分紧急。失火油罐车得到及时抢救，现场没有发生人员伤亡。

4 月 16 日下午，重庆江津省际收费站发生了危险的一幕。一辆六轴空罐车准备去四川宜宾装物流粉料回重庆。在行车过程中，驾乘人员隐约闻到一股焦臭味，但没有引起重视。通过收费站时，其右后轮位置冒起了浓烟，情况非常紧急。好在现场执法人员及时发现险情，并快速处置，整个过程有惊无险。

## 问题讨论

1. 分析上面的案例，说明危险化学品道路运输存在的主要问题是什么。
2. 针对上面的问题，试提出有效解决危险品道路运输问题的办法和思路。

## 复习思考题

1. 危险品运输特点是什么?
2. 描述一下我国危险品物流发展现状。
3. 超限与超载的区别是什么?

4. 超限品的运输有什么样的要求？

5. 鲜活品有哪些种类？

6. 鲜活品的运输有哪些一般要求？

## 实训题

本章第一节提到，危险品的分类中的第九类为“其他危险品”。对于这类危险货物的细分问题，国内外的专家一直在进行探讨和研究，请你搜集有关的观点，并选一种进行评价。

# 第六章
# 物流运输安全管理

## ◆学习目标◆

通过本章教学，学生要理解物流运输安全管理的定义，掌握几种常见的物流运输安全管理的模型，了解物流运输安全管理的作用和意义；了解各种物流运输方式下的生产安全管理的内容，掌握线路安全管理与营运安全管理的具体措施；了解人员安全意识的含义以及对人员进行安全管理的内容和意义。

## 开篇案例

### 张家口发生爆炸案

2018 年 11 月 28 日 00：41，河北省张家口市桥东区河北盛华化工有限公司附近发生爆炸起火事故。经消防现场搜救确认，截至当日 16 时，已有 23 人死亡，20 多人受伤。伤者已送往河北北方学院附属第一医院和中国人民解放军第二五一医院救治。经初步调查，事故中“过火”大货车有 38 辆、小型汽车有 12 辆。

据新华社最新报道，当地爆炸事故调查的初步原因为运输乙炔的大货车爆炸，引起了化工厂周边车辆连环爆炸燃烧。综合目前的信息来看，可以确定的是爆炸地点在化工厂附近道路上。事发半夜，多名大货车司机正在车上睡觉，其中一些人在险情发生时来不及逃生。

大量运输危化品的货车深夜聚集在化工厂附近等待收货或送货，这无疑增加了事故发生的风险，也可能是该事故这么严重的重要原因。针对危化品大货车长时间排队等待的情况，相关部门和化工厂理应重视起来，杜绝工厂外的排长队现象。

按照《危险化学品安全管理条例》的规定，通过道路运输危险化学品的，应当配备押运人员，并保证所运输的危险化学品处于押运人员的监控之下。条例同时规定，运输危险化学品途中因住宿或者发生影响正常运输的情况，需要较长时间停车的，驾驶人员、押运人员应当采取相应的安全防范措施。

作为危险化学品运输的“守护者”、司机的“监护人”，押运人员的必要性不言而喻。即便货物已经安全到达了目的地，但在货物没有交接完成之前，押运人员都应处于清醒和在场的状态。押运制度是危化品运输上的一根安全弦，相关运输企业理当严格遵循规范，不可有一丝一毫的松懈和侥幸。

海恩法则告诉我们：每一起严重事故的背后，必然有29次轻微事故和300起事故未遂先兆以及1000起事故隐患——别再以生命的代价去验证这一法则。

目前，事故原因仍有待最终确认，但这一引发了重大伤亡的事故，足以让相关危化品运输和生产企业警醒。相关企业有必要立即排查：危化品生产过程是否严格依规进行；运输企业是否因为太过日常而放松了警惕；有没有出于节约成本和人力的考量，而在防范风险环节"偷工减料"。

就此而言，相关工厂都有必要将安全生产环节延伸到对货车的安全监控，不能因为货车停在"厂门之外"，就认为"事不关己，高高挂起"，在事故蔓延时，不会分辨谁是无辜者。关键是化工企业有必要提高原料、产品的配置和管理效率，尽量避免收送货的货车长时间等待。为司机师傅节省了一分钟时间，可能就为运输安全加了一份保障。

就本次事故而言，对大货车排队现象，当地有关部门和涉事化工企业都有治理和协调之责，理应以此为戒，不再让排长队现象继续存在。

在生产和运输领域，建立和逐渐完善的每一项制度、规范、程序背后都付出了生命和财产代价，对这些规范要不折不扣地遵循，更要时刻敬畏。特别是危险化学品运输管理，在工厂里、在道路上不能有半点侥幸，自己的生命系于斯，更牵扯着公众的安全，再严格都不为过。

（资料来源：新京报，作者有删改。）

改革开放以来，随着我国社会主义市场经济的快速发展，物流运输作为国民经济的基础和先导产业，获得了长足的发展。与此同时，物流运输安全形势却非常严峻，频繁发生的重特大交通事故给国家、社会和人民生命财产安全带来了巨大损失，也成为制约物流运输业发展的"瓶颈"问题。帮助道路运输企业规范安全管理，建立健全管理制度，提高安全管理质量，降低事故发生率，提高企业经济效益和社会效益，是当前一个紧迫的任务和要求。

# 第一节　物流运输安全管理概述

物流运输安全是物流运输活动的前提和基础，是物流运输可靠性和降低运输成本的重要保证。要提高物流运输的绩效，就必须要重视物流运输安全管理工作。

## 一　物流运输安全管理的含义

### （一）物流运输安全管理的定义

物流运输安全管理是指为了有效避免运输事故及由此引起人和物的损失，使物流运输生产在符合安全要求的物质条件和技术保障下有序开展所进行的一切活动。它是运输管理部门根据相关法律、法规和规范性文件，在管辖范围内对物流运输企业的货物运输、运输工具维修以及各种相关运输服务项目的各类安全技术标准、安全操作规程和从业人员的技术素质进行审核、指导、协调、服务、监督、检查和培训，防止物流运输企业在生产过程中发生货物损坏、灭失等安全事故的过程。

### （二）物流运输安全管理的内容

物流运输安全管理包括两个内容，一是运输生产的安全管理，二是运输企业的安全管理。

**1. 物流运输生产安全管理**

运输生产的安全管理是物流运输安全管理的核心内容。物流运输安全管理首先要使物流运输生产过程在符合安全要求的物质条件、技术保障和工作秩序下进行，防止人身伤亡和车辆、货物损毁及各种危险事件发生，从而保障人们的生命、财产安全，促进国民经济持续、稳定、健康地发展。

**2. 物流运输企业安全管理**

物流运输企业安全管理指物流运输企业认真执行道路运输法规、规范和标准，坚持“安全第一，预防为主”的方针，按照“政府统一领导、部门依法监管、企业全面负责、群众参与监督、全社会广泛支持”的原则，建立“管生产必须管安全，谁主管谁负责”的安全生产管理责任制，采取科学有效手段，制定切实可行的措施，把交通事故消灭在萌芽状态，确保旅客和货物的人身和财产安全，最大限度地为社会提供安全、及时、经济、方便的物流运输服务。

### （三）影响物流运输安全的因素

影响物流运输安全的因素较多，主要的影响因素有安全组织、安全法制、安全技术、安全教育、安全信息和安全资金等。

物流运输安全管理就是从上述因素着手，制定相应的措施，减少安全事故的发生，保障物流运输安全。

## 延伸阅读

### 第一届危险货物道路运输专家组成立

2018 年 11 月 28 日，交通运输部第一届危险货物道路运输专家组成立会议在中国石油运输有限公司北京会议中心召开。交通运输部运输服务司司长徐亚华在会上指出，下一步交通运输部将充分发挥专家组的技术优势，努力构建“市场主体全流程运行规范、政府部门全链条监管到位、运输服务全要素安全可靠”的危险货物道路运输安全管理体系。

据悉，截至 2017 年年底，全国危险货物道路运输车辆 35 万辆，从业人员约 150 万人，危险货物道路运输量约 11 亿吨，居全球第二位，危险货物道路运输量占各种运输方式危险货物运输总量的近 70%，并以每年约 10% 的速度增长。

刘小明在寄语中强调：“危险货物种类繁多、特性复杂，其道路运输包括多个环节、涉及诸多学科门类，管理工作专业性、技术性很强，需要全链条统筹考虑、有重点分类管理，务求科学实效。专家组的成立，对提高我国危险货物道路运输领域的改革决策科学化水平具有重要意义。”

据了解，第一届专家组成员主要由管理部门、科研院所、高校及相关企业的专家学者组成，共计 32 人，分属于危险货物分类鉴定、运输包装、专用车辆设备、托运、运输作业、运输企业监管等 6 个领域，涵盖了危险货物道路运输的全链条、全领域。

此外，交通运输部还制定发布了交通运输行业标准《危险货物道路运输规则》(JT/T 617—2018)，2018 年 12 月 1 日起正式实施。对危险货物分类及运输包装、托运、装卸、道路运输等环节的操作要求作了系统性规定。

## 二 物流运输安全管理的意义

安全管理工作是一项十分重要的工作，而作为国民经济大动脉的运输业，更是所有安全管理工作中的重中之重。因此，抓好物流运输安全管理对于确保相关人员（如驾驶员）的人身安全、货物安全，提高运输企业的经济效益和社会效益，维护运输企业的良好信誉和形象，保障社会稳定，具有十分重要的意义。

### （一）物流运输安全管理能够创造经济效益

有人认为，安全管理不能直接创造经济效益，对企业的作用不大。这导致许多企业，包括物流运输企业对安全管理重视不够。这种观点是错误的。物流运输企业通过有效的安全管理，创造良好的运输条件，可以使物流运输设备发挥最大的效能，尽可能地提高运输工具的完好率和工作率，从而使物流运输企业和国家获得最好的经济效益。

### （二）物流运输安全管理能够创造社会效益

物流运输企业通过采用各种有效的措施和手段，确保行车安全，最大限度地减少人员伤亡和财产损失，这能够维护企业信誉，创造社会效益。

### （三）物流运输安全管理是社会发展的必然要求

安全管理是劳动者在生产过程中追求最多物质财富和最佳自我保护的具体行为。各类运输事故的发生直接威胁人类的安全和生产劳动的顺利进行。为了不断满足物流运输的客观需要，物流运输企业在生产组织过程中，必须注重装载和运输安全，同时要为运输部门的驾乘人员和服务人员提供更好的劳动条件，使其劳动热情与积极性得以最大限度地发挥。

### （四）物流运输安全管理能促进道路运输行业的发展

物流运输安全管理可以有效促进运输市场发展良性循环，促进运输行业快速发展，提升运输企业的经济效益。

### （五）物流运输安全管理是促进社会稳定的重要因素

现代科学技术的发展在给人类带来更多财富的同时，也给人类带来新的威胁和危害。特别是在当前形势下，各种车辆混杂，道路条件参差不齐，这让物流运输行业和企业的安全管理工作面临新的挑战。因此，必须创新管理手段，加大管理力度，以避免事故发生，缓和现有矛盾，促进社会安定。同时，加强道路物流安全管理，这能有效防止犯罪分子利用运输车辆作案，维护社会治安，保障政治文明、物质文明和精神文明建设的顺利进行。

## 三 物流运输安全管理模型

模型分析已成为当前各类科学研究的必要方法，对各种不同的安全管理模型进行恰当选择和有效使用是物流运输安全管理科学研究领域中的一个重要问题。

自海因里希提出安全管理理论以来，安全管理科学在西方得到了长足的发展，产生了大量安全管理模型，主要有序贯模型、事故—事件原因模型、萨里模型和系统模型等。

### （一）序贯模型

序贯模型是由海因里希提出来的。该理论认为，引发事故的因素就好比一个个多米诺骨牌，一件依附于另一件，一件跟随着另一件，一旦第一块骨牌倾倒，就会促使全部骨牌一一倒下，从而导致事故的发生。海因里希认为，构成“多米诺骨牌”的因素有社会环境、本人的过错、不安全的行为和（或）不安全的机械设施或劳动环境、事故、工伤。

这个模型还解释了事故预防计划为什么能够奏效，那就是通过预防，消除导致事故发生（即一种不安全的行为或不安全状况）的某个因素，从而切断事故序列。

### （二）事故—事件原因模型

在海因里希研究的基础上，彼得森等对事故发生原因问题进行了进一步探索，并提出了事故—事件原因模型。该理论认为，事故的原因并非如序贯模型描述的那样单一，而是存在许多因素，其中人为错误和系统错误是事故发生的直接原因。在人为错误的背后，存在着过度负荷、陷阱和错误决策三个更宽泛的类型。过度负荷被定义为“在一种情况下，与负担能力的不匹配”，这种不匹配主要来自于负荷、状态和能力三大类别中各因素的失衡。其中，负荷类包括了作业信息处理及环境和作业危机情形等；状态包括动机、激励、态度和生物节律四项内容；而能力则主要取决于身体状况、心理状态、工作环境、技能知识等。陷阱产生于以下两种因素：一是由个人力量和心理感觉等产生的工作状况期望；二是由个人能力、期望及相互间的冲突带来的控制冲突。错误决策主要来自于三个方面：一是在工友压力、上级标准、个人价值观等个人情境下产生的所谓“合理决策”；二是意识倾向、心理问题所产生的下意识错误期望；三是对易发生事故的过低预测。其中，“合理决策”是导致错误决策的主要因素来源，它使得雇员经常有意识或无意识地作出一些错误决定。系统错误内容主要包括安全方针、标准衡量、职责设定等内容，其实在根本上也同样来自于人为失误。

### （三）萨里模型

在前人研究的基础上，著名安全管理专家萨里从作业者和作业环境的角度提出了一个新的事故因果模型，即萨里模型。

萨里模型用两个相似的循环体系把三个基本阶段连接起来，如图 6-1 所示。第一个是危险集聚循环，第二个是危险释放循环。也就是说，首先该模型从一种安全的情形中建立了一种危险情形，然后这种危险得以释放，从而造成伤害或事故结果。在这两个循环体系中，萨里对人的行为进行了分割，包括对危险的预感（感知）过程、对危险的认识过程和生理反应过程这样三个过程，其中每个过程又细分成多个小单位。对危险的预感过程包括危险集聚警告和警告预测两个单位；对危险的认识过程包括警告的识别、防范模型的识别和防范决议三个单位；生理反应过程指的是防范能力单位。三个阶段则指的是环境（不仅包括空间上的，还包括时间上的），人对环境的反应和由此产生的结果。

该模型认为，在特定环境中，人的危险处境是由个人行为反应或非行为反应带来的。在危险集聚循环中，如果对一个问题的回答是否定的，那么危险将要来临，否则危险将不会增长且不会发生伤害事故。同样，在危险释放循环中，类似问题被再一次提出，而其对任何一个问题的否定回答都将会导致不可避免的伤害事故。

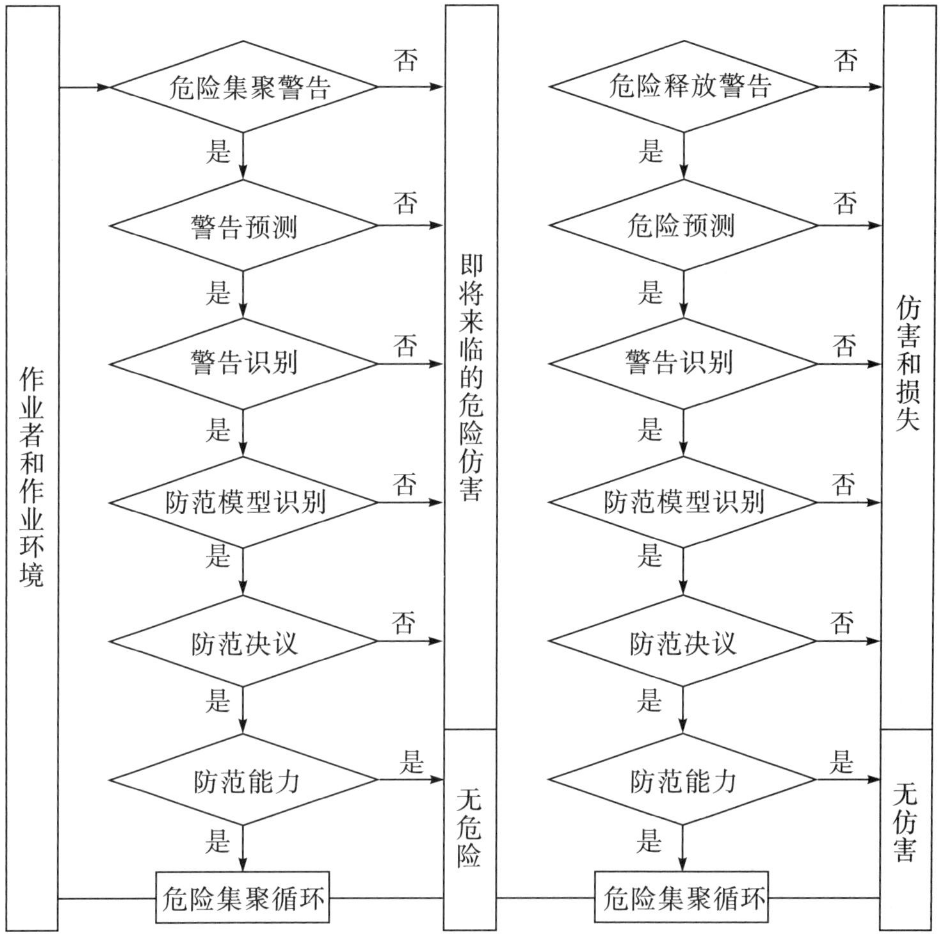


**图 6-1 萨里模型**

## （四）系统模型

随着系统安全的发展，许多学者在系统理论下提出了新的因果关系原理，即系统模型。系统模型认识到了作业者、工具和机器、工作环境之间具有不可分割的联系。该模型认为，每位作业者所执行的工作都是人—机系统网络中的一部分。这个系统由机器设备、使用设备的人及其作业环境三大部分共同组成，作业的结果状况根本上取决于人—机的可靠性和环境的有利性。人的决策失误和机器设备故障都有可能直接导致事故的发生，而环境在这个系统中更是扮演了重要角色，一个不利的环境不仅影响人的行为，同时也会影响机器设备的运作。

从人—机—环境系统到目标即作业这一过程中，中间必须经历决策和由此带来的风险两个过程。也就是说，为了使系统实现目标运作，人类必须作决策，在这些决策基础上，人们为了实现目标，个人可能会承担一定的风险。在一般情况下，信息越准确、可靠，决策越有效，风险就越小，安全作业目标越容易实现；反之，决策越无效，风险越增加，可能导致事故的发生。因此，系统模型认为，要有效地预防和控制事故发生，就要为作业者提供大量准确可靠的信息并增加培训，以提高其决策的有效性，降低风险，同时要保证机器设备的可靠性并提供良好的环境。

但是，在一定压力条件下，即便具有足够的决策信息，也不能杜绝事故的发生。这是因为决策者在诸如生理、心理等压力下，可能会对信息作出错误分析和判断，导致决策无效而带来风险，从而引发事故。

## 第二节　物流运输生产安全管理

安全生产是物流运输活动适应经济和社会发展的先决条件。物流运输生产安全管理是运输可靠性保证和企业运输成本降低的重要环节，必须以国家各项政策法规为依据。

按运输方式的不同，物流运输生产安全管理分为铁路物流运输生产安全管理、公路物流运输生产安全管理、水路物流运输生产安全管理、航空物流运输生产安全管理和管道物流运输生产安全管理等。

### 一　铁路物流运输生产安全管理

铁路物流运输生产安全管理包含铁路线路安全管理和铁路营运安全管理两个内容。

#### （一）铁路线路安全管理

铁路线路是列车和机车车辆运行的基础，它和铁路运输安全的关系极其密切。铁路线路安全管理的主要措施有两点。

**1. 设立安全保护区**

在铁路线路安全保护区内，除必要的铁路施工、作业、抢险活动外，任何单位和个人不得建造建筑物、构筑物；不得取土、挖砂、挖沟；不得采空作业；不得堆放、悬挂物品；不得烧荒、放养牲畜；不得种植影响铁路线路安全和行车瞭望的树木等；不得排污、排水，倾倒垃圾及其他有害物质。

**2. 设立立体交叉通道**

列车行驶速度达到国家规定标准时，新建、改建的铁路与道路交叉的，应当设置立体交叉通道；道路交通流量、列车行驶速度达到国家规定标准时，新建、改建的道路与铁路交叉的，应当设置立体交叉通道；既有的一级公路、二级公路、城市道路与铁路交叉的平交道口，应当逐步改造为立体交叉通道。

### （二）铁路营运安全管理

铁路营运安全管理的主要措施有三条。

**1. 设立驾驶员上岗要求**

铁路机车车辆和自有运输车辆的驾驶人员经国务院铁路主管部门考试合格后方可上岗。

**2. 设立运输器具技术规范**

用于铁路运输的安全防护设施、设备、集装箱和集装化用具等运输器具，篷布、装载加固材料或者装置，运输包装及货物装载加固，应当符合国家有关技术标准和规范。

**3. 设立承运人承运条件**

办理危险货物铁路运输的承运人及办理超限、超长、超重、集重货物运输的承运人，按国家有关规定，必须具有特定的承运条件。

## 二 公路物流运输生产安全管理

公路物流运输生产安全管理包括公路线路安全管理和公路营运安全管理两方面内容。

### （一）公路线路安全管理

公路线路安全管理的主要措施有如下三条。

**1. 设立交通信号**

交通信号灯、交通标志、交通标线的设置应当符合道路交通安全、畅通的要求和国家标准，并保持清晰、醒目、准确、完全；根据通行需要，应当及时增设、调换、更新道路交通信号；任何单位和个人不得擅自设置、移动、占用、损毁交通信号灯、交通标志和交通标线。

**2. 规定行车车道和车速**

机动车应在道路划分的机动车道上行驶，没有划分机动车道的，机动车在道路中间通行；道路划设专用车道的，专用车道只允许规定的车辆通行；机动车上路行驶，不得超过限速标志标明的最高时速，在没有限速标志的路段应当保持安全车速等。

**3. 规范货物载运要求**

例如，严禁超载，严禁违反要求进行装载，载运特殊物品需经公安机关批准等。

**延伸阅读**

## 滨州危化品运输事故

2017年8月，张某某联系鲁CB8615/鲁C0H68罐车车主翟某某，让翟某某将10吨过氧化二叔丁基从淄博天盛化工有限公司运送到利华益利津炼化有限公司。翟某某安排刘某某负责运输并担任押运员，同年8月6日，刘某某电话安排罐车司机刘某于8月7日8点前到淄博天盛化工有限公司装货。

8月7日凌晨1时2分，刘某驾驶罐车给淄博桓台海益精细化工有限公司卸完甲基叔丁基醚后驶出厂区。凌晨1时7分行驶至海益精细化工有限公司东侧183米公路处，一直停留至上午8时4分，期间未按规定对车载罐体进行蒸罐、清洗和置换。上午9时许，刘某驾驶该罐车到淄博天盛化工有限公司装货。由于该罐车押运员刘某某有事外出，临时找许某某代替押运，刘某某未告知许某某押运物品的名称及注意事项等情况。驾驶人司机刘某、押运员许某某均未对本次运输的化学品名称、种类、危险特性、承运资质等情况进行核实。10时57分装货完毕，11时到公司东侧过磅站称重，共计10.08吨。12时4分，刘某驾驶、许某某押运该罐车离开淄博天盛化工有限公司，沿 205 国道由南向北驶往利华益利津炼化有限公司。该车于 13 时 46 分行驶至滨州高新区新四路路口等候红灯，绿灯亮起后车辆起步，正常加速行驶至路口以北约 50 米处时（监控时间为 13 时 47 分 19 秒），车辆罐体突然发生爆炸。

爆炸迅速波及周边车辆起火，造成南北方向 8 辆汽车、2 辆电动三轮车、1 辆摩托车、1 辆电动自行车和 1 辆自行车不同程度受损，3 人当场死亡，13 人受伤的事故。

### （二）公路营运安全管理

**1. 加强驾驶员管理**

运输企业必须加强对驾驶员的管理，做好驾驶员的资质审查、培训、考核、教育工作以及驾驶证、上岗证的管理工作；教育驾驶员遵章守纪，服从管理。机动车驾驶人应当遵守道路交通安全法律、法规，按照操作规范驾驶车辆；饮酒、服用管制药品、患有规定疾病者或过度疲劳影响安全行车的，不得驾驶机动车。

**2. 加强车辆管理**

运输企业要加强车辆管理，建立车辆技术管理制度，严格车辆维修、检测，并建立健全车辆技术档案；强化车辆风险保障能力的管理，对国家规定的强制保险，所有营运车辆都应按要求投保，不得漏保、脱保。

## 三 水路物流运输生产安全管理

水路物流运输生产安全管理也包括水路线路安全管理和水路营运安全管理两方面内容。

### （一）水路线路安全管理

**1. 设立航道标志**

航道和航道设施受国家保护，任何单位和个人不得侵占、破坏。航道发生变迁，水深、宽度发生变化，或者航标发生位移、损坏、灭失，影响通航安全的，航道、航标主管部门必须及时采取措施，使航道、航标保持正常状态。通航水域内存在可能影响航行安全的沉没物、漂流物、搁浅物的，其所有人和经营人必须按国家有关规定设置标志，向海事管理机构报告，并在海事管理机构限定的时间内打捞清除。

### 2. 规定航速和行道

船舶安全航速应当根据能见度、通航密度、船舶操纵性能和风、浪、水流、航路状况以及周围环境等主要因素决定。船舶在限制航速的区域和汛期高水位期间应当按照海事管理机构规定的航速航行。船舶在内河航行时，上行船舶应当沿缓流或者航路一侧航行，下行船舶应当沿主流或者航路中间航行，在潮流河段、湖泊、水库、平流区域，应当尽可能沿本船右舷一侧航路航行。

### 3. 规范货物载运

从事物流运输的船舶必须符合船舶强度、稳性、吃水、消防和救生等安全技术要求和国务院交通主管部门规定的载货条件，任何船舶不得超载。船舶在内河通航水域载运或者拖带超重、超长、超高、超宽、半潜的物体，必须在装船或者拖带前 24 小时报海事管理机构核定拟航行的航路、时间，并采取必要的安全措施，保障航行安全。船舶需要护航的，应当向海事管理机构提出申请。

## （二）水路营运安全管理

其主要措施有两点：

### 1. 设立驾驶人员上岗要求

在船舶上任职的船员必须按国家和有关规定接受安全、专业等培训考试，并取得相应的有效适任证书。船长对船舶的管理和安全驾驶负直接责任，除取得相应的适任证书外，还必须具有较强的安全责任意识和管理、指挥、操纵船舶的能力以及丰富的水上航行经验。

### 2. 设立承运人行为规范

水路运输经营者必须按照核定的船舶、航线、班次、停靠港（站、点）从事旅客、旅游及集装箱班轮运输，不得擅自取消、变更或者增加、减少航线、班次和停靠港（站、点）。确需取消、变更或者增加、减少的，应提前 30 日向原批准机关提出申请，经批准后至少提前 7 日公告。船舶航行、停泊、作业时，不得实施超载、超拖、超航区、超抗风等级等航行；不得违法装运易燃、易爆、有毒、有害物品；不得危害其他船舶运输安全和水上设施、堤防安全等等。船舶、浮动设施的所有人或者经营人应当加强对船舶、浮动设施的安全管理，建立健全相应的交通安全管理制度，并对船舶、浮动设施的交通安全负责，不得聘用无适任证书或者其他适任证件的人员担任船员，不得指使、强令船员违章操作。

## 二 航空物流运输生产安全管理

航空物流运输生产安全管理又包括航空线路安全管理和航空营运安全管理两方面内容。

### （一）航空线路安全管理

#### 1. 设立空中交通管制灯光信号

机场管制塔台发给航空器的灯光或信号弹信号，根据指向航空器的灯光信号的颜色和形式，对于地面上或飞行中的航空器，具有不同的含义。如绿色定光对地面上的航空器的含义是可以起飞，对于飞行中航空器的含义是允许着陆。

#### 2. 规定航空器速度和最低安全高度

除经批准并得到空中交通管制的同意外，航空器驾驶员不得随意更改航空器的航速。航空器在飞行中的任何位置都应当保持合适的高度，在这个高度上，当航空器动力装置失效应急着陆时，不会对地面人员或财产造成危害。

#### 3. 设立对驾驶员和机长要求

当航空器驾驶员已得到空中交通管制许可时，除在紧急情况下或为了对机载防撞系统的警告作出反应外，不得偏离该许可。如果驾驶员没有听清空中交通管制许可，应当立即要求空中交通管制员予以澄清；除空中交通管制另有许可外，航空器驾驶员不得按照雷达管制员向另一架航空器驾驶员发出的许可和指令驾驶航空器。在开始飞行之前，机长应当熟悉本次飞行的所有有关资料。每个机长在紧急情况下或为了对机载防撞系统的警告作出反应而偏离空中管制许可或指令时，必须尽快将偏离情况和采取的行动通知空中交通管制部门；被空中交通管制部门给予紧急情况优先权的机长，在局方要求时，必须在 48 小时内提交一份该次紧急情况运行的详细报告。

### （二）航空营运安全管理

飞机驾驶员只有经过严格的体检和考试，才能获得驾驶执照，这是在源头上做好航空运输的安全管理。各航空公司对在各机场过夜的每架飞机，在每日的第一个航班滑出停机位以前，要对飞机起落架舱进行检查并证实没有外来物。禁止以非危险品品名托运危险品，危险品必须按规定进行运输等。

## 五 管道物流运输生产安全管理

管道物流运输生产安全管理又包括管道线路安全管理和管道营运安全管理两方面内容。

### （一）管道线路安全管理

#### 1. 保证设计和施工质量

在设计和施工时，严格按安全规范操作，保证设计和施工质量，并定期对管道进行维修。实践表明，为了保障管道线路安全，工程设计和施工必须有一套严密的质量管理制度；在技术上实行各级把关、层层负责；在施工过程中实行工程监理制，设计、施工和监理单位和个人都要经有关部门进行资质认定，只有取得相应资格才能进行投标、设计、施工和监理，并且各司其职，各负其责；在工作中既要互为约束，又要密切配合，把一切质量问题消灭在建成之前，防患于未然，共同确保工程竣工质量的合格。

#### 2. 对管道进行防腐保温处理

防腐保温施工最易发生火灾、爆炸、中毒、烫伤等事故，因此必须注意：在有毒气体场所施工时，必须有专人监护方可进行；溶剂、油漆等易燃物质应有专人保管，在这些物质存放地或作业地的 10 米范围内不得动火，库房或工作间所用电气设备应为防爆型；在进行保温层施工时，为了防止保温材料，如石棉、玻璃棉等对人体造成伤害，施工人员应戴上口罩、穿上防护服，确保施工安全。

### （二）管道营运安全管理

#### 1. 采取严密的防火措施

防火措施包括消除火源与可燃物质的接触、采用防爆型电气设备、防止雷电和静电和严格执行用火审批制度，并在输油泵站、输气压缩机站和库区安装消防设施，在油罐区修筑防火堤等。

#### 2. 采取防止超压性破坏等措施

防止超压性破坏的措施包括正确计算管道的壁厚，提高焊接质量，加强竣工验收管理，遵守操作规程，确保仪表灵敏等。

**3. 加强培训考核**

加强对操作人员的培训和考核，严格操作规范，排除安全隐患。

# 第三节 人员安全管理

随着物流运输事业的发展和运输安全事故的日益增多，人们逐渐认识到，除了车辆的改进和道路设施的增加，更应重视对道路使用者，特别是驾驶员的安全管理。

## 一 人员安全管理的意义

研究发现，在人—车—路的系统中，驾驶员本身的安全可靠度是道路交通安全最根本的保证。图 6-2 是驾驶员驾驶汽车的简化模型。

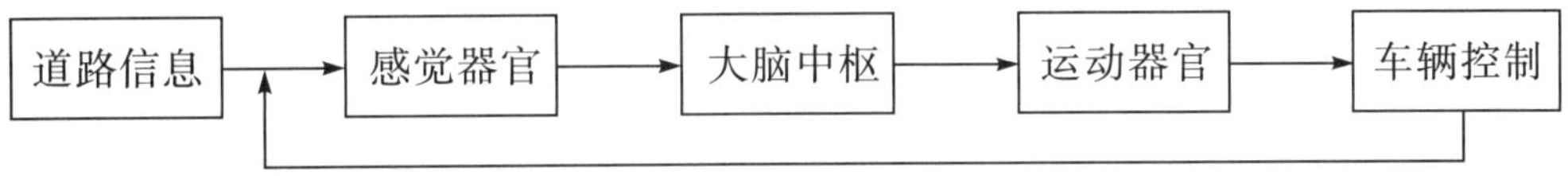


**图 6-2 汽车驾驶员操作过程框图**

由图 6-2 可以看出，道路的安全性不仅取决于道路本身技术条件的可靠性，还取决于这种可靠性能以信息的形式客观地显示出来，并为驾驶员所感受。显然，如果驾驶员不能获得全面正确的道路信息，甚至接收了错误的信息，那么就会分析判断失误，进而采取与道路不相适应的决策和驾驶行动。

驾驶员依靠感觉器官获取信息，其中以视觉为主。大脑中枢是驾驶员进行信息加工的地方，在这里，驾驶员根据自己的知识、经验和获得的信息进行分析判断，进而作出决策，并下达指令给运动器官。在此过程中，如果主观判断与客观事实有差异，将会导致事故发生。

通过上述分析可知，从获取道路信息到进行车辆控制，其中有三个环节与人有关。由此可见，在目前的技术条件下，驾驶员的作用是无可替代的。

## 二 人员安全管理的内容

国内外的研究资料表明，由驾驶员直接责任造成的交通事故占事故总数的70%~90%。因此，在充分了解驾驶员的心理、生理特性与交通安全的关系之后，就要加强对驾驶员的安全管理和安全教育。这对减少交通事故、确保人民生命财产安全以及提高运输企业的经济效益和社会效益有着十分重要的意义。

对物流运输企业驾驶员的安全管理的主要内容有：认真科学地做好驾驶员的聘用工作；研究驾驶员的心理、生理特性，定期进行职业适应性检查，并运用现代科技知识指导行车安全；对驾驶员进行交通法规、职业道德、安全技术和相关知识的宣传和教育工作；组织对驾驶员的定期培训、考核和上岗证管理等工作；组织对驾驶员的日常安全检查，并协助交通管理部门做好驾驶员资质的审验工作；配合交通管理部门做好驾驶员的违章、肇事处理工作，并注意在事故处理过程中维护企业和当事人的合法权益，落实整改措施等。

除了对驾驶员进行安全管理，物流运输企业还应对驾驶员进行安全教育，包括技术教育、职业道德教育、法制教育等。

### 延伸阅读

### 危险货物道路运输规则（部分）

5.1　驾驶员培训要求

5.1.1　驾驶员上岗前应经过危险货物运输基本知识培训，掌握必需的知识和技能，并通过考核。

5.1.2　罐式车辆驾驶员还应至少接受5.2.2　的罐体运输专业知识培训。

5.1.3　运载第1类或第7类危险货物的车辆驾驶员还应分别接受5.2.3或5.2.4中规定的专业知识培训。

5.2　驾驶员培训内容

5.2.1　基本知识培训应至少包含以下内容

(a) 危险货物运输有关的法律法规；

(b) 主要危险特性;

(c) 危险废物转移过程中环境保护的有关要求;

(d) 针对不同类型的危险货物所应采取的相关预防和安全措施;

(e) 事故发生后要采取的应急处置措施(急救、安全防护设备使用的基本知识,危险货物道路运输安全卡所规定的要求等);

(f) 标记、标志、菱形标志牌和矩形标志牌等的含义和使用要求;

(g) 道路通行限制要求;

(h) 危险货物运输过程中,允许和禁止驾驶员操作的事项;

(i) 车辆相关设备的用途和使用方法;

(j) 在同一辆车或集装箱中混合装载的禁止性条款;

(k) 装卸危险货物时的注意事项;

(l) 包件的堆放要求;

(m) 安全驾驶规范;

(n) 安全意识。

5.2.2 罐体运输专业知识培训应至少包含以下内容

(a) 专业知识:

(1) 车辆在道路上的运行特点;

(2) 车辆的特殊规定;

(3) 各种装货、卸货设备的基础知识;

(4) 车辆标记、标志牌使用的特殊规定。

(b) 实际操作培训:

(1) 牵引车与半挂车的连接;

(2) 罐车附件(包括紧急切断阀、安全阀等)的操作;

(3) 轮胎、设备、罐体的常规检查;

(4) 罐车转向、制动操作。

5.2.3 运输第1类物质和物品的专业知识培训应至少包含以下内容

(a) 与爆炸物和烟火类物质或物品相关的特殊危险性;

(b) 第1类物质和物品在混合装载时的特殊规定。

5.2.4　运输第 7 类放射性物品的专业知识培训应至少包含以下内容

(a) 放射性物品的特殊危险性；

(b) 放射性物品的包装、操作、混合装载、积载相关特殊规定；

(c) 当发生放射性物品运输事故时，应采取的特别措施。

5.2.5　驾驶员应定期接受继续教育培训，培训内容包含法规标准新要求、车辆新技术等。

## 三 人员的安全意识

我国公安部每年对国内交通事故的统计表明，落后的安全意识和不遵守交通法规的行为所引发的交通事故量占交通事故总量的90%以上。由此可见，正确引导人们注重安全和遵守交通法规意识是降低事故发生率的一个重要方面。

安全意识主要包括良好的大众意识、自尊自爱意识和遵章守法意识。大众意识指的是应该把自己置身于大众之中，和大众融为一体；自尊自爱意识是指每个人都应该珍惜自己的生命和权利，只有珍惜自己的尊严和荣誉，才能认识到他人生命、权利、尊严和荣誉的重要性，才知道如何为不损害他人利益而规范自己的行为；遵章守法意识主要体现在物流运输参与者的自觉性上，即自觉遵守交通法规的意识。

对于驾驶员而言，职业道德是影响交通安全的另外一个重要因素。驾驶员的职业道德是指驾驶员在从事物流运输活动过程中，从思想到行为所应具备和必须遵循的行为规定和准则，也是驾驶员在进行本行业活动时，对整个社会所应承担的道德责任和义务。

物流运输行业是国民经济的主要组成部分，是沟通各行各业各地区之间经济的纽带，是人们相互交往的桥梁。与其他行业不同，其生产场所具有分散性，服务对象具有流动性。物流运输行业无论是内容、形式还是环境都极大地体现了人与人、人与社会的关系，直接体现着精神文明水平和社会道德水平。

驾驶员在驾驶车辆的过程中，掌握的是没有生命、没有思想的车辆，人与车成为一个整体，与行驶在道路上的其他车辆、行人、非机动车打交道。在处理这些关系时，驾驶员处于关键的地位，如何处理面临的问题，采用什么方法解决这些矛盾，在整个物流运输活动中，语言和行为是驾驶员职业道德的具体体现。

驾驶员的职业道德修养主要包括全心全意的优质服务、安全完成运输生产任务、及时准确、团结协作和勤俭节约等几个方面。

## ◆本章小结◆

安全生产是物流运输活动适应经济和社会发展的先决条件。物流运输生产安全管理是运输可靠性保证和企业运输成本降低的重要环节，它包括运输生产的安全管理和运输企业的安全管理，常见的管理模型主要有序贯模型、事故—事件原因模型、萨里模型和系统模型等。

按运输方式的不同，物流运输生产安全管理分为铁路、公路、水路、航空和管道物流运输生产安全管理等，按管理内容来分，则可分为线路安全管理和营运安全管理。

在人—车—路（环境）系统中，驾驶员本身的安全可靠度是道路交通安全最根本的保证，因此，要加强对物流运输企业驾驶员的安全管理。另外，也要加强人员的安全意识教育，主要包括良好的大众意识、自尊自爱意识和遵章守法意识等。

## ■案例分析■

### 运输烟花爆竹车辆爆炸致使义昌大桥垮塌

2013 年 2 月 1 日 8 时 57 分，石彦飞驾驶冀 A70380 牌照货车，沿连霍高速自西向东行驶至连霍高速河南省三门峡市境内义昌大桥时，车上违法装载、运输的烟火药剂爆炸物和烟花爆竹发生爆炸，致使义昌大桥坍塌，车辆坠落桥下，造成 13 人死亡、9 人受伤的事故，直接经济损失约 7632 万元。

该车所载货物系从陕西省蒲城县宏盛花炮制造有限公司装载的烟火药剂爆炸物（土地雷）和烟花爆竹（开天雷）。经核实，土地雷和开天雷均不属于《烟花爆竹安全与质量标准》所规定的产品，属非法产品。两种货物总重量约 12365 千克，超载 6440 千克，超载 108%，装药量共计约 1085.2 千克。

当年12月27日，在连霍高速三门峡义昌大桥“2·1”重大运输烟花爆竹爆炸事故发生近11个月时，河南省安全生产监督管理局网站公布了对该事故的调查报告，调查报告称，连霍高速三门峡义昌大桥“2·1”重大运输烟花爆竹爆炸事故是一起生产安全责任事故，已对20名相关责任人采取司法措施，并建议对23名相关责任人给予党纪政纪处分。

据初步勘查，事故系运输烟花爆竹车辆爆炸而引起桥面垮塌，肇事车辆运载的烟花爆竹来自陕西省蒲城县宏盛花炮制造有限公司。该公司超许可范围非法生产烟花爆竹，违规使用蛇皮袋进行包装，委托不具备危险货物运输资质的企业承运，发货时未查验运输车辆及驾驶员、押运人员资质、资格，且未取得《烟花爆竹道路运输许可证》。涉事货运部门为不具有危险货物运输资质的企业和车辆联系介绍运输危险货物，用百货名义替代危险物品填写运输合同。河北省石家庄市开发区凯达运输有限公司及车辆拥有人违反《烟花爆竹安全管理条例》《道路运输危险货物运输管理规定》等规定，未取得危险货物运输资质和驾驶员、押运员从业资格，未使用危险货物专用运输车辆承运烟花爆竹。

石彦飞、李瑞党等人使用不具有危险货物运输资质的冀A70380牌照货车，不按照规定进行装载，长途运输违法生产的烟火药剂爆炸物（土地雷）和烟花爆竹（开天雷），途中紧急刹车，因车厢内爆炸物发生撞击、摩擦而引发爆炸。

另外，河北省石家庄市运输管理部门，陕西省蒲城县桥陵镇政府、县安全生产监督管理局（烟花爆竹管理局）、县公安局、县交通运输局、县工商行政管理局、县质量技术监督局、县人民政府等部门监管、检查工作不到位，没能及时发现事故隐患，阻止事故发生。

（资料来源：综合大河网和央视网报道，题目为作者所加。）

## 问题讨论

结合上述案例，请你说说物流运输安全管理的目的和途径。

## 复习思考题

1. 物流运输过程中的不安全因素有哪些？如何规避这些不安全因素？

2. 物流运输安全管理有哪些基本内容？

3. 简述我国铁路运输安全管理的方针及内涵。

4. 简述对物流运输驾驶员进行安全管理的必要性。

5. 有人说，对物流运输驾驶员只要进行安全管理就可以了，安全教育并不重要。你怎样看待这个观点？

6. 试结合我国实际，谈谈有关部门应如何实现对物流运输安全的有效监管。

## 实训题

请深入物流运输企业进行一次市场调查，了解当地物流运输市场的安全状况及可能导致物流运输事故发生的主要因素，并对如何预防安全事故提出自己的见解，写一篇调查报告。

# 第七章

# 物流运输合同管理

## ◆学习目标◆

通过本章教学，学生要理解物流运输合同的定义、作用及其分类，掌握物流运输合同的订立与履行、变更与解除的程序；掌握物流运输责任划分以及纠纷的解决方法；理解物流运输保险的定义，了解物流运输保险的分类，掌握物流运输保险赔付的原则。

## 开篇案例

### 李某某与顺丰速运有限公司运输合同纠纷

2016年9月21日，原告委托被告运送货物，托运物品件数为3件，计费重量为8千克，运费为114元。运单上“托寄物详细资料”处未写明货物名称，亦未填写声明价值，该处另有加重字体注明“价值超过1000元的物品，请如实声明，否则按不超过1000元的物品处理，贵重物品建议保价，详见背面条款”，运单上“寄件人全名签署”处亦没有寄件人签名。

原告主张，收件人称有一件货物没有收到，原告依据某汽车销服务有限公司出具的《货物价值证明》向被告提出索赔，该《货物价值证明》记载的内容为：“本站（某汽车销售服务有限公司）未收到9月份由顺丰配发的夜视行车记录仪12套，此行车记录仪价值为3500元一套，总共12套，总计金额为：42000元整。”被告对该份证明不予认可。

被告主张，该票货物已于2016年9月22日15点20分派送，收派员反馈是同事代签，但被告未提供签收人姓名及运单的签收联；由于原告在托运货物时未声明价值，被告可以预见到的最大损失为1000元。

该案件的判决结果如下。

原告提供的证据足以证明其与被告之间已形成运输合同关系，该运输关系应受法律保护。原告已向被告支付运费，被告应依约将案涉货物安全运送至收件人处，现被告未举证证明其已将运单所涉三件货物全部运送至收件人处，被告应对原告的损失予以赔偿。原告在托寄货物时并未注明货物名称、数量，亦未声明价值及保价，现原告提供的某汽车销售服务有限公司出具的《货物价值证明》仅能证明该公司未收到行车记录仪，原告亦未提供证据证明该份《货物价值证明》与本案丢失的货物存在关联性，应承担举证不能的法律后果。故本案货损应依据被告能预见到的损失上限即1000元来确定。故原告诉求被告赔偿损失1000元，有事实和法律依据，本院予以支持。原告诉求超出的部分，本院不予支持。原告诉求被告支付利息，缺乏法律依据，本院不予支持。

依照《中华人民共和国合同法》第六十条、第二百八十八条、第三百零四条、第三百一十一条、第三百一十二条，《中华人民共和国民事诉讼法》第六十四条之规定，判决如下：

1. 被告顺丰速运有限公司应于本判决生效之日起三日内赔偿原告李某某货物损失1000元；

2. 驳回原告李某某的其他诉讼请求。

（资料来源：中国裁判文书网，作者有删改。）

《中华人民共和国合同法》（以下简称《合同法》）于1999年10月1日起正式实施。作为一部调整市场交易的基本法律，它的颁布实施结束了我国合同法长期分离的局面。《合同法》的第288条到第321条阐述了关于运输合同的基本规定。

# 第一节 物流运输合同概述

现代企业的物流运输需求不可能也没有必要完全由自己来满足，外包、合作、购买运输服务是企业必不可少的活动，由此，物流运输需求方与物流运输提供方在有关投资、承诺、退出、合作以及货物保险等方面往往会产生一些矛盾，从而需要以法律的形式来规范双方的行为。

## 一 物流运输合同

物流运输合同是现代物流运输中的一种常见的法律文件，它既是明确双方权利、义务和责任的正式文件，又是解决运输纠纷的法律依据。

### （一）物流运输合同的含义

物流运输合同是承运人将货物从起讫地点运输到约定地点，托运人或者收货人支付票款或运输费用的合同，它是由承运人和托运人双方签订的，明确双方权利义务关系，确保货物有效位移具有法律约束力的合同文件。对物流运输企业而言，物流运输合同是开展货物运送业务并获取相应报酬的法律依据。

物流运输合同的主体有货方（包括托运人、收货人等）、承运人和货运代理人。

### （二）物流运输合同的特点

物流运输合同除了具有一般合同普遍的法律特征外，还具有自身的特征。

**1. 物流运输合同是劳务合同**

物流运输合同的标的是承运人的运送或运输行为，而不是被运输的货物本身。因此，合同所约束的对象不同于一般的实物产品，对运输行为的考察和约束必须依赖于货物运送的质量。

**2. 物流运输合同是格式合同**

物流运输合同具有标准合同的性质，主要内容和条款由国家授权的交通运输部门以法规的形式统一规定，如《公路货物运输合同实施细则》《铁路货物运输合同实施细则》《水上货物运输合同实施细则》等。合同、提单等都是统一印刷的，运输费率也是国家统一规定的，双方当事人和任何其他机构无权自行变更。

**3. 物流运输合同多为第三方利益订立**

物流运输合同往往涉及第三方，即除了承运人和托运人之外，一般还有收货人。虽然在某些情况下，收货人就是托运人，但是在通常情况下，收货人并非签订合同的当事人，收货人可以独立享有合同约定的权利，并承担相应的义务。

**4. 物流运输合同是诺成合同**

诺成合同与实践合同相对应。诺成合同指双方当事人意思表示一致即可成立的合同。实践合同则是指除当事人双方意思表示一致以外尚须交付标的物才能成立的合同。

运输合同一般为诺成合同，但以托运单、提单代替书面运输合同的，因承运人往往需要收取货物并核查后才能签发提单或在托运单上签章，故这类合同应为实践合同。

**5. 可以采用留置的方式担保**

留置是指债权人按照约定占有债务人的动产，当债务人不能按约定期限履行还款义务时，债权人有权依法留置该财产，以该财产拍卖、变卖的价款优先得到偿付。法律对留置权有明文规定，其中运输合同的债权人就享有留置权。《合同法》第三百一十六条明确规定，收货人不明或者收货人无正当理由拒绝受领货物的，承运人可以提存货物。

## 延伸阅读

### 物流运输合同术语

**1. 合理的分派**

托运方要承运方对转运过程中，由于货物交付延迟而导致的实际损失或毁坏负责。合理交付时间的确定，没有具体的规则限定，托运方要根据具体的运输情况来确定某种环境下这种延迟交付是否合理。

**2. 产品被拒收**

在客户支付运费的基础上。承运方可以储藏任何收货方在免费期内没有取走的财产。在通知发货方之后，承运方可以在拍卖行公开拍卖收货方拒收的财产。

**3. 贵重物品**

承运方没有义务递送贵重文件和产品，除非运价表对这类产品有具体的收费说明。这是承运方可以拒绝提供服务的领域。

**4. 爆炸品**

运送危险货物时，托运方应该给承运方一份完整书面公开材料。如果托运方签署了无追索条款，那么承运方运输的货物，只有对收货方有追索附加运费的权利。

#### 5. 无追索权

在货物交付后，承运方对托运方没有追索附加费用的法律权利。如果托运方签署了无追索条款，那么承运方运输的货物，只有对收货方有追索附加运费的权利。

#### 6. 替代提单

如果一张提单可以和另外一张提单相互交换，或可以替代另一张提单，那么后一张提单应该包括前面提单有关运输费用、法律责任和收货方签收的所有陈述条件。

#### 7. 变更

如果运输途中发生任何改变，承运方必须通知托运方。

### （三）物流运输合同的分类

依据不同的标准，可以从不同角度对运输合同进行分类。

#### 1. 按承运方式分类

按承运方式的不同，物流运输合同可以分为公路运输合同、铁路运输合同、水路运输合同、航空运输合同和管道运输合同。这是最常见的划分物流运输合同的标准。

#### 2. 按合同期限分类

按合同期限的长短，物流运输合同可分为长期合同和短期合同。

（1）长期合同是指合同期限在一年以上的合同。

（2）短期合同是指合同期限在一年以下（含一年）的合同，如年度合同、季度合同和月度合同等。

#### 3. 按合同形式分类

按合同形式的不同，物流运输合同可分为书面合同和契约合同。

（1）书面合同是指签订正式书面协议书形式的合同。

（2）契约合同是指托运人按规定填写货物运输托运单或货单，这些单证具有契约的性质，承运人要按托运单或货单要求履行义务，承担责任。

#### 4. 按货物数量分类

按货物数量的不同，物流运输合同可分为批量合同和运次合同。

（1）批量合同一般是一次托运货物数量较多的大宗货物运输合同。

（2）运次合同一般是托运货物较小，一个运次即可完成的运输合同。运次是指完成一个包括准备、装载、运输、装卸 4 个工作环节在内的运输过程。

**5. 按组织方式分类**

按组织方式的不同，物流运输合同可分为单一运输合同和联合运输合同。

**6. 按运输对象分类**

按运输对象的不同，物流运输合同可分为普通货运合同和特种货物运输合同。

## 二 物流运输合同的订立与履行

合同使托运方对运输活动的管理更加方便，增强了运输活动的可预测性，能有效减少运输风险。合同能保证达到托运方所要求的运输服务水平，从而使运输成为托运方的竞争优势领域。同时，合同也有利于承运方自觉改善运输服务质量，使得承运方的服务符合托运方的物流需求。

### （一）物流运输合同的订立

**1. 订立的基本原则**

物流运输合同的订立是指承运方和托运方在自愿、平等、互利的基础上经过协商后以书面形式签订的有效合同，其签订的基本原则主要如下。

（1）平等互利。物流运输合同当事人不论企业规模大小、实力强弱、所有制性质差异，在签订运输合同时的法律地位一律平等，任何一方不得将自己的意志强加给另一方，合同的当事人应遵循公平和对等的原则确定各自的权利和义务。

（2）合法规范。物流运输合同的当事人所签订的合同在内容和程序上都必须符合法律的规范和要求。

（3）等价有偿。合同的当事人享有同等的权利和义务，并依法承担相应的责任，权利、义务、责任总是对等的。每一方从对方得到利益时都应该支付相应的代价，不能只享受权利而不承担义务和责任。

（4）协商一致。合同必须经由双方协商达成一致才能订立，任何一方都不能强迫对方签订合同，任何其他单位和个人不得违反法律规定干预双方行为。

**2. 订立的程序**

物流运输合同订立的程序主要包括要约和承诺。

(1) 要约。要约是希望和他人订立合同的意思表示，该意思表示应符合两个规定，一是内容具体确定，二是表明要约人的承诺，要约人即受该意思表示约束。该意思表示的内容包括订立合同的愿望、合同的内容和主要条款。要约一般由托运人提出。

(2) 承诺。承诺是受要约人同意要约的意思表示。承诺应以通知的方式发出，应当在要约确定的期限内到达要约人。在运输合同订立的过程中，承诺指承运人接受或受理托运人的要约或提议，对托运人提出的全部内容和条款表示同意。受理过程包括双方协商一致的过程。

### (二) 物流运输合同的履行

运输合同自签署之日起就具有法律的约束力，合同当事人必须按照合同约定的条款认真履行各自的义务。

#### 1. 托运

托运人应按约定的时间和要求提供托运货物；按照合同约定的方法包装货物，并做好储运标志；办理货物运输的相关手续，如填写托运单等；将有关审批、检验的文件提交承运人；及时发货、收货，并提供装卸条件。

#### 2. 运输

承运人应按照合同约定配备交通运输工具，按合同约定的运输期限将约定数量的货物安全送达目的地，保证运输质量。在货物装卸和运输过程中，承托双方应办理货物交接手续，明确责任，并分别在发货单和运费结算凭证上签字。货物到达后，承运人应及时通知收货人，并核查货物，在货物运达后至交付收货人之前的这段时间负有妥善保管货物的义务。

#### 3. 交货

收货人收到提货通知后，应及时提货并清点验收。收货人请求交付货物时，应将提单或者其他提货凭证交还承运人，逾期提货应向承运人交付保管费用。收到货物清点验收时，如果发现货物有毁损、灭失、变质的，收货人应当在接受货物之日起 15 日内通知承运人，以便明确事故责任。

## 三 物流运输合同的变更与解除

运输合同订立之后，在正常情况下，合同双方应根据订立的内容履行各自的权利和义务，但如果遇到特殊情况，则可能需要变更或解除合同。

### （一）物流运输合同的变更与解除概述

**1. 变更与解除的定义**

运输合同变更与解除是指在合同尚未履行或没有完全履行时，遇到了特定情况致使合同不能正常履行或者需要变更时，经双方协商同意，并在合同规定的变更、解除期限内办理变更或解除。任何一方无权擅自变更、解除双方签订的运输合同。变更合同是指合同部分内容和条款的修改补充。解除合同是指解除由合同规定的双方的法律关系，提前终止合同的履行。

**2. 变更与解除的原则**

（1）在承运方将货物交付收货人之前，托运人可以要求承运方中止运输，返还货物、变更到达地或者将货物交付给其他收货人，但应当赔偿承运人因此受到的损失。

（2）承运人提出解除合同的，应退还已收的运费。

（3）变更、解除合同应在合同规定变更、解除合同期限内办理，超过合同规定期限再进行变更、解除的，由提议方承担已造成的经济损失。

（4）变更、解除合同应用书面形式提出，作出书面协议。

（5）因变更或解除合同使一方受到经济损失的，除依法免责的情况之外，由责任方承担赔偿责任。

**3. 变更和解除的条件**

物流运输合同的变更与解除主要有以下四种情况。

（1）不可抗力致使合同无法正常履行。

（2）合同当事人一方致使合同无法在约定的期限内履行。

（3）合同当事人违约，致使合同的履行成为不可能或不必要。

（4）经合同当事人双方协商同意，解除或变更物流运输合同。

### （二）物流运输合同变更与解除的方法

物流运输合同的变更与解除可以采取以下方式：双方经过协调以达成变更或解除

合同协议；因遇到不可抗力而影响运输合同履行时，承运人应及时通知对方变更或解除合同，并商定补救方法。

# 第二节　物流运输纠纷

合理界定物流运输各方（主要是承运人和托运人）的责任，并明确承运人的责任期间和免责事项，是在物流运输途中发生货物丢失、损毁、延迟等情况下，托运人进行损失索赔和承运人进行赔偿的客观依据，具有重要的意义。

## 一　物流运输责任

在物流运输过程中，托运人和承运人都应对运输货物承担一定的责任。

### （一）物流运输责任的划分

#### 1. 承运人的责任

承运人的责任是指承运人应按约定的时间和要求将货物运达目的地，交付给指定的收货人。承运人的错误致使运输合同不能履行或不能完全履行时，承运人应承担违约责任。

承运人应承担的违约责任主要有四种类型。

（1）逾期运送责任。如果承运人不能按合同规定的时间和要求送达货物，导致货物逾期送达，那么承运人应承担损失赔偿责任，但损失赔偿的金额不得超过全部灭失情况下可请求的赔偿额。

（2）货损货差责任。从货物装运时起到货物运送交付时止，在整个运输责任期间，发生货物的灭失、毁损、变质、污染的，应按货物的实际损失赔偿给托运人或货方。

（3）错运、错交责任。货物错运至到达地点或错交给收货人，由此造成的时间延误和对托运人的损失，按照货物逾期送达处理。

（4）故意行为责任。承运人的故意行为造成的事故，即使法律规定有赔偿限额的，也不适用赔偿限额规定。承运人除按合同规定赔偿直接损失之外，交通主管部门或者合同管理机关应对承运人处以惩罚，并追究肇事者个人责任。

**2. 托运人的责任**

托运人的责任是指托运人应按合同约定的时间和要求提供托运货物和装卸条件，保证收货人及时提货。托运人的责任主要有以下几种情况。

（1）托运货物的名称、性质、数量、体积、包装等应与运输合同约定的一致。

（2）妥善包装货物，正确使用运输标志和包装储运标志，清楚标志货物唛头。

（3）货物运单和物品清单内所填记事项必须真实。

（4）办理准运和审批手续。

（5）及时按规定支付运费。

### （二）承运人的责任期间与免责事项

**1. 承运人责任期间**

（1）公路运输承运人的责任期间。我国《汽车货物运输规则》规定，承运人的责任期间是货物处于承运人掌管之下的全部时间，即承运人自接受货物时起至将货物交付收货人（包括按照国家有关规定移交给有关部门）时止的一段时间。

（2）铁路运输承运人的责任期间。针对不同承运任务的承运人，铁路运输承运人的责任期间有具体规定。参加国际货协运单承运货物的铁路，其责任期间是货物运送的全过程，即从承运货物时起至到站交付货物时止。参加运送国际联运货物的铁路，责任期间从承运货物时起至到站交付货物时止。铁路应对货物运送逾期送达以及因货物全部或部分灭失、毁损、重量不足或其他原因降低质量所发生的损失负责。

（3）海运运输承运人的责任期间。《中华人民共和国海商法》第四十六条对海运运输承运人的责任期间作了明确规定。集装箱运送货物的责任期间是货物处于承运人掌管之下的全部时间，即从装货港接收货物起至卸货港交付货物时止。非集装箱运送货物的责任期间是从货物装上船时起至卸下船时止，货物处于承运人掌管之下的全部时间。

（4）航空运输承运人的责任期间。依据 1958 年签订的《华沙公约》和 1975 年签订的《海牙协定书》的规定，航空运输承运人的责任期间是指货物交由承运人保管的全部的时间，“不论在航空站内、在航空器上或是在航空站外降停的任何地点”。

**2. 承运人的免责事项**

（1）公路运输承运人的免责事项包括以下原因造成的货物毁损或灭失：①不可抗力；②货物本身的自然性质变化或合理损耗；③托运人、收货人的过错造成货物毁损或灭失；④包装缺陷造成的货物毁损或灭失；⑤托运人违反国家的有关法令，致使货物被有关部门查扣、弃置或作其他处理；⑥押运人员责任造成的货物毁损或灭失。

（2）铁路运输承运人的免责事项包括以下原因造成的货物毁损或灭失：①不可抗力；②货物质量不符合要求或货物的特殊自然属性导致不良的后果；③发货人或收货人的过失造成货物毁损或灭失；④发货人或收货人的装车或卸车造成的；⑤利用铁路规章允许使用的敞车类火车运送货物而造成的；⑥容器或包装缺陷致使承运人无法从外表发现问题所造成的后果；⑦发货人用不正确、不确切或不完全的名称托运、限运或禁运货物所造成的后果；⑧《国际铁路货物联运协定》规定的标准范围内的货物自然减量及运送中水分减少或货物其他自然属性的变化致使货物减量超过规定标准。

（3）水路运输的承运人免责事项包括以下原因造成的货物毁损或灭失：①不可抗力；②包装缺陷造成的货物毁损或灭失；③船长、船员、引航员或承运人的其他受雇人在驾驶船舶或者管理船舶中的过失；④托运人、货物所有人及其代理人的过失；⑤经谨慎处理仍未发现的船舶潜在缺陷。

（4）航空运输承运人的免责事项包括以下原因造成的货物毁损或灭失：①不可抗力；②货物的自然属性变化或质量等缺陷；③承运人及其受雇人、代理人以外的人包装货物导致货物包装不良；④政府有关部门实施的与货物入境、出境或者过境有关的行为；⑤如果承运人证明为了避免损失的发生已经采取了一切必要措施，或者不可能采取这种措施时，则承运人可以免责。

## 二 物流运输纠纷及其解决

虽然加强货运质量管理在一定程度上可以防止运输纠纷的发生，但是由于各种危险的客观存在以及货物在长途运输中的多环节作业，货运事故、运输纠纷的发生仍然难以完全避免。物流运输纠纷既可能是承运人造成的，又可能是货方或托运人造成的。

### （一）物流运输纠纷的类型

物流运输纠纷一般可以分为以下六种类型。

**1. 货物灭失纠纷**

货物灭失是指不可抗力（如自然灾害、战争等）、承运人的过失、手续缺失或程序混乱等造成的货物错装错卸，致使部分或全部货物不能正确交给收货人所产生的物流运输纠纷。

**2. 货损货差纠纷**

货损货差纠纷是指托运人的过失（如货物包装不良、没有注明货物的物理化学性质或交付承运人之前货物质量、数量与运输凭证不符）、承运人的过失（如运输不当、装卸不当、货物装运与运输途中及卸货期间保管不当等）以及自然灾害（如台风、海啸、泥石流）等导致货物毁损或交货差错的物流运输纠纷。

**3. 货物延迟交付纠纷**

造成货物延迟交付纠纷的原因有很多，如承运人的过失；承运货物的交通工具发生事故；承运人货物批次安排不合理；货物中转时滞留；承运人的路线安排不合理等。此外，天气不佳和海关扣押货物等也会导致货物延迟交付。

**4. 单证纠纷**

单证纠纷的出现可能源于以下几种情况：承运人应托运人的要求倒签、预借提单，从而影响收货人的利益，造成收货人、承运人和托运人三方的纠纷；因承运人（或其代理人）签发单证时的失误而产生的承托双方的纠纷；货物在托运过程中，若某一方伪造单证也可能引起单证纠纷。

**5. 运费租金纠纷**

承租人或货方的过失和故意，未能及时或全额交付运费及租金，双方在其他费用如滞期费、装卸费等方面意见不一而引发的物流运输纠纷统称为“运费租金纠纷”。

**6. 物流运输工具纠纷**

物流运输工具纠纷包括两种情况：一是托运人的过失造成承运人的汽车、火车、船舶、集装箱等运输工具受损而产生的纠纷；二是承运工具的技术规范达不到原合同的要求而产生的纠纷。

## （二）物流运输纠纷的解决

### 1. 物流运输纠纷的解决途径

在出现物流运输纠纷以后，大多数情况下，合同双方会考虑到多年的或良好的合作关系，互相退让，争取友好协商解决，为今后的进一步合作打下基础。如果纠纷双方之间的分歧较大，无法通过协商解决，则可以寻求双方都比较信赖的行业协会或其他组织进行调解，达成和解协议，从而解决纠纷。还有一部分物流运输纠纷，经双方较长时间的协商及在行业协会或其他组织介入调解以后仍无法解决，这时合同双方只能寻求法律途径来处理纠纷。

综合上述内容可以发现，解决运输纠纷的方法一般有协商、调解、仲裁和诉讼等四种形式。

（1）协商。协商是争议双方在自愿互谅的基础上，按照国家法律政策和合同规定，直接进行磋商，达成协议，以解决合同纠纷的方法。这是一种有效解决纠纷的方法。它有利于迅速平息争议，有利于问题的迅速解决。

（2）调解。调解是由第三者主持，合同纠纷双方当事人参加，通过达成某种协议，解决合同纠纷的方法。调解的程序如下：由争议一方向相关部门提出调解申请书及相应的证明材料；相关部门进行审核，符合法律规定即可受理；调解主持人通过与双方交谈，弄清事实，核实证据，分清是非，判明责任，提出调解方案。经过调解，争议双方同意调解人提出的调解方案，由主持调解部门制作调解协议书。

（3）仲裁。仲裁是解决民事纠纷的一种较为理想的方式，具有专家裁处、自由、方便、灵活、快捷等特点，费用相对低廉。仲裁规则对纠纷双方都具有约束力，只要仲裁符合规则，该项仲裁就是终局性的。目前我国对仲裁进行规范的法律是《中华人民共和国仲裁法》。

纠纷双方在两种情况下可以采取仲裁方式解决物流运输纠纷：第一，在订立的合同中已经选择了仲裁作为解决纠纷的方式；第二，在纠纷发生后一致同意采用仲裁方式来解决纠纷。

仲裁程序见图 7-1。

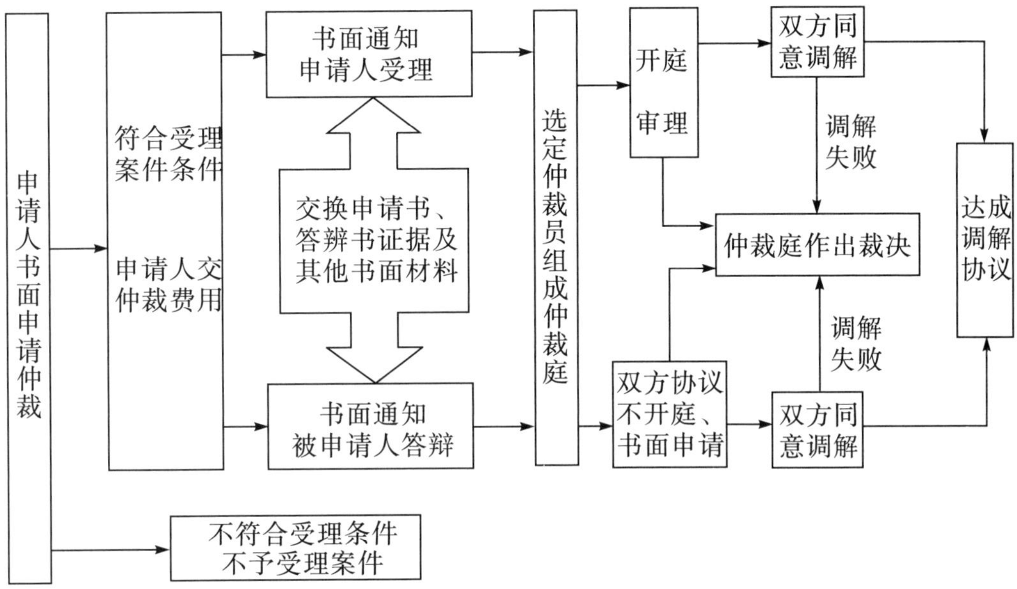


**图 7-1 仲裁程序图**

（4）诉讼。在物流运输纠纷发生以后，如果合同双方无法达成一致的解决方案，或双方未对纠纷的解决方法进行约定，则应该通过诉讼的方式来解决纠纷。由一方或双方向有管辖权的法院提起诉讼，然后由法院作出判决。一方或双方如果对一审判决不服，还可以上诉、申诉等。

**2. 物流运输纠纷中的索赔时效**

索赔时效是合同双方彼此根据法律规定要求赔偿损失的时间范围，它是纠纷解决过程中很重要的概念。不同运输方式的索赔时效也存在着差异。

（1）在公路运输纠纷中，承托双方产生纠纷要求赔偿的有效期限是自货物运抵到达地点的次日起 180 日内。赔偿要求以书面形式提出，对方应在收到书面赔偿要求的次日起 60 日内处理。违约金和赔偿金在明确责任之日起 10 日内偿付，否则按逾期付款处理。

（2）的铁路运输纠纷中，货方根据铁路运输合同对铁路承运人提出赔偿要求或铁路对货方提出关于支付运费、罚款和赔偿的要求可在 180 日内作出。货物逾期到达的赔偿请求应在 60 日内提出。

（3）在水路运输纠纷中，承运人与托运人、收货人彼此之间要求赔偿的时效，从货运记录交给托运人或收货人的次日算起不超过 180 日。赔偿要求应以书面形式提出，对方应在收到书面赔偿要求的次日起60日内处理。

（4）在航空运输纠纷中，承运人对托运人或收货人提出赔偿要求，应在收到书面赔偿要求的次日起60日内作出。托运人或收货人向承运人提出赔偿请求，应在填写货物运输记录次日起180内，以书面形式提出，并附相关证明文件。

# 第三节　物流运输保险

由上节内容可知，货物在运输途中因自然灾害、意外事故等而产生的货物损失，承运人不必承担赔偿责任。这时，为了降低经济损失，物流运输企业的通常做法是为货物购买保险。物流运输保险是财产保险的一种，与其他财产保险一样，被保险人和保险人之间需要订立保险合同并共同遵守其中的条款。

## 一　物流运输保险的定义

物流运输保险其实就是规避在物流运输过程中客观存在的风险及可能由此给货物带来的损失。

### （一）物流运输保险的定义

保险是约定的商业行为，这种约定的商业行为的法律形式就是保险合同。物流运输保险是针对物流运输活动过程中各主要环节运作风险的控制与保障。它属于财产保险的范畴，承运方或托运方以运输过程中的各种货物作为保险对象，向保险公司按规定金额投保规定的险种，并缴纳保险费用。保险公司承担保险后，如果保险对象在运输过程中发生约定范围内的损失，则按照规定给予投保方在经济上的一定补偿。因此，货物运输保险实际上是物流运输企业的一种经济风险预防措施。

### （二）物流运输保险的分类

物流运输保险的种类很多，按照不同标准，可以划分为不同类型。

**1. 按运输工具进行分类**

按运输工具的不同，物流运输保险可分为水上货物运输保险、陆上货物运输保险、航空货物运输保险，还有特种货物运输保险，如排筏保险、港内外驳运保险、市内陆路运输保险等。

**2. 按运输方式进行分类**

按运输方式的不同，物流运输保险可分为直运货物运输保险、联运货物运输保险、集装箱运输保险。

**3. 按保险期限进行分类**

按保险期限的不同，物流运输保险可分为以下三种。

（1）运程保险，即按保险合同规定，保险人只负责指定地点之间的一次或几次运程的保险。

（2）定期保险，即规定保险人在某个固定时间内负责的保险。

（3）混合保险，即运程和定期相结合的保险，保险人对运程且定期之内的损失负责。

**4. 按承保方式进行分类**

按承保方式的不同，物流运输保险可分为以下四种。

（1）逐笔保险，即担保人对一批货物一笔笔向保险人申请保险。

（2）预约保险，又称“开口保险”，即被保险人和保险人事先达成一项协议，规定总的保险范围，包括保险标的、总保险限额、运程区域、运输工具、保险条件和保险费等。

（3）流动保险，也称“不指名保险”，它是一种预约的定期保险，一般不规定运输工具名和运输路线，但对每一种运输工具每次事故确定一个限额。

（4）总括保险，也称“闭口保险”，它指保险双方当事人议定一个保险范围，明确保险标的、保险总额、运程、保险险别、保险期限及投保人的保险费总额等等。

### （三）物流运输保险的保险金额和保险费

国内货物运输保险的保险金额采取定值的方法加以确定并载明于保单，以此作为保险人对保险标的遭受损失时给予补偿的最高限额。根据保险条款的规定，物流运输保险的保险金额按货价加运杂费、保险费计算确定。

物流运输保险的费率同样主要取决于赔付率，但由于物流运输保险与其他财产保险有区别，其费率的制定要综合考虑运输方式、运输工具、运输里程、货物的性质和保险险别等几个因素。

## 二 物流运输保险的赔付

物流运输保险的赔付是指保险人在发生约定的保险事故时，按保险合同中约定的条款给付赔偿金或者保险金。在物流运输保险的赔付处理中应注意以下几个方面。

### （一）赔偿款的计算

在计算赔偿款时，应针对足额和不足额保险情况分别理赔。

**1. 足额保险**

对足额保险，即被保险人是按起运地货价确定保险金额的，保险人根据实际损失计算赔偿；如果被保险人是按货价加运杂费确定保险金额的，保险人则根据实际损失按起运地货价加运杂费计算赔偿。但两种的最高赔偿金额均以保险金额为限。

**2. 不足额保险**

对不足额保险，保险人在赔偿货物损失金额和支付施救费用时，要按保险金额与货物实际价值的比例计算赔偿。

### （二）支付其他合理、必要的费用

其他合理、必要的费用是指投保人或被保险人在发生保险事故时，或者在保险事故发生后，为保险人的利益而支付的费用。它包括：为防止或者减少保险标的的损失所支付的合理、必要的费用，如施救费用、整理费用等；为查明和确定保险事故的性质、原因和保险标的的损失程度所支付的合理、必要费用，如为确定事故性质进行勘查、鉴定所支出的费用等；诉讼费或者仲裁费以及其他合理、必要的费用，如责任保险的被保险人因给第三人造成损害的保险事故而被提起诉讼或仲裁所支出的诉讼费或仲裁费以及代理费等。这些必要、合理的费用，或是为了减少保险标的的损失，或是为了确定责任原因，或是为了向他人追索等，都是为保险人的利益支出的，故由保险人来负担这些费用支出是理所当然的。

### （三）物流运输保险赔付的代位求偿

当货物遭受的保险责任范围内的损失是承运人或其他第三者的责任造成的，会涉及代位求偿问题。被保险人可以向责任方提出索赔，也可以向保险人要求赔偿。但是，如果向保险人索赔，被保险人则应该在获得赔款后签发权益转让书，即可以将有责任的一方要求赔偿的权利全部转让给保险人，同时有义务协助保险人做好追偿工作。

### （四）残值归属

在物流运输保险的赔付中，货物的残值应归被保险人所有，并从赔偿中扣除。

### （五）索赔时效

当运输的货物发生损失以后，被保险人的有效索赔时效为 180 天。

## 本章小结

物流运输合同是一种常见的法律文件，它明确了双方的权利和义务，合同主体主要有货方（包括托运人、收货人等）、承运人和货运代理人。订立物流运输合同的基本原则包括平等互利、合法规范、等价有偿、协商一致等，订立的程序主要包括要约和承诺。物流运输合同一旦订立，任何一方无权擅自变更和解除。但在合同尚未履行或没有完全履行时，特定情况致使合同不能正常履行或者需要变更时，可经双方协商办理变更或解除。

在物流运输过程中，托运人和承运人都应对运输货物承担一定的责任，其中承运人只需在一定的时间范围内承担责任（称为承运人的责任期间），对于某些原因，承运人可以不承担责任（称为承运人的免责事项）。物流运输纠纷既可能是承运人造成的，又可能是托运人造成的，解决运输纠纷的方法一般有协商、调解、仲裁和诉讼等形式。

物流运输保险可以规避物流运输过程中的风险及可能由此给货物带来的损失。在物流运输保险的赔付过程中应注意赔偿款的计算、代位求偿、残值归属以及索赔时效等问题。

■案例分析■

# 深圳某自动化设备公司诉深圳某物流公司运输合同纠纷案

案情简介：2013年1月30日原告将两台机器设备交由被告代运至湖南某公司，但是被告以原告未付之前物流款而扣押原告本次货物，在运输及扣押期间，因货车顶部漏水致货物损坏，导致原告产生诸多损失。经双方协商，原告、被告于2013年3月28日签订了一份《协议》，《协议》约定："原告不再追究被告在2013年1月30日运输原告货物因留置所造成的损失（货物损坏除外）。"其后该批货物经保险公司定损，该批货物损坏的金额为32757.5元，货物残值为257.5元，最后保险公司理赔金额为15250元，原告还有17250元因货物损坏的损失未能得到赔偿。被告在运输过程及留置原告货物过程中造成了原告货物损坏，被告应赔偿原告货物损坏的损失17250元，原告多次与被告沟通赔偿事宜，但被告拒不赔付。

案件分析：首先，原告与被告虽然没有签订正式的运输合同，但是双方签有《运输合同出货单》《发货单》等单据，且双方均已实际履行了运输合同的相应义务，原被告之间的运输合同法律关系是合法有效的。被告应作为承运人，在承运过程中应尽到安全运输的义务。根据《合同法》第三百一十一条的规定："承运人对运输过程中货物的毁损、灭失承担损害赔偿责任，但承运人证明货物的毁损、灭失是因不可抗力、货物本身的自然性质或者合理损耗以及托运人、收货人的过错造成的，不承担损害赔偿责任。"。故被告应对承运过程中给原告货物造成的损害承担赔偿责任。

其次，原被告双方已签订《协议》，《协议》已明确约定了2013年01月30日被告代运原告货物因运输延误所造成的货物损坏仍由被告承担。《协议》是双方真实意思表示，并未违反法律的强制性规定，合法有效，对双方具有法律拘束力。故被告应依法赔偿原告货物损坏的损失。

案件结果：法院认为双方形成运输合同关系且合法有效，双方应切实全面履行各自的合同义务。本案被告在承运过程中，未尽安全运输义务，导致涉案货物受到损坏，应承担相应的损害赔偿责任。原告的诉讼请求于法有据，本院予以支持。被告关于保险理赔是保险公司和原告单方作出的辩称理由不足，本院不予采信。

（资料来源：110 法律咨询网，作者有删改。）

## 问题讨论

本案判决的依据是什么？

## 复习思考题

1. 如何理解物流运输合同的基本特点。
2. 物流运输合同的订立原则及其变更与解除的基本条件是什么？
3. 运输纠纷可以分为哪几类？
4. 阐述物流运输纠纷的常见解决途径。
5. 物流运输保险的赔付处理包括哪些方面的内容？
6. 试比较公路、铁路、水运和航空运输中承运人的责任期间和免责事项。

## 实训题

请旁听一次有关物流运输合同诉讼的庭审，了解案由，利用所学知识对双方陈述的事实进行分析，得出自己的判断，并与法庭判决进行比较。

# 第八章

# 物流运输市场开拓

## ◆学习目标◆

通过本章教学，学生要掌握物流运输市场的定义、功能及其构成要素，掌握物流运输市场需求与供给的含义以及需求弹性与供给弹性的变化规律；了解物流运输市场竞争及其方式，掌握制定运输价格的方法与策略；了解物流运输市场管理的基本内容，掌握物流运输市场管理的基本方式。

## 开篇案例

### 中欧班列各公司开拓市场身手不凡

2017年，中欧班列全年开行3673列，超过2011—2016年开行数量总和；2018年上半年开行总数达到2490列。目前，中欧班列的发展已迈入了快速发展的阶段，现累计发运的班列量已经超过10000列，与此同时，返程载货的中欧班列数量也在稳步提升。这一“钢铁驼队”满载货物与希望，为中欧贸易带来活力。

汉欧国际物流有限公司市场营销总部总经理袁琼在亚欧物流峰会暨中欧班列国际合作论坛上指出，汉欧班列在2014—2017年已从42列增至377列，重箱率在中欧班列中也名列前茅，实载率达98.87%。此外，班列运行班期表基本上是“去三回一”。

为了让中欧班列更好地服务于沿线国家，多个中欧班列公司求新求变“各显神通”，特色与强项齐备。袁琼称：“我们的三大主要产品是班列、公共班列和拼箱服务。目前，公共班列最受欢迎。服务产品也从最早的汽车配件、机械设备、纺织和电子设备等发展到附加值较高的产品，如飞机和钢琴等。”

武汉作为中国内陆最大的水陆空综合性枢纽，一路向东可以融入海上丝绸之路，一路向西可以融入陆上丝绸之路，这为汉欧班列的发展提供了地理优势。袁琼以武汉举例：“我们从欧亚大陆把班列开到武汉，也改变了内陆城市以前外贸进出口靠沿海城市‘一江春水向东流’的格局。”

中欧班列不仅仅局限于运输领域，还要实现运贸一体化，让贸易与运输双促进。

袁琼称："我们发现'一带一路'沿线国家的很多优质产品都可以通过班列运输回来，这样也带来了新增的贸易往来。我们在2016年设立国际贸易公司，将沿线很多国家地区的牛奶、果汁、啤酒通过班列运至武汉，受到热捧。此外，除了进口贸易之外，出口贸易也是我们积极尝试的方向，利用境外的网络优势将优选的农副产品如枸杞、红茶、江小白酒等顺利出口到欧洲，在欧洲市场也获得了好评。"

"2018年3月，渝新欧公司已经成功将渝新欧班列开至越南河内，这也是国内首次将欧洲的货物直接通过中欧班列延伸到中南半岛。"渝新欧（重庆）供应链管理有限公司副总经理陈智科在介绍这一成就时不无自豪。

陈智科称，国际邮包在渝新欧班列已进入常态化运作，除了整车跨境电商等领域以外的物流服务，渝新欧还在积极探索中欧通道上的冷链物流，现已有药品、冻肉等班列。

当然，中欧班列也因高额补贴、线路重叠等问题备受诟病。很多人有疑问：如果政府不再支付补贴了，中欧班列是否都是重去空回？

"德国的莱比锡开到沈阳的宝马车生产型配件的班列，约每两周三个班列，这条线没有政府补贴但仍运行的很好，这就是基于供应链的需求，而铁路运输是其海运和空运供应链的补充。"京跨欧亚国际货运代理有限公司总经理董万旭指出，区别于一般的货运代理人，该公司是介于全球的货运代理公司和平台公司之间的货运代理人，会提供相应货运解决方案，比如基于客户的需求，为客户选择最合适的班列公司。

"现在大多数欧洲汽车品牌都在使用中欧班列进行运输。"董万旭指出，欧洲很多企业都有节能减排的要求，会在每年公布的社会责任报告当中列明，通过使用中欧班列的运输方式降低了多少碳排放量。

增加班列密度、拓展班列的线路都非常重要，但要融入到国际大通道的建设中，服务质量的优化，物流成本的降低也需重视。董万旭举例称，2017年，公司为迪卡侬（法国体育用品零售商）开通了武汉到杜尔日的班列服务。此前，迪卡侬在武汉设有工厂，有了中欧班列的服务体验后，迪卡侬决定把部分越南工厂转移至武汉，从而增强其产品竞争力。

"不仅要保质保量完成运输服务，在国际运输中我们还要适时灵活应对紧急情况。"董万旭指出，2018年3月，法国铁路工人罢工，这导致运输面临问题，在与客户商量后，考虑到杜伊斯堡和杜尔日之间不仅有铁路，还有内河连接，于是制定了从杜伊斯堡出发到杜尔日转成内河运输的方案，多式联运和平时铁路运输花费的时间相同，避免了企业的损失。

中欧班列所蕴含的潜力还在不断释放，未来中欧班列的前景也非常乐观，我们等待用成果说话。

（资料来源：中国贸易新闻网，作者有删改。）

市场是商品经济的产物，物流运输市场也不例外，它的形成和发展以社会劳动专业化分工协作为前提，以商品的运输交换为基础，以商品交换过程中的经济利益关系为本质。物流运输市场作为整个社会市场体系的一个分支，是整个市场体系中的重要组成部分，更是物流系统中不可或缺的部分。

# 第一节　物流运输市场概述

运输活动本身是社会生产在流通领域的继续，同时，运输产品本身也需要在市场上交换，这个市场就是运输市场。运输市场分为客运市场和物流运输市场，本书只讨论后者。

## 一　物流运输市场

任何一个物流运输企业都必须研究运输市场中的各种要素及其相互关系，只有这样才能适应市场的变化和发展。准确把握物流运输市场的含义是对其进行有效管理的前提和基础。

### （一）物流运输市场的定义

通俗地说，物流运输市场是物流运输供给者和物流运输需求者之间进行物流运输交易的场所，体现了物流运输供需双方的经济关系。物流运输市场有狭义和广义之分。狭义的物流运输市场是指物流运输产品或服务交换的场所，为货主、运输业者或他们的代理人提供交易空间和平台。广义的物流运输市场是指物流运输参与各方在交易中所产生的经济活动和经济关系的总和，即物流运输市场不仅是物流产品和服务交易的场所，还包括运输活动参与者之间、运输部门与其他部门之间的经济关系以及运输资源配置手段等内容。

### （二）物流运输市场的特征

物流运输市场是联结物流运输服务供需双方的桥梁和纽带，具有服务性市场的特征和属性。此外，物流运输市场也有自身的特点。

#### 1. 基础性

基础性是指物流运输市场是国民经济市场体系的重要基础。实际上，任何实物市场买卖的最终结果都要通过物流运输来实现实物的空间转移。如果没有一个发达的运输市场，有形商品市场就会失去存在基础。

#### 2. 服务性

服务性是指物流运输市场主要为社会提供没有实物形态产品的运输劳务。物流运输企业主要为社会提供没有实物形态的运输劳务。运输劳务是一种看不见、摸不着的服务产品，它既不能储存又不能调拨，它的生产与消费具有同步性，它的所有权具有不可转移性。这是物流运输市场与产品市场的一个显著差异。

#### 3. 劳动密集性

物流运输市场是一个劳动密集型市场，与工业相比，物流运输业技术构成相对较低，公路运输业尤其如此。相应地，物流运输业用人较多，每位就业人员占有的固定资产额较低，在企业劳动成果中，活劳动所占比重较大。

#### 4. 派生性

物流运输市场作为一种派生市场是为了满足产品市场的需要而不断发展的。如果没有产品市场的发展，物流运输市场就会失去存在的基础。

#### 5. 区域性

物流运输市场具有一定的服务半径，如果超出这个半径范围，企业的经济效益就会急剧下降。正因为如此，物流运输市场在空间布局上不同程度地存在着自然垄断，区域性较强。

#### 6. 波动性

物流运输市场的派生性使它易受外部因素的影响，波动性较强。

## （三）物流运输市场的分类

不同的物流运输市场有不同的特点，它们提供物流运输服务的方式也会有所不同。下面介绍物流运输市场几种常见的分类方法。

**1. 按运输对象划分**

按运输对象进行划分，物流运输市场可以分为两种类型。

（1）基本市场。物流运输基本市场又称“物流运输传统市场”，它是物流运输的主要市场。物流运输基本市场还可以按照运输条件进一步分为一般物流运输市场和特种物流运输市场。一般物流运输市场又可分为干货运输市场、散货运输市场、杂货运输市场、集装箱运输市场。散货运输市场可再细分为煤炭运输市场、粮食运输市场、钢铁运输市场、油料运输市场等等。特种物流运输市场可分为大件运输市场、危禁货物运输市场、冷藏运输市场、搬家运输市场等。

（2）相关市场。物流运输相关市场是指与物流运输相关的辅助性市场，它又可分为物流运输设备租赁市场、物流运输设备修造市场和物流运输设备拆卸市场等。

**2. 按供求关系划分**

按供求关系进行划分，物流运输市场可以分为三种类型。

（1）卖方市场。在供不应求时，货主对物流运输需要常常得不到满足，这时物流运输市场表现为卖方市场，运输价格通常会高于运输价值。

（2）买方市场。在供过于求时，大量的运力闲置而得不到充分利用，这时物流运输市场表现为买方市场，运输价格通常要低于运输价值。买方市场与卖方市场的经营环境不同，物流运输企业所采取的经营策略和管理方式也不同。

（3）均势市场。均势市场是指物流运输市场的供求基本相等。

**3. 按运输需求的弹性划分**

按运输需求的弹性划分，物流运输市场可分为两种不同的类型。

（1）富有弹性的物流运输市场。在富有弹性的物流运输市场中，运价的变动对运输量的影响较大，运价成为调整运输市场平衡的有力工具。

（2）缺乏弹性的物流运输市场。在缺乏弹性的物流运输市场中，物流运输企业对运价不敏感，运价的变动对运输量的影响不如富有弹性的物流运输市场，这时的运价具有一定的刚性。

#### 4. 按运输方式划分

按运输方式进行划分，物流运输市场可以分为五种不同的类型，即铁路物流运输市场、水路物流运输市场、公路物流运输市场、航空物流运输市场和管道物流运输市场。这种分类方式可以用于研究不同物流运输方式之间的竞争。

除了上述分类方式之外，按照运输距离的远近，物流运输市场可分为短途市场、中途市场和长途市场等；按物流运输市场与城乡的关系，其分为市内物流运输市场、城际物流运输市场、农村物流运输市场和城乡物流运输市场等；按物流运输市场的竞争性，其分为垄断物流运输市场、竞争物流运输市场和垄断竞争物流运输市场以及寡头垄断物流运输市场等；按时间要求，其分为定期物流运输市场、不定期物流运输市场、快捷物流运输市场；等等。上述分类可以交叉进行，得到更为复杂的物流运输市场类别，如长途客运市场、短途客运市场，水运长途客运市场、水运短途客运市场，水运长途货运市场、公路长途客运市场，定期船市场、不定期船市场，等等。

### （四）物流运输市场的构成要素

物流运输市场是由物流运输的供给者、需求者和利益相关者所组成的一个多层次、多因素的集合体，主要包括以下几个要素。

#### 1. 物流运输服务的供给者

物流运输供给者又称“物流运输市场上的卖方”，他们向市场提供各类物流运输产品或服务，满足物流运输需求者对货物空间位移的要求。

由于资源的稀缺性，物流运输供给在一定条件下总是有限的，同时，随着生产能力的提高和科技进步的加快，物流运输供给又在不断扩大。从物流运输市场的供需情况看，物流运输产品（或服务）的总供给并不一定能够满足市场需求，这就是有效供给问题。物流运输有效供给是符合物流运输市场需求的供给，它总是小于物流运输总供给。物流运输供给者并非完全都提供一种有效的供给，随着市场的不断变化，物流运输供给者也在不断调整、改变自己，以使提供的产品或服务更符合物流运输市场的需求，提供更多的有效供给。

#### 2. 物流运输服务的需求者

物流运输服务的需求者又称“物流运输市场的买方”，他们是具有现实或潜在需求的单位、组织和个人，向市场购买各类物流运输服务或产品，形成物流运输市场的需求。物流运输市场的需求构成比较复杂，包括各类部门、企事业单位和个人，这些需求者在运输需求的质量、数量等方面存在较大差异，在客观上形成了不同层次、不同类型的物流运输需求。

**3. 物流运输中介**

物流运输中介是指为货物运输需求者与供给者提供中介服务，提供各类货物运输服务信息和运输代理业务的企业或经纪人。如铁路货物代理人、航空保险销售代理人、航空运输技术协作中介服务人等。

**4. 政府**

政府在物流运输市场中的作用主要是代表国家对运输市场进行监督、管理和调控，它包括各级政府和交通管理部门。政府对整个物流运输行业进行规划和协调、实行政策指导、制定法律规范、提出优惠政策，特别是在市场无法发挥有效作用的领域进行资金、技术、信息等方面的投入，从而有效弥补单纯市场运作带来的混乱和不足。

**5. 物流运输成本和价格**

物流运输成本是物流运输生产中耗费的物化劳动和活劳动的货币表现，也就是物流运输生产中耗费的原材料、燃料、动力、固定资产等生产资料的价值，支付劳动者的劳动报酬以及管理费用的货币表现。运送距离、载货量、货物密度、装载性能、装卸搬运的难度、货物的易损性以及市场环境等因素都会对运输成本产生较大影响。物流运输成本直接影响企业运营及整个物流系统的效益水平，因此，物流运输企业通常会对运输成本进行控制，在保障运输的可靠性、安全性与快捷性的基础上，最大限度地降低物流运输成本。

运输价格是运输企业对特定货物提供运输服务的价格。形成运价的因素比较复杂，主要有运输成本、供求关系、市场结构模式、国家有关经济政策及各种运输方式之间的竞争等。

## 二 物流运输市场的功能

物流运输市场作为社会主义市场体系的重要组成部分，在国民经济发展中具有十分重要的作用。

### （一）信息传递功能

信息传递功能又称为“价格功能”，它是物流运输市场最基本的功能之一。信息传递功能是指参与物流运输市场活动的主体，拥有和掌握着不同的信息，并通过自身的行为和活动，向市场传递信息，如运输价格信息、运输技术信息、市场供求信息等，从而影响物流运输市场中各行为主体活动的功能。

### （二）资源优化配置功能

在市场经济条件下，市场是资源配置的主要方式。在物流运输市场中，运输企业作为独立的市场主体，拥有经营自主权和资源配置权，可以依据价格决定资源的使用和配置，最终形成一定的资源配置体系和经济活动体系，从而实现将有限的资源最大化地进行利用。这就是物流运输市场的资源优化配置功能。

### （三）结构调整功能

结构调整功能主要是指物流运输市场通过市场活动对产品结构、企业结构、产业结构、地区结构、市场结构等经济结构进行调整的功能。在特定的社会生产规模中，各行业之间及行业内部的结构在客观上存在最佳的比例关系。物流运输市场的结构调整功能通过协调运输供需结构平衡、促使物流运输企业结构优化及促进运输体系内部结构合理化三个方面得以实现。

### （四）促进技术进步功能

物流运输市场的促进技术进步功能是指企业为了获得竞争优势，必须降低成本以降低运输价格，或者改进运输服务的质量等来吸引顾客，从而不断开发和运用新技术，有力地促进技术进步的功能。

## 三 物流运输市场的结构

物流运输市场具有多个侧面和多重规定，其结构可从不同的角度或侧面进行考察。本书分别对物流运输市场的空间结构和时间结构予以讨论。

### （一）物流运输市场的空间结构

现实的物流运输市场总是具有一定活动空间的市场，各类市场的空间结构由于其扩散性和吸引力的不同而有所不同。

物流运输市场的空间结构是指物流运输市场的主体及其所支配的对象的活动范围以及各等级、各层次的市场空间在整个市场体系中所占的地位与相互关系。

按物流运输市场的空间结构，物流运输市场可以分为三个基本的层次。

**1. 区域性的物流运输市场**

它包括城市物流运输市场、城间物流运输市场、农村物流运输市场、城乡物流运输市场以及南方物流运输市场、北方物流运输市场等，通常以经济区为主，在地域分工和生产专业化的基础上逐步形成，并逐渐发展和扩大。

**2. 全国统一的物流运输市场**

它是指以整个国家领土、领空、领海为活动空间的物流运输市场，包括各个地区、各种运输方式在内的统一的物流运输市场。它以市场经济的充分发展为基础，在区域物流运输市场充分发展的前提下形成发展起来。

**3. 国际物流运输市场**

它是随着国际间的商品交换及与其他经济社会文化交往的增加而逐步形成的，是国际分工和经济国际化的必然结果，也是市场经济发展的客观要求和必然趋势。

### （二）物流运输市场的时间结构

在现实的运输市场交易中，市场中的交换对象——运输劳务的权力转移及货物位移对市场主体而言，在时间上可以并不一致。物流运输市场的时间结构就是指市场主体支配交换对象在时间上的一致性，它表现为交换过程连续性和间断性的统一。

一般来说，物流运输市场按时间结构可分为两种情况。

**1. 现货交易市场**

现货交易是指在物流运输市场上出售运输劳务与货币转移是同时进行的交易，因而也称“即期交易”，它反映市场主体和交换对象的运动在时间上的同步性。

**2. 期货交易市场**

期货交易是指在交易所当中进行的，通过签订标准化的运输期货交易合同而成交的运输交易。在运输期货交易中，先签订期货交易合同，然后在某一特定时间完成劳务交换。市场主体之间对运输劳务所有权的转让与客货位移在时间上是分离的，两者不具有同步性，与现货交易有很大的不同。

# 第二节 物流运输市场的价格确定

在市场经济条件下，运输资源的合理配置和生产要素的有效组合是在国家宏观调控下，通过运输价格机制的作用来实现的。物流运输市场的价格就是运输劳务的价格，它是商品销售价格的重要组成部分。物流运输市场是由需求方和供给方共同组成的，运输价格也由供求双方共同决定。但在实际生活中，运输价格往往还受到其他因素的影响。

## 一 物流运输市场的需求与供给

在经济学中，需求与供给是决定商品价格的主要因素。把这两个概念引入物流运输市场，对于研究物流运输市场的资源配置状况有着重要意义。

### （一）物流运输市场的需求

#### 1. 物流运输市场需求的定义

物流运输市场需求是指在一定时期内和一定价格水平下，社会经济生活在货物空间位移方面所提出的具有支付能力的需求。物流运输需求的定义包含两层含义：一是来自物流运输需求者或消费者实现位移的需求或愿望；二是需求必须是一种有支付能力或购买能力的需求。物流运输市场的需求是物流运输消费者主观偏好和客观能力的统一。

#### 2. 物流运输市场的需求弹性

在西方经济学中，弹性概念用来描述因变量对自变量变化的反应程度。物流运输市场的需求弹性可用来分析运输需求变动对运输服务价格和其他相关经济变量变化的敏感程度，它可以分为物流运输需求的价格弹性和交叉弹性。一般而言，如果不作特殊说明，需求弹性指需求的价格弹性。

（1）物流运输需求的价格弹性。物流运输需求的价格弹性是指运输需求量对价格变化的反应敏感程度。根据西方经济学中的弹性公式，物流运输需求的价格弹性计算公式可以如下表示。

$$E_p = \frac{\text{需求量变化的百分比}}{\text{价格变化的百分比}} = \frac{Q_d \text{ 的变动率}}{P \text{ 的变动率}} = \frac{\Delta Q_d / Q_d}{\Delta P / P}$$

式中：$E_P$ 表示运输需求价格弹性，$Q_d$ 是运输需求量，P 是运输价格，$\Delta Q_d$ 是运输需求量的变化量，$\Delta P$ 是运输价格的变化量。

物流运输需求价格弹性的影响因素主要有以下几方面。

①运输需求的可替代性。在物流运输活动中，运输服务的替代性越强，当价格上升时，消费者就更容易去消费替代品，因而，价格弹性越大；反之，替代性越弱，价格弹性越小。

②货物本身价值。在同等运费的情况下，低价货物单位价值的运费要比高价货物高，对运费的承担能力更弱，当运输价格发生变化时，低价货物的反应会更加敏感，需求的价格弹性更大。

③货物的密集程度。一般在货运需求量较大的能源及重工业基地，运输需求严重依赖比较固定的运输方式和线路，货物运输对价格变动的反应较小，需求弹性自然很小。相反，对于较为分散的零担货物而言，运量较小，运输方式和运输线路可选择的范围较大，当运输价格变动时，可以选择其他方式替代，需求弹性较大。

④货物的性质及市场状况。如鲜活易腐、不易久存的商品或急于上市的商品，货主宁愿选择运价高、速度快的运价方式，因此，这些产品对价格变动的反应较小，价格弹性较小；而那些不急于上市、能储存较长时间的货物，有更大的选择空间，价格弹性相对较大。

在不同运输市场上，物流运输需求的价格弹性也有很大的差别：在买方市场上，运输供给大于需求，消费者可以选择的运输企业、运输方式、运输路线等都较为广泛，运输需求的价格弹性大；在卖方市场上，运输供给小于运输需求，运力较为紧张，消费者可供选择的运输企业、运输方式、运输路线都受到限制，运输需求的价格弹性小。

（2）物流运输需求的交叉弹性。物流运输需求的交叉弹性是指不是直接由运价变动引起的而是由其他相关因素引起的运输需求的变动。物流运输需求的交叉弹性能反映一种运输方式、一条运输线路或一家运输企业的运输需求量受可以替代的另一种运输方式、另一条运输线路或另一家运输企业价格变化的影响程度。其计算公式如下。

$$E_{xy}=\frac{\Delta Q_x/Q_x}{\Delta P_y/P_y}$$

式中：$E_{xy}$ 表示运输需求交叉弹性，$Q_x$ 是另一种被替代的运输服务 X 的需求量，$\Delta Q_x$ 是另一种被替代的运输服务 X 需求量的变化量，$P_y$ 是一种可替代的运输服务 Y 的价格，$\Delta P_y$ 是一种可替代的运输服务 Y 价格的变化量。

由于不同的运输服务具有替代性，如果一种运输方式涨价，必然会引起对替代运输方式需求的增加；相反，如果一种运输方式降价，必然会引起对替代运输方式需求的减少，此时交叉弹性系数为正（运输服务 X 的价格变动与运输服务 Y 的需求呈同方向变动，弹性越大，替代性越强）。另外，不同的运输方式也存在着互补性，此时运输服务 X 的价格变动引起运输服务 Y 的需求呈反方向变动，此时，交叉弹性为负。

因此，我们在制定运输发展规划时，应分析物流运输需求的交叉弹性，即考虑运输方式之间的替代性或互补性，合理规划，协调各种运输方式的发展。

## （二）物流运输市场的供给

### 1. 物流运输市场供给的定义

物流运输市场的供给是指在一定时期内和一定价格水平下，物流运输提供者愿意并且能够提供的运输服务数量。物流运输市场的供给必须具备两个条件：一是物流运输提供者出售这种运输产品或运输服务的愿望；二是物流运输提供者必须有提供这种运输产品或服务的能力。两个条件缺一不可。

### 2. 物流运输市场的供给弹性

物流运输市场的供给弹性即为供给的价格弹性，与需求的价格弹性完全对称。

$$E_s=\frac{\text{供给量变化的百分比}}{\text{价格变化的百分比}}=\frac{Q_s\text{ 的变动率}}{P\text{ 的变动率}}=\frac{\Delta Q_s/Q_s}{\Delta P/P}$$

式中：$E_s$ 表示运输供给弹性，$Q_s$ 是运输供给量，P 是运输价格，$\Delta Q_s$ 是运输供给量的变化量，$\Delta P$ 是运输价格的变化量。

由于运价与运输供给同方向变动，供给弹性总是为正值。在同一条运输供给曲线上的不同点，价格弹性是不同的，不同的运输供给方式的价格弹性也是不同的。如管道运输的供给弹性最低，其次是铁路运输供给的价格弹性，再次是水运、航空运输供给的价格弹性，公路运输供给的价格弹性最高。

## 二 物流运输市场中的竞争

物流运输市场作为社会主义市场体系的重要组成部分，具有一般市场的基本特征和属性，即存在竞争。物流运输市场竞争更多体现为各个运输企业的运输能力竞争。运输能力是指运输企业争取用户、争取市场的能力，由运能、质量、价格、信誉、服务五个要素所构成。价格的合理调节和运用是运输企业提升其竞争优势、把握市场竞争力的关键。服务质量是提高竞争力的核心内容，在货物运输方面考虑的主要是交付的正点率、货损和货差、便捷性、可靠性、联运直达等。因此，运输价格竞争、运输服务质量竞争及新产品竞争是物流运输市场竞争的基本方式。除此之外，物流运输市场还存在诸如规模竞争、所有制竞争、关系竞争、人才竞争、效能竞争、决策竞争等特殊的竞争方式。

运输市场竞争方式、竞争类型的多样化使物流运输市场的竞争复杂而激烈。根据市场竞争的复杂和激烈程度不同，物流运输市场可划分为竞争性运输市场和垄断性运输市场两类。前者是指运输市场中竞争程度大而垄断程度小，如普货运输市场；后者是指在运输市场中垄断程度大而竞争程度小，如特种货物运输市场。是建立竞争性物流运输市场还是垄断性物流运输市场，这是国家物流运输产业政策需要重点考虑的。

### 延伸阅读

### 货拉拉快速发展

公开资料显示，截至2018年第一季度，城市运力需求正以10%~15%的增长速度上升。Analysys认为，新零售环境下的连锁零售的迅速扩张后的衍生物流需求的增长是同城货运迅速增长的主要原因。货拉拉是其中的突出代表。

2017年7月，货拉拉活跃司机数达到56.84万，拥有2000万注册用户。经历过大浪淘沙的行业洗牌后，货拉拉开始在海外市场摩拳擦掌。官方资料显示，截至2018年7月，货拉拉已开拓了8个海外国家及地区。

一般认为，货拉拉这样的“互联网+短途货运”平台主要面对C端用户。其实不然。货拉拉的大部分订单并非来自于C端用户，而是容易被市场忽略的B端用户。知情人士透露，货拉拉超过70%以上的订单来自于一些B端市场，如五金市场、家具市场、花卉市场、农贸市场等。

国内B端用户市场具有鲜明的特点——对小额高频运输及同城或短距离运输需求量大，这就很容易理解，为什么货拉拉的业务大量集中于此了。B端用户与C端用户的需求客观上差异较大。在消费升级时代下，C端用户对于使用体验的敏感度已经在一定程度上大于价格敏感度，而B端用户对此的要求相对较低。

（资料来源：物流沙龙，作者有删动。）

## 三 物流运输市场的定价

物流运输市场的定价，不仅要考虑运价的诸多形成因素，如运输成本、运输供求关系、运输市场结构模式、国家有关经济政策等，还应坚持一定的定价原则，采取相应的方法和策略。

### （一）物流运输市场的定价原则

物流运输市场定价原则是指在制定物流运价时应注意以下几个方面的要求。

#### 1. 促进工农业生产和运输业的发展

运输是保证工农业生产发展的前提条件，因此，运价的制定既要有利于促进工农业生产的发展，又要促进运输业本身的发展。

#### 2. 以运输价值为基础

运价是运输价值的货币反映，运输价值是运价的基础。但直接计算运输价值是很困难的，在实际操作中，一般以运输成本作为主要依据，近似地计算出运输价值。

#### 3. 充分考虑货物的负担能力

运输费用在货物价格中占有一定的比重。因此，在制定某种具体货物的运价时，应适当考虑货物对运输费用的负担能力。一般而言，高价值货物制定高价格，低价值货物制定低价格。

#### 4. 兼顾各方面的影响因素

运价虽然以运输价值为基础，但是在不同的时间内，运价还会受到诸如水运运价、公路运价或其他运输方式运价的影响以及各种货物在国民经济中的地位及其在国际市场上的价格等各种因素的影响。

### （二）物流运输市场的定价方法

#### 1. 成本导向定价法

成本导向定价法是以产品（劳务）的总成本为中心，分别从不同角度制定对企业最有利的价格的定价方法。具体有平均成本定价法和边际成本定价法等形式。

（1）平均成本定价法。该法也称“平均成本加成定价”，它是以部门正常运营时的平均单位成本为基础，加上一定比例的利润和税金而形成价格。计算公式如下。

$$\text{动价}=\text{平均成本}+\text{定额利润}+\text{定额利润}$$

$$\text{运价}=\frac{\text{平均成本}+\text{定额利润}}{1-\text{税率}}$$

$$\text{平均成本}=\text{平均固定成本}+\text{平均变动成本}$$

$$\text{定额利润}=\frac{\text{预期总利润}}{\text{总运量}}$$

平均成本定价法的优点是能够确保企业达到目标利润，计算方便，操作简单。它一般适用于运输市场不十分活跃，竞争不太激烈，并且货源比较稳定的运输方式或运输路线。其缺点是没有考虑运输市场上供求关系与运价之间的关系，没有考虑成本在不同路线、不同地区的差异对定价的影响，有时甚至会导致运价的严重扭曲。

（2）边际成本定价法。这是以运输企业的边际成本为定价基础的定价方法。在生产规模不变（即固定成本不变）时，边际成本实际上就是所增加的变动成本。

边际成本定价法比较符合运输业的特点，也可为政府制定最低和最高限价提供参考。边际成本定价法不仅考虑了成本消耗，还考虑了市场上运输供求状况，它可以满足指定分线运价、分区运价的需求。使用边际成本定价需要注意的是，它只考虑了边际成本的变化，没有考虑总成本的变动情况，当边际成本长期小于平均成本时，企业会发生亏损。另外，采用这种定价方法需要具备两个前提条件：一是路网早已形成且有相当多的剩余运输能力；二是各种运输方式、各个运输企业之间为争夺运输市场展开了激烈竞争。

**2. 需求导向定价法**

需求导向定价法首先考虑的不是成本，而是货主对价格的接受程度，根据货主的接受程度，选择一个最适合的价格水平。具体有以下几种方法。

（1）需求差异定价法。根据市场需求的时间差、数量差、地区差、消费水平及心理差异来制定价格。如在市场需求增加时，适当提高运价水平；反之，当市场需求减少时，适当降低运价水平；对需求数量大的货主定低价；在经济水平高的地区定高价等。

（2）权衡比较定价法。这种方法考虑价格与运输量之间的动态关系，权衡比较定价，以使物流运输企业的收益最大化。

（3）逆向倒推定价法。其原理是根据市场可接受的价格，计算本企业从事生产经营的成本和利润，推算运输服务的价格。这种方法以市场需求为定价出发点，力求价格为货主接受，价格变化的区间较小，企业应尽量降低运输成本来获取更多利润。

**3. 竞争导向定价法**

该方法以竞争对象的价格为基础，制定本企业产品的价格。如果竞争者的价格发生变化，企业也要改变产品价格。一般包括以下三种形式。

（1）优质优价定价法。在运输企业能够提供高于平均服务水平的运输劳务时，可采用高价策略。优质产品的价格比同类竞争者的价格高 10%～20%为宜。

（2）流行水准定价法。这种方法以本行业的主要竞争者的价格为企业定价的基础。这种方法定价不但可以避免在同行内挑起价格战争，而且可以充分利用行业集体智慧，有助于协调企业之间的关系。

（3）渗透定价法。这种方法以打入市场、打开销路为目标，帮助企业尽快提高市场占有率。常见的做法是定价初期价格较低，随着销路的增加，市场占有率的提高，适当提高运价。

### （三）定价策略

**1. 折扣定价策略**

这是一种让价策略，它通过价格折扣、让价等优惠手段，吸引货主接受服务，加快资金周转，增加企业利润。

在折扣定价策略中，常见的主要有数量折扣、功能折扣、季节折扣、现金折扣、回程折扣等形式。

**2. 差别定价策略**

差别定价策略主要有以下三种形式。

(1) 货主差别定价。货主的运输规模、与运输企业的协作关系等都会影响定价水平。货主运输规模大，与企业建立了长期合作关系，往往可以得到比市场价格稍低些的优惠价格，反之，则可能得到高于市场价格的歧视价格。

(2) 货物差别定价。货物差别定价策略就是按货物的不同特性实行差别运价，如特殊货物的运价高于普通货物的运价，零担货物的运价高于整车货物的运价。

(3) 航线差别定价。世界各地、各地区的航线忙闲不均，运输企业在制定本企业的海上运输或航空运输价格时，可以根据不同航线实行差别定价，繁忙航线的运输价格可以定得高些，以发挥价格的调节作用。

# 第三节　物流运输市场管理

为了维护物流运输市场秩序，保障物流运输安全，保护物流运输有关各方当事人的合法权益，促进物流运输业的健康发展，各方有必要对物流运输市场进行管理。

## 一　对运输企业的管理

对运输企业的管理属于物流运输市场微观管理的范畴，主要涉及三个方面。

**1. 企业准入资格管理**

企业准入资格管理是指运输管理部门和行政管理机构，依据相关法律法规对物流运输企业进入或退出市场的资格进行审查、核准的管理行为。这种管理能够有效保证市场主体的合法权益，规范市场行为，增强市场的有序性。

**2. 企业运营管理**

企业运营管理主要包括路单、票据的管理和经营范围、业务量的核定等。路单是由各物流运输企业的管理机构统一制作和发放的，用来记录和证明物流运输企业的实际经营范围和业务量。票据作为收费凭证，可以反映企业的经营收入和利润。经营范围和业务量的核定可以限定货运范围，防止企业不顾自身的技术条件经营不适合物流运输业务，以保证运输质量。

**3. 企业运输安全管理**

管理部门有义务对本区域内物流运输企业的经营活动进行监督管理，以保证运输活动的畅通和运输货物的安全。

## 二 物流运输市场监管

物流运输市场监管一般是指市场监管部门依据现行的政策法规，对管理对象进行监督和检查的管理行为。

### （一）物流运输市场政策法规

物流运输市场政策是物流运输经营管理的最高指导原则，是制定物流运输法规的重要依据。运输法规是针对运输行业制定的特定措施。政府依据运输政策制定交通运输行政法规，凭借运输行政法规的执行来实现运输政策。物流运输市场的行政法规可分为两大类，一类是经济法规，另一类是社会法规。

**1. 经济法规**

经济法规对于诸如运输方式选择、承运方选择、承运方索要的费率、服务水平、路线计划等业务活动都有影响。为了提供可靠的物流运输服务和促进经济发展，许多国家积极利用经济法规保护运输承运方，以确保运输服务的可得性和稳定性。经济法规通常包括以下几方面。

（1）加入和退出法规。加入和退出法规涵盖了运输企业从设立到退出行业的全过程。在我国，为了确保运输服务的稳定性，市场准入法规通常规定市场准入承运方的数目，每个承运方所能服务的地区，其中包括运输服务的起始地和目的地。这种限制的目的是控制市场的竞争性质，同时确保市场可获得的服务水准。我国各种运输行业的加入通常采用“许可证制度”。与加入法规相对应的是退出限制，即为了确保适当的服务水准，如果承运方离开市场会导致服务水准大幅度下降，则要限制其离开市场。

（2）费率管制。我国对运输行业的费率实行严格管制，运输企业必须严格按照运价表收取运输费用。运输费率管制的主要内容包括费率制定、费率变化、费率补贴以及实际费率监管。在我国，各种运输方式的费率均有明确的运价表予以规定，并由交通部等部门及其下属机构负责监督执行。除非特别批准，运输企业不得变更运输费率。

（3）服务水准的规范。服务水准的规范涵盖了运输行业所有的经营技术标准和服务标准。《中华人民共和国铁路法》《中华人民共和国公路管理条例》《铁路货物运输规程》《汽车货物运输规则》等法规对运输设备的提供、班次、时刻表、票据、运营线路等都有比较明确的规定。运输安全则有诸多交通安全规则加以规范。在我国目前的服务水准管制的规定中，有关运输安全、运输工具、运输行业从业人员的考核以及运输合同条款方面的规定较多也较为详细，而对于运输服务的水平、次数等规定比较笼统。

（4）运输补贴。我国对物流运输企业的补贴分为中央财政补贴和地方财政补贴两级。中央财政补贴主要用于铁路和管道，补贴方式主要是差额式补贴，即由中央财政拨款弥补运输企业运营亏损。地方财政补贴主要用于补贴城市公共交通，对城市公共交通运输企业，包括对地铁、公共汽车等营运企业进行补贴，补贴方式也是差额式补贴。现在，我国虽对运输业的一些特殊管制措施已经有所放宽，允许运输企业根据市场供求的具体状况作出反应，但仍有许多管制措施在发挥作用，以保证物流运输市场的正常秩序。

**2. 社会法规**

社会法规对物流运输企业的约束包括安全管制、环境保护等。其真正目的是在使运输设施充分发挥效率的同时，减少交通事故和环境污染，并促进公众生活质量真正提高。社会法规既涉及运输合同的双方当事人，又涉及受运输影响的其他人。

**延伸阅读**

## 美国的运输市场管制

运输管制主要有两个领域：经济方面和安全方面。虽然所有的运输都受安全管制，但不是都受经济管制。运输管制已对托运人与承运人的物流活动产生了巨大影响。

运输管制在历史上是沿着两条路线发展的。第一条也许是近年来最引人注目的一条，即经济管制。经济管制影响的是商业决策，例如，对运输模式或承运人的选择、承运人应收取的费率标准等。第二条即安全管制。安全管制涉及劳动标准、员工的工作条件、危险品的运输管理、车辆保险及其他与公共安全有关的因素。20世纪70年代至90年代是北美、欧洲等地区解除管制的时代。但安全管制的范围反而在扩大。在美国，所有运输模式都受运输管制（经济的和安全的），并受法律的约束，如《职业安全与健康法》。

近年来，美国各类运输机构在管制中的角色发生了变化，运输部门受到管制的程度这些年也一直在变化。自1977年以来，美国倾向于减少经济管制，5种基本运输模式里的4种已经解除了管制。经过1977年修订航空法，继而1978年通过解除航空管制，空运成为第一个在极大程度上放松管制的运输模式。1980年，《斯塔格斯铁路法》及《汽车运输法》的通过解除了对铁路及汽车运输的管制。1984年，部分地解除了海上货物运输的管制。1933年的《协定费率法》、1994年《卡车业管制改革法》（其中第601章涉及汽车运输）以及1995年的《洲际商业委员会终结法案》使管制进一步放松。对主要运输模式的放松管制已经对汽车、铁路、航空及水路运输承运人以及使用服务的托运人产生了巨大影响。货物运输进入了一个新的时代。

从社会法规角度来看，各国政府对物流运输市场的干预一直有增无减，但这并不意味政府对某个具体领域的干预始终在增强。政府之所以放松对某个方面的管制是因为政策制定者认为法规管制的成本超过了收益，或是最初制定法规的因素已不复存在。运输法规往往随着市场的变化要作出相应的调整。放松管制后，运输企业在定价上的自由度更大、更利于签订长期合同、进出市场的自由度更大、企业合并的限制减少。

### （二）物流运输市场监管

物流运输业是一个国家重要的基础产业之一。运输线路和设备往往是国家的专用资产，是国家巨额投资的结果。因此，国家应该对物流运输市场进行必要的规范和管制，对运输业的发展给予适当的规划和引导。

随着我国运输业的快速发展，物流运输市场监管的重要性也越来越突出。如何对物流运输市场进行有效监管，促进物流运输市场，进而促进国民经济的健康发展，成为行业管理部门面临的一个挑战。

**1. 物流运输市场监管的目的和原则**

（1）物流运输市场监管的目的。物流运输市场监管是指依据我国现行的有关法规和规章制度，纠正物流运输市场中存在的违法行为，其目的是保护物流运输经营者及其服务对象的合法权益，维护物流运输市场秩序。

（2）物流运输市场监管的原则。物流运输市场监管应当坚持两项基本原则。一是合理高效原则。根据道路运输行为的特征，选择最简便、最有效的方式实施监管。比如，能通过检查材料来实施监管的，不到路上去检查。二是教育与处罚相结合原则。对违法行为的处理，能通过教育解决的原则上不罚；能轻罚的就不重罚；证据不充分、不确凿的，违法性质难以确定且社会影响不大的暂不罚。

**2. 物流运输市场监管的措施与要求**

（1）建立健全有关法律法规，物流运输市场监管有法可依。国家要进一步加大对物流运输市场的宏观调控力度，通过建立和健全规范物流运输市场运作的有关法规，使物流运输市场健康发展和物流运输市场监管能有法可依。建立健全有关法律法规主要包括两方面内容。一是制定若干制度性的市场规则，对物流运输市场及其行为主体作出某些强制性的规定。如制定一系列承认并保护物流运输市场正当竞争的法律规范，建立健全有关法律、法规等，确保物流运输市场中的各利益主体在一个明确和规范化的市场框架内自主经营。二是制定商业法则和条例。根据物流运输市场活动情况制定一套商业法则和条例，用以确定进入物流运输市场的各利益主体行为的市场规则，确保物流运输市场中的公平竞争和运行效率。

（2）严格落实准入制度，加强对运营过程中各项规章制度落实情况的检查、监督。运输管理部门要对运输的设备条件、经营者的资格条件等进行严格管理。除此以外，还必须对各种运输设施的建设、运输工具的制造等制定严格的设计规范和技术标准，对投入运营后的养护制度和安全检查制度予以督促落实，以确保物流运输市场的有序发展，确保社会公众的利益安全。

（3）引导各种运输方式有序竞争、协调发展。物流运输基础设施的建设既要加快发展，又要合理布局、系统配套，发挥综合效益。为此，国家有关职能部门要根据可持续发展及国民经济和社会发展的实际需要，通过制定合理的发展政策，科学规划各种运输方式的交通基础设施建设发展的战略布局，引导各种运输方式有序竞争、协调发展，严格交通运输设施、项目等的审批制度，对不进行可行性研究、不顾运输成本、不讲究社会效益和经济效益的投资项目一律不予审批，从源头上控制和避免盲目建设、重复建设的问题。要权衡各种运输方式在国民经济和社会发展过程中的地位和作用的基础上，合理规划资金投入。

（4）支持和鼓励各种运输方式进行协作，取长补短。各种运输方式都有自己的功能、适应范围和最适合的优势领域，彼此不能完全相互取代，因此，政府应根据社会经济和运输市场发展的需要，支持和鼓励各种运输方式间的运输协作，充分发挥各自的供给优势，更好地满足各种运输需求。

实际上，各种运输方式间的互相衔接、协调发展，即运输一体化正在成为世界运输业发展的主要趋势。物流运输企业通过运输协作可以扩大自己的市场联系，增加长期、稳定的货源，这有利于降低运营成本，提高运输效率。因此，积极鼓励和促进运输一体化并提供相应的政策环境和法律环境的支持，应当成为国家宏观运输发展政策中的一项重要内容。

**3. 当前物流运输市场监管工作的不足**

当前，我国在道路运输市场监管工作方面存在以下几点不足。

（1）因循守旧，缺乏创新。在物流运输市场监管过程中，有的运输管理部门责任意识不强，目标不够明确，缺乏创新意识，从而导致监管工作组织混乱，监管效果较差。

（2）缺乏预防，管理被动。在物流运输市场监管环节，由于缺乏预见性，运输管理部门的监管往往是滞后的，监管措施比较分散，缺乏力度。

（3）以罚代查，以罚代管。有些运输管理人员发现违法行为后，简单地“一罚了之”，以致一些带有共性的违法行为屡查屡犯，在很大程度上影响了职能发挥和执法效果。

# ◆本章小结◆

物流运输市场是物流运输供求双方之间进行物流运输交易的场所和领域，体现供需双方的经济关系。物流运输市场是一种服务性市场，面临着激烈的竞争。

物流运输价格是运输企业提供运输服务的价格，受运输成本、供求关系等的影响，并具有需求弹性和供给弹性。同其他市场一样，物流运输市场中也存在着竞争，价格竞争、服务质量竞争及新产品竞争是其基本方式。

为了促进物流运输市场的健康发展，有关部门必须对物流运输市场进行管理，主要包括运输企业的准入资格管理、运营管理及运输安全管理以及市场监管等。

## ■案例分析■

### 京东：从企业物流到物流企业

2017年12月11日，京东物流CEO王振辉在接受采访时表示，京东物流已实现盈利，收入规模在“200亿—300亿之间”，其中外单收入增长率达到三位数。

王振辉希望，五年左右，京东物流外单收入能占到50%，整体规模达到千亿收入水平。在刚刚过去的双十一，京东物流开放业务订单实现了200%的增长。

王振辉介绍，外单收入来源主要来自两部分。一部分来源于POP平台上的商家，“这是主流”，另一端，是从京东商业上没有直接关系的一些合作伙伴。“像网易严选就是我们非常重要的客户，这些都是非常重要的外单收入来源”。

今年4月，京东宣布成立京东物流子集团，物流业务正式独立运营，原京东集团高级副总裁、京东商城运营体系负责人王振辉出任京东物流子集团CEO，向京东集团董事局主席兼CEO刘强东汇报。开放大半年后，其开放成果也是外界最为关注的。

内部人士告诉界面新闻记者，从企业物流到物流企业，京东物流正在进行艰难的调整，独立以来，内部组织架构已经过多轮调整。

从企业物流到物流企业，当物流所面对的各种不同客户的需求形式的不断变化和扩大，面对SKU数量和订单数量的上涨，原来只适用于自身产品的系统形式，已经跟不上市场服务的需要，包括仓储储位的管理、运输线路的优化管理以及物流运作成本控制等等，都是京东物流眼前面临的挑战。

对已经独立的京东物流来说，向社会开放可以摊薄前期巨大的投入成本，尽快地规模化是能否实现盈利的关键。京东物流的独立、与天天和百世的矛盾、双十一为社会化商家提供6.66亿元补贴，都被外界解读为与顺丰、通达系同台竞技。

对第三方商家来说，相对于自己的“单仓发全国”，京东拥有遍布全国的仓储体系和完整的物流网络，当客户下单完毕，京东官方自营会第一时间匹配最近的仓库进行揽件发货，这也就在无形之中提升了送货的效率。但相对应的是较高的成本。

王振辉表示，使用京东物流仓配一体化服务，当订单渗透率超过50%时，商家销量增速为97%，远远高于POP平台46%的平均增速，配送时效普遍提升了两倍以上。

根据王振辉的说法，目前外单收入主要来源于POP平台上的第三方商家，但其规模并不可知，京东物流还在寻找外部客户。除了自有平台上的商家，京东物流也在以线上线下、全渠道、一体化的供应链服务（业内称为“一盘货”服务），配合“新通路”的B2B平台、京东商城的B2C平台，吸引外面的大商家、大客户。

京东物流宣布与达能（中国）食品饮料公司签署战略合作协议，京东物流将向达能（中国）开放其覆盖全国的物流基础设施，并提供更高效、更优质的仓配服务。同时，双方将在成都联合建设“共享仓库”，达能（中国）将多渠道商品统一前置到“共享仓库”，实行同仓布货。

具体的合作模式是，通过智能化库存管理系统，实现同仓内线上、线下的一盘货管理，从而实现达能（中国）配送中心覆盖的线下渠道和京东商城等线上销售平台的库存共享、统一供应。

关于与达达的合作，王振辉透露，京东把在“最后一公里”上积累的丰富经验共享给达达，包括系统信息，还有服务客户的一些关键细节，帮助达达提高服务质量。在这一前提下，在“双十一”购物狂观节中，京东接近30%的订单是交给达达来完成“最后一公里”配送的，这让京东的订单货物能够快速被送到消费者的手里。

（资料来源：中国物流与采购网，作者有删改。）

## 问题讨论

1. 企业物流与物流企业的区别在哪里？
2. 从企业物流转型到物流企业，企业管理有什么变化？

## 复习思考题

1. 怎样理解物流运输市场的内涵？
2. 如何理解物流运输市场的需求弹性与供给弹性及其影响因素？并举例说明。
3. 试比较物流运输市场的定价方法。
4. 结合实际情况说明物流运输市场管理的主要内容。
5. 运输市场有哪些特征？
6. 试结合我国实际，谈谈我国应如何实现对物流运输市场的有效监管。

## 实训题

请你深入当地的物流运输市场，调研物流运输价格和政府管制政策，走访物流运输企业和物流运输服务的需求方，了解它们对物流运输价格和政府管制政策的看法。

# 参考文献

[1] Coyle John J. Transportation [M]. Ohio: South-Western College Publishing, 2000.

[2] Douglas Lambert 等. 张文龙，叶龙等译. 物流管理 [M]. 北京：电子工业出版社，2003.

[3] 于桂芳. 物流运输组织管理与实务 [M]. 北京：清华大学出版社，2007.

[4] 王之泰. 现代物流学 [M]. 北京：中国物资出版社，2000.

[5] 王述英. 物流运输组织与管理 [M]. 北京：电子工业出版社，2006.

[6] 王艳艳. 集装箱运输管理 [M]. 北京：北京理工大学出版社，2007.

[7] 王效俐，沈四林. 物流运输与配送管理 [M]. 北京：清华大学出版社，2012.

[8] 王鸿鹏. 集装箱运输管理 [M]. 北京：电子工业出版社，2012.

[9] 曲昭仲. 物流运输管理与实务 [M]. 北京：机械工业出版社，2005.

[10] 朱道立. 运输管理学 [M]. 上海：复旦大学出版社，2005.

[11] 朱强，阎子刚. 运输管理实务 [M]. 北京：中国物资出版社，2006.

[12] 刘华等. 现代物流管理与实务 [M]. 北京：清华大学出版社，2004.

[13] 刘丽艳，刘文歌. 物流运输管理实务 [M]. 北京：清华大学出版社，2012.

[14] 刘来平. 物流运输管理实务 [M]. 北京：化学工业出版社，2007.

[15] 刘宪. 国际货物运输 [M]. 北京：清华大学出版社，2012.

[16] 孙熙安. 运输代理 [M]. 北京：北京交通大学出版社，2006.

[17] 约翰·科伊尔等. 张剑飞等译. 运输管理 [M]. 北京：机械工业出版社，2005.

[18] 李永生，黄君麟. 运输经济学 [M]. 北京：机械工业出版社，2004.

[19] 李百川. 道路运输企业安全管理 [M]. 北京：人民交通出版社，2006.

[20] 李岩. 运输与配送管理 [M]. 北京：科学出版社，2012.

[21] 李育良，池娟. 国际物流运输与保险 [M]. 北京：清华大学出版社，2006.

[22] 吴玉贤，高和岩. 物流运输管理与实务 [M]. 北京：北京大学出版社，2007.

[23] 佘群英. 运输组织与管理 [M]. 北京：机械工业出版社，2007.

[24] 张理，刘志萍. 物流运输管理 [M]. 北京：北京交通大学出版社，2012.

[25] 张敏，黄中鼎. 物流运输管理 [M]. 上海：上海财经大学出版社，2004.

[26] 陈志红. 运输实务 [M]. 北京：人民交通出版社，2005.
[27] 陈克勤. 物流运输实物 [M]. 北京：中国物资出版社，2006.
[28] 陈京. 汽车运输组织管理 [M]. 北京：机械工业出版社，2007.
[29] 陈洋. 国际物流实务 [M]. 北京：高等教育出版社，2007.
[30] 武德春，武骁. 集装箱运输实务 [M]. 北京：机械工业出版社，2007.
[31] 林自葵. 货物运输与包装 [M]. 北京：机械工业出版社，2006.
[32] 林敬松. 集装箱运输管理理论与实务 [M]. 北京：北京交通大学出版社，2011.
[33] 罗松涛. 新编物流运输与实务 [M]. 北京：清华大学出版社，2007.
[34] 金戈. 运输管理 [M]. 南京：东南大学出版社，2006.
[35] 金锡万. 物流信息系统 [M]. 南京：东南大学出版社，2006.
[36] 赵园园，周静. 运输管理实务 [M]. 北京：人民邮电出版社，2011.
[37] 胡永举，景鹏. 道路运输信息系统 [M]. 北京：人民交通出版社，2007.
[38] 段满珍. 国际集装箱运输与多式联运 [M]. 北京：北京交通大学出版社，2011.
[39] 钱颂迪等. 运筹学 [M]. 北京：清华大学出版社，2005.
[40] 徐丽群. 运输物流管理 [M]. 北京：机械工业出版社，2007.
[41] 高自友，孙会君. 现代物流与交通运输系统 [M]. 北京：人民交通出版社，2005.
[42] 黄卫，陈里得. 智能运输系统概论 [M]. 北京：人民交通出版社，2005.
[43] 阎子刚. 物流运输管理实务 [M]. 北京：高等教育出版社，2011.
[44] 曾凡华. 集装箱运输业务 [M]. 北京：机械工业出版社，2005.
[45] 楼伯良. 集装箱运输管理 [M]. 上海：华东师范大学出版社，2007.